Astro Aura

Rashiyon Ka Rahasya

Part - 1

Tarun Gaur
5-4-2025

विषय-सूची

Table of Contents

प्रस्तावना

"राशियों का रहस्य" एक ऐसा प्रयास है जो मेरे अपने आत्मिक और बौद्धिक अनुभवों की उपज है। वर्षों से मन में यह जिज्ञासा रही कि क्या सचमुच हमारे जन्म की घड़ी, तारे और ग्रह – हमारे जीवन की दिशा तय करते हैं? क्या किसी विशेष समय और स्थान पर जन्म लेने से हमारे स्वभाव, सोचने का तरीका, हमारी सफलताएँ और संघर्ष तय होते हैं? इन्हीं सवालों से प्रारंभ हुआ मेरा ज्योतिष यात्रा का सफर, जिसने मुझे इस पुस्तक को लिखने की प्रेरणा दी।

भारतीय संस्कृति में ज्योतिष को वेदों की आँख कहा गया है। यह केवल भाग्य बताने का साधन नहीं, बल्कि आत्मज्ञान और समय के साथ तालमेल बैठाने की एक दिव्य विद्या है। इसमें अध्यात्म भी है और गणित भी। ग्रहों की स्थिति से व्यक्ति की मानसिकता, प्रवृत्तियाँ, स्वास्थ्य, रिश्ते और निर्णय-क्षमता का अनुमान लगाया जा सकता है। यह वह

सेतु है जो आत्मा और प्रकृति के बीच संवाद स्थापित करता है।

वैज्ञानिक दृष्टिकोण से भी देखें, तो ब्रह्मांड की ऊर्जा, ग्रहों की गति, चंद्रमा के प्रभाव और चुंबकीय तरंगों का मानव मस्तिष्क व शरीर पर सूक्ष्म प्रभाव पड़ता है। जब ब्रह्मांड में हलचल होती है, तो उसका कंपन हमारे भीतर भी अनुभव होता है — और ज्योतिष उन्हीं तरंगों को समझने और उनके साथ सामंजस्य बिठाने की विद्या है।

इस पुस्तक में मैंने हर राशि के गुण, कमजोरियाँ, सोचने का तरीका, संबंधों की शैली, करियर के रुझान, स्वास्थ्य संकेत और ज्योतिषीय उपाय को सरल, रोचक और स्पष्ट भाषा में प्रस्तुत करने का प्रयास किया है। साथ ही प्रत्येक अध्याय में वह अनुभूति है जो मैंने स्वयं अनुभूत की है — चाहे वह शांति हो, द्वंद्व हो या आत्मचिंतन।

"राशियों का रहस्य" केवल एक ज्योतिष पुस्तक नहीं, यह एक दर्पण है — जो आपके व्यक्तित्व,

आपकी दिशा और आपके भीतर छिपी संभावनाओं को उजागर करता है।

विशेष धन्यवाद

इस आध्यात्मिक यात्रा की नींव मेरे पूज्य पिता श्री चंद्र शेखर गौड़ के आशीर्वाद, सादगी और सतत प्रेरणा से पड़ी। उनके जीवन मूल्य और अनुशासन ने मुझे आत्मचिंतन और अध्ययन की दिशा दिखाई।

मैं कृतज्ञ हूँ अपने मार्गदर्शक ज्योतिषाचार्य भ्राताओं – पं. उमेश गौड़ और पं. बुलाकी दास गौड़ का, जिनसे मुझे न केवल शास्त्रीय ज्योतिष का गहन ज्ञान प्राप्त हुआ, बल्कि उसे व्यावहारिक जीवन में उतारने की कला भी सीखने को मिली। उनका आशीर्वाद और सान्निध्य सदैव मेरे लिए संबल रहेगा।

आशा है यह पुस्तक आपके लिए भी आत्मबोध और दिशा की एक नई खिड़की खोलेगी।

प्रिय पाठकों,

आपके हाथों में यह पुस्तक "ज्योतिष का अद्भुत संसार" पहुंचाते हुए मुझे अत्यंत हर्ष हो रहा है। ज्योतिष विज्ञान मानव सभ्यता के प्रारंभिक काल से ही हमारे साथ रहा है और आज भी हमारे जीवन को समझने, उसकी चुनौतियों का सामना करने और अपनी क्षमताओं को पहचानने में हमारी मदद करता है।

इस पुस्तक में मैंने ज्योतिष के विभिन्न पहलुओं को सरल और समझने योग्य भाषा में प्रस्तुत करने का प्रयास किया है, विशेष रूप से 12 राशियों पर विस्तृत जानकारी देते हुए। हर राशि अपने आप में एक अनूठा संसार है, जिसकी अपनी विशेषताएं, गुण, चुनौतियां और संभावनाएं हैं। इस पुस्तक के माध्यम से आप न केवल अपनी राशि के बारे में गहराई से जानेंगे, बल्कि अन्य राशियों के बारे में भी समझ विकसित करेंगे, जो आपके व्यक्तिगत और व्यावसायिक संबंधों को बेहतर बनाने में सहायक होगी।

ज्योतिष एक जटिल विज्ञान है, लेकिन इसके मूल सिद्धांतों को समझना कठिन नहीं है। इस पुस्तक में मैंने ज्योतिष के इतिहास से लेकर आधुनिक समय में इसकी प्रासंगिकता तक, ग्रहों के प्रभाव से लेकर राशियों की विशेषताओं तक, और नक्षत्रों से लेकर विभिन्न योगों तक की व्यापक जानकारी प्रदान की है।

मेरा मानना है कि ज्योतिष केवल भविष्यवाणी का माध्यम नहीं है, बल्कि यह आत्म-जागरूकता और

व्यक्तिगत विकास का एक शक्तिशाली उपकरण भी है। इस पुस्तक के माध्यम से मैं आपको अपनी अंतर्निहित शक्तियों को पहचानने, अपनी चुनौतियों को समझने और अपने जीवन को अधिक सार्थक और संतुलित बनाने में मदद करना चाहता हूं।

आशा करता हूं कि यह पुस्तक आपके लिए ज्ञानवर्धक, प्रेरणादायक और उपयोगी सिद्ध होगी। ज्योतिष के इस अद्भुत संसार की यात्रा पर आपका स्वागत है!

सादर, तरुण गौड़

•

अध्याय 1: ज्योतिष का परिचय

ज्योतिष का इतिहास और महत्व

ज्योतिष विज्ञान मानव सभ्यता के प्रारंभिक काल से ही हमारे साथ रहा है। हजारों वर्षों से, मानव ने आकाश की ओर देखा है और तारों, ग्रहों और अन्य आकाशीय पिंडों की गति का अध्ययन किया है। इस अध्ययन से न केवल कैलेंडर और समय की गणना का विकास हुआ, बल्कि इसने मानव जीवन और प्रकृति के बीच संबंधों को समझने का एक माध्यम भी प्रदान किया।

ज्योतिष शब्द संस्कृत के 'ज्योतिष' से आया है, जिसका अर्थ है 'प्रकाश का विज्ञान'। यह आकाशीय पिंडों के प्रकाश और उनकी गति का अध्ययन है, और इसका उद्देश्य यह समझना है कि ये गतियां पृथ्वी पर जीवन को कैसे प्रभावित करती हैं। ज्योतिष मानव जीवन के विभिन्न पहलुओं - व्यक्तित्व, संबंध, करियर, स्वास्थ्य और आध्यात्मिक विकास - को समझने का एक माध्यम प्रदान करता है।

मेसोपोटामिया और बेबीलोनिया

ज्योतिष का इतिहास लगभग 3,000 ईसा पूर्व मेसोपोटामिया (वर्तमान इराक) में शुरू होता है, जहां बेबीलोनियन लोगों ने आकाशीय पिंडों की गति का सावधानीपूर्वक अवलोकन किया और उनके पैटर्न को रिकॉर्ड किया। उन्होंने आकाश को 12 खंडों में विभाजित किया, जिन्हें बाद में राशिचक्र के रूप में जाना गया। बेबीलोनियन ज्योतिषियों ने ग्रहों की स्थिति और गति के आधार पर भविष्यवाणियां कीं, जिन्हें वे राजाओं और राज्यों के भाग्य से जोड़ते थे।

प्राचीन मिस्र

प्राचीन मिस्र में, ज्योतिष का विकास नील नदी के वार्षिक बाढ़ चक्र से जुड़ा था, जो सिरियस तारे के उदय के साथ मेल खाता था। मिस्रवासियों ने एक सौर कैलेंडर विकसित किया जो 365 दिनों का था और इसे तीन मौसमों में विभाजित किया: बाढ़, बुवाई और कटाई। उन्होंने आकाशीय पिंडों को देवताओं के साथ जोड़ा और उनकी गति को दैवीय इच्छा के संकेत के रूप में देखा।

प्राचीन भारत

भारत में ज्योतिष का इतिहास वेदों तक जाता है, विशेष रूप से ऋग्वेद और अथर्ववेद, जो लगभग 1500-1000 ईसा पूर्व के हैं। वेदांग ज्योतिष, जो वेदों के छह अंगों में से एक है, खगोलीय गणनाओं और कैलेंडर निर्धारण पर केंद्रित है। भारतीय ज्योतिष, जिसे ज्योतिष शास्त्र के रूप में जाना जाता है, में जन्म कुंडली (जन्म चार्ट), ग्रहों की दशाएं (समय अवधि), और नक्षत्र (चंद्र नक्षत्र) शामिल हैं।

प्राचीन चीन

चीन में, ज्योतिष का विकास 'वू शिंग' या पांच तत्वों (लकड़ी, अग्नि, पृथ्वी, धातु और जल) के सिद्धांत के साथ हुआ। चीनी ज्योतिष में 12 वार्षिक जानवरों के चक्र और 'बा-ज़ी' या आठ स्तंभों का सिद्धांत शामिल है, जो जन्म के वर्ष, महीने, दिन और घंटे पर आधारित है। चीनी ज्योतिषी आकाशीय घटनाओं को सम्राट और राज्य के भाग्य के संकेत के रूप में देखते थे।

प्राचीन यूनान और रोम

यूनानियों ने बेबीलोनियन ज्योतिष को अपनाया और इसे अपने देवताओं के साथ जोड़ा। उदाहरण के लिए,

ज्यूस (बृहस्पति), अफ्रोडाइट (शुक्र), और एरीज़ (मंगल)। यूनानी खगोलशास्त्री क्लाउडियस टॉलेमी ने दूसरी शताब्दी में 'टेट्राबिब्लोस' लिखा, जो पश्चिमी ज्योतिष का एक मौलिक ग्रंथ बन गया। रोमनों ने यूनानी ज्योतिष को अपनाया और इसे अपने देवताओं के नामों के साथ जोड़ा, जैसे जुपिटर (बृहस्पति), वीनस (शुक्र), और मार्स (मंगल)।

आधुनिक समय में ज्योतिष की प्रासंगिकता

आधुनिक समय में, ज्योतिष ने अपनी प्रासंगिकता बनाए रखी है, हालांकि इसकी भूमिका और उपयोग बदल गए हैं। आज, ज्योतिष को अक्सर आत्म-जागरूकता और व्यक्तिगत विकास के एक उपकरण के रूप में देखा जाता है, जो लोगों को अपनी ताकत, कमजोरियों, और जीवन के अवसरों को समझने में मदद करता है।

व्यक्तिगत विकास और आत्म-जागरूकता

आधुनिक ज्योतिष में, जन्म कुंडली को व्यक्ति के मनोवैज्ञानिक प्रोफाइल के रूप में देखा जाता है, जो उनके व्यक्तित्व, प्रेरणाओं, और जीवन के उद्देश्य को प्रकट करता है। यह लोगों को अपनी अंतर्निहित प्रवृत्तियों और क्षमताओं को समझने में मदद कर सकता है, जिससे उन्हें अपने जीवन में अधिक जागरूक विकल्प चुनने में सहायता मिलती है।

संबंध और संगतता

ज्योतिष संबंधों और संगतता को समझने का एक उपकरण प्रदान करता है। राशियों और जन्म कुंडलियों की तुलना करके, ज्योतिष विभिन्न व्यक्तियों के बीच संभावित तालमेल, चुनौतियों, और विकास के क्षेत्रों को प्रकट कर सकता है। यह रोमांटिक संबंधों, दोस्ती, और व्यावसायिक साझेदारी में मूल्यवान अंतर्दृष्टि प्रदान कर सकता है।

करियर मार्गदर्शन

ज्योतिष करियर मार्गदर्शन में भी उपयोगी हो सकता है, जो व्यक्ति की प्राकृतिक प्रतिभाओं, रुचियों, और कार्य शैलियों को प्रकट करता है। जन्म कुंडली में ग्रहों की स्थिति से पता चल सकता है कि कौन से करियर क्षेत्र व्यक्ति के लिए सबसे अधिक फलदायी और संतोषजनक हो सकते हैं।

समय का चक्र और जीवन के चरण

ज्योतिष जीवन के विभिन्न चरणों और समय के चक्रों को समझने में मदद करता है। ग्रहों की गति और दशाओं के माध्यम से, ज्योतिष विभिन्न जीवन अवधियों के दौरान आने वाली चुनौतियों और अवसरों का अनुमान लगा सकता है, जिससे लोगों को अपने जीवन की यात्रा के लिए बेहतर तैयारी करने में मदद मिलती है।

आध्यात्मिक विकास

कई लोगों के लिए, ज्योतिष आध्यात्मिक विकास का एक माध्यम है, जो ब्रह्मांड के साथ एक गहरा संबंध और जीवन के उद्देश्य की भावना प्रदान करता है। यह व्यक्ति को अपने जीवन के बड़े पैटर्न और अर्थ को समझने में मदद कर सकता है, जिससे एक अधिक संतुलित और पूर्ण जीवन की ओर मार्गदर्शन मिलता है।

ज्योतिष के विभिन्न प्रकार

ज्योतिष के कई विभिन्न प्रकार हैं, प्रत्येक की अपनी विशिष्ट परंपराएं, सिद्धांत और पद्धतियां हैं। यहां कुछ प्रमुख प्रकारों का संक्षिप्त विवरण दिया गया है:

पश्चिमी ज्योतिष

पश्चिमी ज्योतिष, जिसे सौर ज्योतिष भी कहा जाता है, मुख्य रूप से सूर्य की स्थिति पर केंद्रित है और 12 राशियों का उपयोग करता है जो सौर वर्ष के 12 महीनों से मेल खाती हैं। इसमें जन्म कुंडली, ग्रहों के पहलू, और घरों का विश्लेषण शामिल है। पश्चिमी ज्योतिष में, व्यक्ति की सूर्य राशि (जिसे आमतौर पर उनकी "राशि" कहा जाता है) उनके जन्म के समय सूर्य की स्थिति द्वारा निर्धारित की जाती है।

भारतीय ज्योतिष (वैदिक ज्योतिष)

भारतीय या वैदिक ज्योतिष, जिसे ज्योतिष शास्त्र के रूप में भी जाना जाता है, वेदों से उत्पन्न हुआ है और इसमें जन्म कुंडली (जन्म चार्ट), दशाएं (समय अवधि), और नक्षत्र (चंद्र नक्षत्र) शामिल हैं। भारतीय ज्योतिष चंद्र-आधारित है और 27 नक्षत्रों का उपयोग करता है, जो चंद्रमा की गति के आधार पर हैं। इसमें ग्रहों की दशाएं भी शामिल हैं, जो विभिन्न समय अवधियों में विभिन्न ग्रहों के प्रभाव को दर्शाती हैं।

चीनी ज्योतिष

चीनी ज्योतिष 12 वार्षिक जानवरों (चूहा, बैल, बाघ, खरगोश, ड्रैगन, सांप, घोड़ा, बकरी, बंदर, मुर्गा, कुत्ता, और सूअर) और पांच तत्वों (लकड़ी, अग्नि, पृथ्वी, धातु, और जल) पर आधारित है। प्रत्येक वर्ष एक जानवर और एक तत्व से जुड़ा होता है, जो 60 वर्षों के चक्र बनाते हैं। चीनी ज्योतिष में, व्यक्ति का जन्म वर्ष उनके जीवन के कई पहलुओं को प्रभावित करता है, जिसमें उनका व्यक्तित्व, करियर की संभावनाएं, और संबंध संगतता शामिल हैं।

तिब्बती ज्योतिष

तिब्बती ज्योतिष चीनी ज्योतिष और भारतीय ज्योतिष दोनों से प्रभावित है। इसमें पांच तत्व, 12 वार्षिक जानवर, और नौ मेवा (मूल संख्याएं) शामिल हैं। तिब्बती ज्योतिष में, जन्म वर्ष, महीना, दिन, और घंटा सभी व्यक्ति के भाग्य और व्यक्तित्व को प्रभावित करते हैं।

मायन ज्योतिष

मायन ज्योतिष मध्य अमेरिका के मायन सभ्यता द्वारा विकसित किया गया था। इसमें विभिन्न कैलेंडर चक्र शामिल हैं, जिनमें 260-दिन का त्ज़ोल्किन (पवित्र कैलेंडर) और 365-दिन का हाब (सौर कैलेंडर) शामिल हैं। मायन ज्योतिष में, व्यक्ति का जन्म दिन उन्हें 20 दिनों के चिह्नों और 13 संख्याओं में से एक के साथ जोड़ता है, जो उनके व्यक्तित्व और जीवन के उद्देश्य को प्रभावित करता है।

सेल्टिक ज्योतिष

सेल्टिक ज्योतिष प्राचीन सेल्टिक परंपराओं पर आधारित है और पेड़ों के साथ व्यक्ति के संबंध पर केंद्रित है। इसमें 13 पेड़ों का चक्र शामिल है, प्रत्येक वर्ष के एक विशेष समय से जुड़ा है। सेल्टिक ज्योतिष में, व्यक्ति का जन्म दिन उन्हें एक विशेष पेड़ से जोड़ता है,

जो उनके व्यक्तित्व और जीवन के पथ को प्रभावित
करता है।

निष्कर्ष

ज्योतिष एक प्राचीन और जटिल विज्ञान है जो हजारों
वर्षों से मानव जाति के साथ रहा है। विभिन्न सभ्यताओं
और संस्कृतियों में इसके विकास ने इसे एक समृद्ध और
विविध परंपरा बना दिया है, जो आज भी प्रासंगिक है।
चाहे आप इसे आत्म-जागरूकता का एक उपकरण,
संबंधों को समझने का एक माध्यम, या आध्यात्मिक
विकास का एक मार्ग के रूप में देखें, ज्योतिष हमें अपने
जीवन और ब्रह्मांड के साथ हमारे संबंध के बारे में गहरी
अंतर्दृष्टि प्रदान करता है।

अगले अध्याय में, हम ज्योतिष के मूल सिद्धांतों का
अध्ययन करेंगे, जिसमें ग्रह, राशियां, तत्व, और गुण
शामिल हैं, जो हमें इस प्राचीन विज्ञान की जटिलताओं को
समझने में मदद करेंगे।

●

अध्याय 2: ज्योतिष के मूल सिद्धांत

ग्रह, राशियां और नक्षत्र

ज्योतिष विज्ञान के मूल में ग्रह, राशियां और नक्षत्र हैं। ये तीनों तत्व मिलकर एक जटिल प्रणाली बनाते हैं जो मानव जीवन के विभिन्न पहलुओं को प्रभावित करती है। आइए इन तत्वों को विस्तार से समझें।

ग्रह (Planets)

ज्योतिष में, 'ग्रह' शब्द का अर्थ केवल खगोलीय ग्रह नहीं है, बल्कि इसमें सूर्य, चंद्रमा और कुछ अन्य आकाशीय पिंड भी शामिल हैं जो पृथ्वी से दिखाई देते हैं और मानव जीवन को प्रभावित करते हैं। पारंपरिक ज्योतिष में, नौ ग्रहों (नवग्रह) का विशेष महत्व है:

1. **सूर्य (Sun)**: आत्मा, व्यक्तित्व, जीवन शक्ति और पिता का प्रतिनिधित्व करता है।

2. **चंद्रमा (Moon)**: मन, भावनाएं, अंतर्ज्ञान और माता का प्रतिनिधित्व करता है।

3. **बुध (Mercury)**: संचार, बुद्धि, तर्क और विश्लेषण का प्रतिनिधित्व करता है।

4. **शुक्र (Venus)**: प्रेम, सौंदर्य, कला, संबंध और भौतिक सुख का प्रतिनिधित्व करता है।

5. **मंगल (Mars)**: ऊर्जा, साहस, कार्रवाई और इच्छाशक्ति का प्रतिनिधित्व करता है।

6. **बृहस्पति (Jupiter)**: विस्तार, समृद्धि, ज्ञान और आध्यात्मिकता का प्रतिनिधित्व करता है।

7. **शनि (Saturn)**: अनुशासन, जिम्मेदारी, सीमाएं और समय का प्रतिनिधित्व करता है।

8. **राहु (Rahu)**: (चंद्र नोड का उत्तरी बिंदु) महत्वाकांक्षा, वासना और भौतिक इच्छाओं का प्रतिनिधित्व करता है।

9. **केतु (Ketu)**: (चंद्र नोड का दक्षिणी बिंदु) आध्यात्मिक ज्ञान, मुक्ति और अतीत के कर्मों का प्रतिनिधित्व करता है।

आधुनिक ज्योतिष में, तीन अतिरिक्त ग्रहों को भी शामिल किया जाता है:

10. **अरुण (Uranus)**: परिवर्तन, नवाचार, विद्रोह और अप्रत्याशित घटनाओं का प्रतिनिधित्व करता है।

11. **वरुण (Neptune)**: आध्यात्मिकता, कल्पना, भ्रम और परलोक का प्रतिनिधित्व करता है।

12. **यम (Pluto)**: परिवर्तन, पुनर्जन्म, शक्ति और गहन रूपांतरण का प्रतिनिधित्व करता है।

प्रत्येक ग्रह की अपनी विशिष्ट ऊर्जा और गुण होते हैं, और जन्म कुंडली में उनकी स्थिति व्यक्ति के जीवन के विभिन्न पहलुओं को प्रभावित करती है।

राशियां (Zodiac Signs)

राशिचक्र 12 राशियों का एक चक्र है जो पृथ्वी से देखे जाने पर सूर्य के वार्षिक पथ (इक्लिप्टिक) को 30 डिग्री के 12 खंडों में विभाजित करता है। प्रत्येक राशि का अपना विशिष्ट चरित्र, गुण और प्रभाव होता है। 12 राशियां इस प्रकार हैं:

1. **मेष (Aries)**: 21 मार्च - 19 अप्रैल
2. **वृषभ (Taurus)**: 20 अप्रैल - 20 मई
3. **मिथुन (Gemini)**: 21 मई - 20 जून
4. **कर्क (Cancer)**: 21 जून - 22 जुलाई
5. **सिंह (Leo)**: 23 जुलाई - 22 अगस्त
6. **कन्या (Virgo)**: 23 अगस्त - 22 सितंबर
7. **तुला (Libra)**: 23 सितंबर - 22 अक्टूबर

8. **वृश्चिक (Scorpio)**: 23 अक्टूबर - 21 नवंबर

9. **धनु (Sagittarius)**: 22 नवंबर - 21 दिसंबर

10. **मकर (Capricorn)**: 22 दिसंबर - 19 जनवरी

11. **कुंभ (Aquarius)**: 20 जनवरी - 18 फरवरी

12. **मीन (Pisces)**: 19 फरवरी - 20 मार्च

जन्म के समय सूर्य जिस राशि में होता है, वह व्यक्ति की "सूर्य राशि" या आमतौर पर उनकी "राशि" कहलाती है। हालांकि, जन्म कुंडली में सभी ग्रहों की स्थिति महत्वपूर्ण होती है, विशेष रूप से चंद्रमा की स्थिति, जो व्यक्ति के भावनात्मक स्वभाव को दर्शाती है।

नक्षत्र (Nakshatras)

भारतीय ज्योतिष में, नक्षत्र 27 चंद्र नक्षत्र हैं जो राशिचक्र को और अधिक सूक्ष्म रूप से विभाजित करते हैं। प्रत्येक नक्षत्र 13°20' का होता है और इसका अपना विशिष्ट चरित्र और प्रभाव होता है। जन्म के समय चंद्रमा जिस नक्षत्र में होता है, वह व्यक्ति का "जन्म नक्षत्र" कहलाता है और उनके व्यक्तित्व और जीवन पथ पर गहरा प्रभाव डालता है।

27 नक्षत्र इस प्रकार हैं:

1. अश्विनी
2. भरणी
3. कृत्तिका
4. रोहिणी
5. मृगशिरा
6. आर्द्रा
7. पुनर्वसु
8. पुष्य
9. आश्लेषा
10. मघा
11. पूर्वा फाल्गुनी
12. उत्तरा फाल्गुनी
13. हस्त
14. चित्रा
15. स्वाति
16. विशाखा
17. अनुराधा
18. ज्येष्ठा
19. मूल
20. पूर्वाषाढ़ा
21. उत्तराषाढ़ा
22. श्रवण
23. धनिष्ठा

24.   शतभिषा

25.   पूर्वा भाद्रपद

26.   उत्तरा भाद्रपद

27.   रेवती

तत्व (Elements)

ज्योतिष में, चार मूल तत्व हैं जो प्रकृति के मूलभूत शक्तियों का प्रतिनिधित्व करते हैं: अग्नि, पृथ्वी, वायु और जल। प्रत्येक राशि इन चार तत्वों में से एक से संबंधित है, जो उसके चरित्र और गुणों को आकार देता है।

अग्नि तत्व (Fire Element)

अग्नि तत्व ऊर्जा, जुनून, रचनात्मकता और आत्मविश्वास का प्रतिनिधित्व करता है। अग्नि राशियां हैं:

- **मेष (Aries)**: उत्साही, साहसी, आत्मविश्वासी

- **सिंह (Leo)**: रचनात्मक, उदार, गर्वीला

- **धनु (Sagittarius)**: साहसी, स्वतंत्र, दार्शनिक

अग्नि तत्व वाले लोग आमतौर पर ऊर्जावान, उत्साही और आत्मविश्वासी होते हैं। वे नेतृत्व करना पसंद करते हैं और अक्सर अपने जुनून और दृढ़ संकल्प के लिए जाने जाते हैं।

पृथ्वी तत्व (Earth Element)

पृथ्वी तत्व स्थिरता, व्यावहारिकता, विश्वसनीयता और भौतिक दुनिया का प्रतिनिधित्व करता है। पृथ्वी राशियां हैं:

- **वृषभ (Taurus)**: धैर्यवान, विश्वसनीय, भौतिक सुख प्रेमी
- **कन्या (Virgo)**: विश्लेषणात्मक, व्यावहारिक, सेवाभावी
- **मकर (Capricorn)**: महत्वाकांक्षी, अनुशासित, जिम्मेदार

पृथ्वी तत्व वाले लोग आमतौर पर व्यावहारिक, विश्वसनीय और मेहनती होते हैं। वे स्थिरता और सुरक्षा को महत्व देते हैं और अक्सर अपनी व्यावहारिक बुद्धि और धैर्य के लिए जाने जाते हैं।

वायु तत्व (Air Element)

वायु तत्व बुद्धि, संचार, सामाजिकता और अमूर्त विचारों का प्रतिनिधित्व करता है। वायु राशियां हैं:

- **मिथुन (Gemini)**: जिज्ञासु, अनुकूलनीय, बौद्धिक
- **तुला (Libra)**: सामाजिक, न्यायप्रिय, सौंदर्यप्रेमी

* **कुंभ (Aquarius)**: नवाचारी, स्वतंत्र, मानवतावादी

वायु तत्व वाले लोग आमतौर पर बौद्धिक, जिज्ञासु और संचार में कुशल होते हैं। वे विचारों और अवधारणाओं से प्रेरित होते हैं और अक्सर अपनी बुद्धिमत्ता और सामाजिक कौशल के लिए जाने जाते हैं।

जल तत्व (Water Element)

जल तत्व भावनाओं, अंतर्ज्ञान, संवेदनशीलता और आध्यात्मिकता का प्रतिनिधित्व करता है। जल राशियां हैं:

* **कर्क (Cancer)**: भावनात्मक, देखभाल करने वाला, सुरक्षात्मक
* **वृश्चिक (Scorpio)**: गहन, रहस्यमय, परिवर्तनकारी
* **मीन (Pisces)**: कल्पनाशील, सहानुभूतिपूर्ण, आध्यात्मिक

जल तत्व वाले लोग आमतौर पर भावनात्मक, अंतर्ज्ञानी और संवेदनशील होते हैं। वे गहरे भावनात्मक संबंधों को महत्व देते हैं और अक्सर अपनी सहानुभूति और अंतर्ज्ञान के लिए जाने जाते हैं।

गुण (Modalities)

ज्योतिष में, तीन गुण या मोडैलिटीज़ हैं जो राशियों के व्यवहार और ऊर्जा के प्रवाह को वर्णित करते हैं: चर (Cardinal), स्थिर (Fixed) और द्विस्वभाव (Mutable)। प्रत्येक गुण चार राशियों से जुड़ा होता है, एक प्रत्येक तत्व से।

चर गुण (Cardinal Modality)

चर राशियां नए मौसम की शुरुआत का प्रतिनिधित्व करती हैं और पहल, नेतृत्व और नई शुरुआत से जुड़ी हैं। चर राशियां हैं:

- **मेष (Aries)**: वसंत की शुरुआत
- **कर्क (Cancer)**: गर्मियों की शुरुआत
- **तुला (Libra)**: शरद ऋतु की शुरुआत
- **मकर (Capricorn)**: सर्दियों की शुरुआत

चर गुण वाले लोग आमतौर पर पहल करने वाले, महत्वाकांक्षी और परिवर्तन के प्रति सक्रिय होते हैं। वे नई परियोजनाओं को शुरू करना पसंद करते हैं और अक्सर अपने नेतृत्व कौशल और दृढ़ संकल्प के लिए जाने जाते हैं।

स्थिर गुण (Fixed Modality)

स्थिर राशियां मौसम के मध्य का प्रतिनिधित्व करती हैं और स्थिरता, दृढ़ता और निरंतरता से जुड़ी हैं। स्थिर राशियां हैं:

- **वृषभ (Taurus)**: वसंत का मध्य
- **सिंह (Leo)**: गर्मियों का मध्य
- **वृश्चिक (Scorpio)**: शरद ऋतु का मध्य
- **कुंभ (Aquarius)**: सर्दियों का मध्य

स्थिर गुण वाले लोग आमतौर पर दृढ़, विश्वसनीय और स्थिर होते हैं। वे अपने लक्ष्यों के प्रति समर्पित होते हैं और अक्सर अपनी दृढ़ता और धैर्य के लिए जाने जाते हैं।

द्विस्वभाव गुण (Mutable Modality)

द्विस्वभाव राशियां मौसम के अंत का प्रतिनिधित्व करती हैं और अनुकूलनशीलता, लचीलापन और परिवर्तन से जुड़ी हैं। द्विस्वभाव राशियां हैं:

- **मिथुन (Gemini)**: वसंत का अंत
- **कन्या (Virgo)**: गर्मियों का अंत
- **धनु (Sagittarius)**: शरद ऋतु का अंत
- **मीन (Pisces)**: सर्दियों का अंत

द्विस्वभाव गुण वाले लोग आमतौर पर अनुकूलनीय, लचीले और परिवर्तन के प्रति खुले होते हैं। वे विभिन्न परिस्थितियों में अनुकूल होना जानते हैं और अक्सर अपनी बहुमुखी प्रतिभा और अनुकूलनशीलता के लिए जाने जाते हैं।

जन्म कुंडली का महत्व

जन्म कुंडली, जिसे जन्म चार्ट या होरोस्कोप भी कहा जाता है, व्यक्ति के जन्म के समय आकाश का एक मानचित्र है। यह दर्शाता है कि जन्म के समय ग्रह, राशियां और अन्य महत्वपूर्ण बिंदु कहां स्थित थे। जन्म कुंडली व्यक्ति के व्यक्तित्व, प्रतिभाओं, चुनौतियों और जीवन के पथ के बारे में महत्वपूर्ण अंतर्दृष्टि प्रदान करती है।

जन्म कुंडली के मुख्य घटक

1. **ग्रह (Planets)**: जन्म कुंडली में ग्रहों की स्थिति व्यक्ति के जीवन के विभिन्न पहलुओं को प्रभावित करती है। उदाहरण के लिए, सूर्य व्यक्ति के मूल व्यक्तित्व को दर्शाता है, चंद्रमा उनके भावनात्मक स्वभाव को, और बुध उनके संचार और बौद्धिक क्षमताओं को।

2. **राशियां (Zodiac Signs)**: प्रत्येक ग्रह एक विशेष राशि में स्थित होता है, जो उस ग्रह की

ऊर्जा को आकार देता है। उदाहरण के लिए, मंगल मेष में अधिक आक्रामक और साहसी हो सकता है, जबकि मंगल कर्क में अधिक भावनात्मक और सुरक्षात्मक हो सकता है।

3. **भाव (Houses)**: जन्म कुंडली 12 भावों में विभाजित होती है, प्रत्येक जीवन के एक विशेष क्षेत्र का प्रतिनिधित्व करता है। उदाहरण के लिए, पहला भाव व्यक्ति के व्यक्तित्व और शारीरिक उपस्थिति को दर्शाता है, दूसरा भाव धन और संसाधनों को, और सातवां भाव साझेदारी और विवाह को।

4. **पहलू (Aspects)**: पहलू ग्रहों के बीच के कोणीय संबंध हैं जो उनकी ऊर्जाओं के बीच बातचीत को दर्शाते हैं। कुछ पहलू सामंजस्यपूर्ण होते हैं, जैसे त्रिकोण (120 डिग्री) और षष्टिक (60 डिग्री), जबकि अन्य चुनौतीपूर्ण होते हैं, जैसे वर्ग (90 डिग्री) और विपरीत (180 डिग्री)।

5. **लग्न (Ascendant)**: लग्न या उदय बिंदु वह राशि है जो जन्म के समय पूर्वी क्षितिज पर उदय हो रही थी। यह जन्म कुंडली का एक महत्वपूर्ण बिंदु है और व्यक्ति के व्यक्तित्व, शारीरिक उपस्थिति और जीवन के दृष्टिकोण को प्रभावित करता है।

जन्म कुंडली का विश्लेषण

जन्म कुंडली का विश्लेषण एक जटिल प्रक्रिया है जिसमें इसके सभी घटकों और उनके बीच के संबंधों का अध्ययन शामिल है। एक कुशल ज्योतिषी जन्म कुंडली के विभिन्न तत्वों को एक साथ जोड़कर व्यक्ति के व्यक्तित्व, प्रतिभाओं, चुनौतियों और जीवन के पथ के बारे में एक समग्र चित्र प्रदान कर सकता है।

जन्म कुंडली का विश्लेषण निम्नलिखित क्षेत्रों में अंतर्दृष्टि प्रदान कर सकता है:

- **व्यक्तित्व और स्वयं**: व्यक्ति का मूल स्वभाव, मूल्य, और दृष्टिकोण

- **संबंध**: प्रेम, मित्रता, और अन्य महत्वपूर्ण संबंध

- **करियर और वित्त**: व्यावसायिक प्रतिभाएं, आर्थिक संभावनाएं, और करियर के पथ

- **स्वास्थ्य और कल्याण**: शारीरिक और भावनात्मक स्वास्थ्य की प्रवृत्तियां

- **आध्यात्मिक विकास**: आध्यात्मिक पथ, जीवन का उद्देश्य, और आत्म-जागरूकता

ग्रहों के पहलू (Aspects)

ग्रहों के पहलू जन्म कुंडली में ग्रहों के बीच के कोणीय संबंध हैं। ये पहलू ग्रहों की ऊर्जाओं के बीच बातचीत को दर्शाते हैं और व्यक्ति के जीवन के विभिन्न पहलुओं को प्रभावित करते हैं।

प्रमुख पहलू

1. **संयोग (Conjunction)**: जब दो या अधिक ग्रह एक ही राशि में या एक-दूसरे के बहुत करीब (0 डिग्री) होते हैं। संयोग ग्रहों की ऊर्जाओं को मिश्रित करता है, जिससे वे एक-दूसरे को मजबूत या कमजोर कर सकते हैं।

2. **विपरीत (Opposition)**: जब दो ग्रह एक-दूसरे से 180 डिग्री दूर होते हैं। विपरीत तनाव और संघर्ष पैदा कर सकता है, लेकिन यह संतुलन और समझौता भी ला सकता है।

3. **त्रिकोण (Trine)**: जब दो ग्रह एक-दूसरे से 120 डिग्री दूर होते हैं। त्रिकोण सामंजस्य, प्रवाह और सहज प्रतिभा लाता है।

4. **वर्ग (Square)**: जब दो ग्रह एक-दूसरे से 90 डिग्री दूर होते हैं। वर्ग तनाव और चुनौतियां पैदा करता है, लेकिन यह विकास और परिवर्तन के लिए प्रेरणा भी प्रदान करता है।

5. **षष्ठिक (Sextile)**: जब दो ग्रह एक-दूसरे से 60 डिग्री दूर होते हैं। षष्ठिक अवसर, सामंजस्य और सहयोग लाता है।

अन्य पहलू

1. **पंचम (Quintile)**: जब दो ग्रह एक-दूसरे से 72 डिग्री दूर होते हैं। पंचम रचनात्मकता और प्रतिभा को बढ़ावा देता है।

2. **सप्तम (Septile)**: जब दो ग्रह एक-दूसरे से लगभग 51.4 डिग्री दूर होते हैं। सप्तम आध्यात्मिक अंतर्दृष्टि और रहस्यमय अनुभवों से जुड़ा है।

3. **नवम (Novile)**: जब दो ग्रह एक-दूसरे से 40 डिग्री दूर होते हैं। नवम आध्यात्मिक विकास और आत्म-जागरूकता से जुड़ा है।

4. **सेमी-सेक्सटाइल (Semi-Sextile)**: जब दो ग्रह एक-दूसरे से 30 डिग्री दूर होते हैं। सेमी-सेक्सटाइल हल्का सामंजस्य और सहयोग लाता है।

5. **क्विनकंक्स (Quincunx)**: जब दो ग्रह एक-दूसरे से 150 डिग्री दूर होते हैं। क्विनकंक्स समायोजन और अनुकूलन की आवश्यकता पैदा करता है।

निष्कर्ष

ज्योतिष के मूल सिद्धांत - ग्रह, राशियां, नक्षत्र, तत्व, गुण, जन्म कुंडली और ग्रहों के पहलू - एक जटिल और समृद्ध प्रणाली बनाते हैं जो मानव जीवन के विभिन्न पहलुओं को समझने का एक माध्यम प्रदान करती है। इन सिद्धांतों को समझकर, हम अपने व्यक्तित्व, प्रतिभाओं, चुनौतियों और जीवन के पथ के बारे में गहरी अंतर्दृष्टि प्राप्त कर सकते हैं।

अगले अध्याय में, हम ग्रहों के महत्व और प्रभाव का विस्तार से अध्ययन करेंगे, जिससे हमें ज्योतिष की जटिलताओं को और गहराई से समझने में मदद मिलेगी।

•

अध्याय 3: मेष राशि (Aries) - 21 मार्च से 19 अप्रैल

मेष राशि का परिचय

मेष राशि ज्योतिष चक्र की पहली राशि है, जो 21 मार्च से 19 अप्रैल तक चलती है। यह राशिचक्र का प्रारंभिक बिंदु है और नए चक्र की शुरुआत का प्रतीक है। मेष राशि का प्रतीक मेढ़े के सिर और सींगों से मिलता-जुलता है, जो इस राशि के लोगों के साहसी और अग्रणी स्वभाव का प्रतिनिधित्व करता है।

मेष राशि अग्नि तत्व से संबंधित है, जो इसे ऊर्जा, उत्साह और जुनून से भर देता है। यह एक चर राशि है, जो इसके नेतृत्व करने वाले, पहल करने वाले और परिवर्तन के प्रति सक्रिय स्वभाव को दर्शाता है। मेष राशि का शासक ग्रह मंगल है, जो युद्ध, शक्ति और कार्रवाई का प्रतिनिधित्व करता है।

मेष राशि वसंत ऋतु की शुरुआत का प्रतीक है, जब प्रकृति में नया जीवन फूटता है। इसी तरह, मेष राशि के लोग नई शुरुआत, नए विचारों और नई परियोजनाओं के

प्रति उत्साहित होते हैं। वे अक्सर अपने क्षेत्र में अग्रणी होते हैं और नए रास्ते बनाने से नहीं डरते।

मेष राशि के व्यक्तित्व लक्षण

मेष राशि के लोगों का व्यक्तित्व उनके अग्नि तत्व और चर गुण से गहराई से प्रभावित होता है। यहां मेष राशि के कुछ प्रमुख व्यक्तित्व लक्षण दिए गए हैं:

साहसी और निडर

मेष राशि के लोग अपने साहस और निडरता के लिए जाने जाते हैं। वे चुनौतियों से नहीं डरते और अक्सर वहां कूद पड़ते हैं जहां अन्य लोग डरते हैं। उनका यह साहस उन्हें जीवन में कई अवसरों का लाभ उठाने में मदद करता है, लेकिन कभी-कभी यह उन्हें अनावश्यक जोखिमों में भी डाल सकता है।

उत्साही और ऊर्जावान

मेष राशि के लोगों में ऊर्जा और उत्साह की कमी कभी नहीं होती। वे हमेशा नई चीजों को आजमाने, नए अनुभवों का आनंद लेने और जीवन को पूरी तरह से जीने के लिए तैयार रहते हैं। उनकी यह ऊर्जा संक्रामक होती है और अक्सर उनके आसपास के लोगों को भी प्रेरित करती है।

स्वतंत्र और आत्मनिर्भर

मेष राशि के लोग अपनी स्वतंत्रता को बहुत महत्व देते हैं। वे अपने फैसले खुद लेना पसंद करते हैं और दूसरों पर निर्भर रहना पसंद नहीं करते। उनकी यह आत्मनिर्भरता उन्हें जीवन में कई चुनौतियों का सामना करने में मदद करती है, लेकिन कभी-कभी यह उन्हें अकेला भी कर सकती है।

प्रतिस्पर्धी और महत्वाकांक्षी

मेष राशि के लोग अत्यधिक प्रतिस्पर्धी और महत्वाकांक्षी होते हैं। वे हमेशा सर्वश्रेष्ठ होना चाहते हैं और अपने लक्ष्यों को प्राप्त करने के लिए कड़ी मेहनत करते हैं। उनकी यह प्रतिस्पर्धात्मक प्रवृत्ति उन्हें अपने क्षेत्र में सफलता प्राप्त करने में मदद करती है, लेकिन कभी-कभी यह उनके संबंधों में तनाव भी पैदा कर सकती है।

ईमानदार और सीधे

मेष राशि के लोग अपनी ईमानदारी और सीधेपन के लिए जाने जाते हैं। वे अपनी बात सीधे कहते हैं और अपने विचारों और भावनाओं को छिपाने में विश्वास नहीं करते। उनकी यह ईमानदारी उन्हें विश्वसनीय बनाती है, लेकिन कभी-कभी उनका सीधापन दूसरों को चोट भी पहुंचा सकता है।

अधीर और जल्दबाज

मेष राशि के लोग अक्सर अधीर और जल्दबाज होते हैं। वे तुरंत परिणाम चाहते हैं और इंतजार करना उन्हें पसंद नहीं होता। उनकी यह अधीरता उन्हें जल्दी कार्रवाई करने में मदद करती है, लेकिन कभी-कभी यह उन्हें जल्दबाजी में गलत निर्णय लेने की ओर भी ले जा सकती है।

नेतृत्वकारी और पहल करने वाले

मेष राशि के लोग स्वाभाविक नेता होते हैं और पहल करने में विश्वास रखते हैं। वे अपने विचारों और योजनाओं को आगे बढ़ाने में सक्रिय रहते हैं और दूसरों को भी प्रेरित करते हैं। उनकी यह नेतृत्व क्षमता उन्हें समूह में प्रभावशाली बनाती है, लेकिन कभी-कभी वे अपना दृष्टिकोण दूसरों पर थोपने की कोशिश भी कर सकते हैं।

मेष राशि के गुण और कमजोरियां

हर राशि की तरह, मेष राशि के भी अपने विशिष्ट गुण और कमजोरियां हैं। यहां मेष राशि के कुछ प्रमुख गुण और कमजोरियां दी गई हैं:

गुण

1. **साहस और निडरता**: मेष राशि के लोग अपने साहस और निडरता के लिए जाने जाते हैं। वे नई चुनौतियों का सामना करने से नहीं डरते और

अक्सर वहां जाते हैं जहां अन्य लोग जाने से डरते हैं।

2. **ऊर्जा और उत्साह**: मेष राशि के लोगों में ऊर्जा और उत्साह की कमी कभी नहीं होती। वे हमेशा नई चीजों को आजमाने और जीवन को पूरी तरह से जीने के लिए तैयार रहते हैं।

3. **नेतृत्व क्षमता**: मेष राशि के लोग स्वाभाविक नेता होते हैं। वे अपने विचारों और योजनाओं को आगे बढ़ाने में सक्रिय रहते हैं और दूसरों को भी प्रेरित करते हैं।

4. **ईमानदारी और सीधापन**: मेष राशि के लोग अपनी ईमानदारी और सीधेपन के लिए जाने जाते हैं। वे अपनी बात सीधे कहते हैं और अपने विचारों और भावनाओं को छिपाने में विश्वास नहीं करते।

5. **आत्मविश्वास**: मेष राशि के लोगों में आत्मविश्वास की कमी कभी नहीं होती। वे अपनी क्षमताओं पर भरोसा करते हैं और अपने लक्ष्यों को प्राप्त करने के लिए दृढ़ संकल्पित रहते हैं।

कमजोरियां

1. **अधीरता और जल्दबाजी**: मेष राशि के लोग अक्सर अधीर और जल्दबाज होते हैं। वे तुरंत परिणाम चाहते हैं और इंतजार करना उन्हें पसंद नहीं होता।

2. **आक्रामकता**: मेष राशि के लोग कभी-कभी अपनी भावनाओं को नियंत्रित करने में कठिनाई महसूस करते हैं और आक्रामक हो सकते हैं, खासकर जब उन्हें लगता है कि उनके रास्ते में कोई आ रहा है।

3. **स्वार्थी प्रवृत्ति**: मेष राशि के लोग कभी-कभी अपने हितों को दूसरों के हितों से ऊपर रख सकते हैं और अपने लक्ष्यों को प्राप्त करने के लिए दूसरों की भावनाओं की अनदेखी कर सकते हैं।

4. **अविचारित निर्णय**: मेष राशि के लोग कभी-कभी बिना सोचे-समझे निर्णय ले सकते हैं, खासकर जब वे उत्साहित या भावनात्मक होते हैं।

5. **हठधर्मिता**: मेष राशि के लोग कभी-कभी बहुत हठी हो सकते हैं और अपने विचारों और निर्णयों पर अड़े रह सकते हैं, भले ही वे गलत हों।

मेष राशि के लिए करियर और व्यावसायिक मार्गदर्शन

मेष राशि के लोगों के व्यक्तित्व लक्षण उन्हें कुछ विशेष करियर और व्यावसायिक क्षेत्रों के लिए अधिक उपयुक्त बनाते हैं। यहां मेष राशि के लोगों के लिए कुछ अनुकूल करियर विकल्प और व्यावसायिक मार्गदर्शन दिया गया है:

अनुकूल करियर विकल्प

1.   **उद्यमिता और व्यवसाय**: मेष राशि के लोगों का साहस, नेतृत्व क्षमता और पहल करने की प्रवृत्ति उन्हें उद्यमिता और व्यवसाय के लिए आदर्श बनाती है। वे नए विचारों और अवसरों की पहचान करने में अच्छे होते हैं और उन्हें सफल व्यवसायों में बदलने के लिए आवश्यक दृढ़ संकल्प रखते हैं।

2.   **खेल और एथलेटिक्स**: मेष राशि के लोगों की ऊर्जा, प्रतिस्पर्धात्मकता और शारीरिक क्षमता उन्हें खेल और एथलेटिक्स के लिए अच्छा बनाती है। वे खेल के मैदान में अपनी प्रतिस्पर्धात्मक प्रवृत्ति का उपयोग कर सकते हैं और अपने साहस और दृढ़ संकल्प के माध्यम से सफलता प्राप्त कर सकते हैं।

3.   **सेना और सुरक्षा**: मेष राशि के लोगों का साहस, निडरता और शारीरिक क्षमता उन्हें सेना, पुलिस या अन्य सुरक्षा बलों के लिए उपयुक्त बनाती है। वे खतरनाक परिस्थितियों में भी शांत रह सकते हैं और अपने साहस और नेतृत्व क्षमता का उपयोग कर सकते हैं।

4.   **बिक्री और मार्केटिंग**: मेष राशि के लोगों का उत्साह, आत्मविश्वास और संचार कौशल उन्हें बिक्री और मार्केटिंग के क्षेत्र में सफल बनाता है। वे अपने उत्साह और आकर्षक व्यक्तित्व का उपयोग करके ग्राहकों को आकर्षित कर सकते हैं

और अपनी पहल करने की प्रवृत्ति का उपयोग करके नए अवसरों की पहचान कर सकते हैं।

5.   **प्रबंधन और नेतृत्व**: मेष राशि के लोगों की नेतृत्व क्षमता, निर्णय लेने की क्षमता और दृढ़ संकल्प उन्हें प्रबंधन और नेतृत्व के पदों के लिए उपयुक्त बनाती है। वे अपनी टीम को प्रेरित कर सकते हैं और अपने साहस और दृढ़ संकल्प के माध्यम से कठिन परिस्थितियों में भी अपनी टीम का मार्गदर्शन कर सकते हैं।

व्यावसायिक मार्गदर्शन

1.   **अपनी प्रतिस्पर्धात्मक प्रवृत्ति का सकारात्मक उपयोग करें**: मेष राशि के लोग अत्यधिक प्रतिस्पर्धी होते हैं, जो उन्हें अपने लक्ष्यों को प्राप्त करने में मदद कर सकता है। हालांकि, यह महत्वपूर्ण है कि वे अपनी प्रतिस्पर्धात्मक प्रवृत्ति का सकारात्मक तरीके से उपयोग करें और इसे दूसरों के साथ सहयोग करने की क्षमता के साथ संतुलित करें।

2.   **धैर्य और धीरज विकसित करें**: मेष राशि के लोग अक्सर अधीर होते हैं और तुरंत परिणाम चाहते हैं। हालांकि, व्यावसायिक सफलता अक्सर समय और धैर्य की मांग करती है। मेष राशि के लोगों को धैर्य और धीरज विकसित करने

की आवश्यकता है और यह समझना चाहिए कि सफलता एक मैराथन है, स्प्रिंट नहीं।

3.   **अपनी भावनाओं को नियंत्रित करना सीखें**: मेष राशि के लोग कभी-कभी अपनी भावनाओं को नियंत्रित करने में कठिनाई महसूस करते हैं और आक्रामक हो सकते हैं। व्यावसायिक सेटिंग में, यह महत्वपूर्ण है कि वे अपनी भावनाओं को नियंत्रित करना सीखें और पेशेवर तरीके से व्यवहार करें।

4.   **टीम वर्क और सहयोग का महत्व समझें**: मेष राशि के लोग अक्सर स्वतंत्र और आत्मनिर्भर होते हैं, लेकिन व्यावसायिक सफलता अक्सर टीम वर्क और सहयोग पर निर्भर करती है। मेष राशि के लोगों को टीम वर्क और सहयोग का महत्व समझने की आवश्यकता है और अपनी नेतृत्व क्षमता का उपयोग अपनी टीम को प्रेरित करने और मार्गदर्शन करने के लिए करना चाहिए।

5.   **अपने साहस और पहल करने की प्रवृत्ति का लाभ उठाएं**: मेष राशि के लोगों का साहस और पहल करने की प्रवृत्ति उन्हें व्यावसायिक दुनिया में अवसरों की पहचान करने और उनका लाभ उठाने में मदद कर सकती है। वे अपने साहस और पहल करने की प्रवृत्ति का उपयोग नए विचारों और अवसरों की पहचान करने और उन्हें सफल व्यवसायों में बदलने के लिए कर सकते हैं।

मेष राशि के लिए प्रेम और संबंध

मेष राशि के लोगों के व्यक्तित्व लक्षण उनके प्रेम और संबंधों को भी प्रभावित करते हैं। यहां मेष राशि के लोगों के प्रेम और संबंधों के बारे में कुछ अंतर्दृष्टि दी गई है:

प्रेम में मेष

1. **जुनूनी और रोमांटिक**: मेष राशि के लोग प्रेम में जुनूनी और रोमांटिक होते हैं। वे अपने प्यार को खुलकर व्यक्त करते हैं और अपने साथी को विशेष महसूस कराने के लिए रोमांटिक इशारे और सरप्राइज देते हैं।

2. **प्रत्यक्ष और ईमानदार**: मेष राशि के लोग अपने प्रेम संबंधों में प्रत्यक्ष और ईमानदार होते हैं। वे अपनी भावनाओं और इच्छाओं को स्पष्ट रूप से व्यक्त करते हैं और अपने साथी से भी वही उम्मीद करते हैं।

3. **स्वतंत्रता की आवश्यकता**: मेष राशि के लोग अपने प्रेम संबंधों में भी अपनी स्वतंत्रता को महत्व देते हैं। वे अपने साथी के साथ समय बिताना पसंद करते हैं, लेकिन उन्हें अपना खुद का समय और स्थान भी चाहिए होता है।

4. **प्रतिस्पर्धात्मक और संरक्षक**: मेष राशि के लोग अपने प्रेम संबंधों में प्रतिस्पर्धात्मक और संरक्षक हो सकते हैं। वे अपने साथी के लिए सर्वश्रेष्ठ चाहते हैं और उन्हें किसी भी हानि से बचाने के लिए तैयार रहते हैं।

5.	**अधीर और जल्दबाज**: मेष राशि के लोग प्रेम में भी अधीर और जल्दबाज हो सकते हैं। वे अक्सर जल्दी से प्यार में पड़ जाते हैं और अपने संबंधों में तेजी से आगे बढ़ना चाहते हैं।

संबंधों में मेष

1.	**वफादार और समर्पित**: मेष राशि के लोग अपने संबंधों में वफादार और समर्पित होते हैं। वे अपने साथी के प्रति पूरी तरह से प्रतिबद्ध होते हैं और उनकी खुशी और कल्याण के लिए कुछ भी करने को तैयार रहते हैं।

2.	**स्वतंत्र और आत्मनिर्भर**: मेष राशि के लोग अपने संबंधों में भी स्वतंत्र और आत्मनिर्भर रहना पसंद करते हैं। वे अपने साथी पर निर्भर नहीं होना चाहते और अपने फैसले खुद लेना पसंद करते हैं।

3.	**प्रत्यक्ष और ईमानदार संचार**: मेष राशि के लोग अपने संबंधों में प्रत्यक्ष और ईमानदार संचार को महत्व देते हैं। वे अपनी बात सीधे कहते हैं और अपने साथी से भी वही उम्मीद करते हैं।

4.	**रोमांच और नवीनता की आवश्यकता**: मेष राशि के लोगों को अपने संबंधों में रोमांच और नवीनता की आवश्यकता होती है। वे रूटीन और एकरसता से ऊब जाते हैं और अपने संबंधों में नई चीजों को आजमाना पसंद करते हैं।

5. **संघर्ष से नहीं डरते**: मेष राशि के लोग संघर्ष से नहीं डरते और अपने संबंधों में भी अपने विचारों और भावनाओं के लिए खड़े होते हैं। हालांकि, कभी-कभी उनकी यह प्रवृत्ति संघर्ष और तनाव का कारण बन सकती है।

संगतता

मेष राशि के लोग कुछ राशियों के साथ अधिक संगत होते हैं, जबकि अन्य के साथ उनकी संगतता कम होती है। यहां मेष राशि की अन्य राशियों के साथ संगतता का एक संक्षिप्त विवरण दिया गया है:

उच्च संगतता

1. **सिंह और धनु**: ये दोनों अग्नि तत्व की राशियां हैं और मेष के साथ अच्छी तरह से मेल खाती हैं। वे मेष की ऊर्जा, उत्साह और साहस को समझते हैं और सराहना करते हैं।

2. **मिथुन और कुंभ**: ये वायु तत्व की राशियां हैं जो मेष के साथ अच्छी तरह से मेल खाती हैं। वे मेष की स्वतंत्रता और नवीनता की आवश्यकता को समझते हैं और सराहना करते हैं।

मध्यम संगतता

1. **वृषभ और मकर**: ये पृथ्वी तत्व की राशियां हैं जो मेष के साथ मध्यम संगतता रखती हैं। वे मेष की ऊर्जा और उत्साह को संतुलित कर

सकते हैं, लेकिन कभी-कभी उनकी स्थिरता और व्यावहारिकता मेष की स्वतंत्रता और साहस के साथ संघर्ष कर सकती है।

2. **कर्क और वृश्चिक**: ये जल तत्व की राशियां हैं जो मेष के साथ मध्यम संगतता रखती हैं। वे मेष की भावनात्मक जरूरतों को समझ सकते हैं, लेकिन कभी-कभी उनकी संवेदनशीलता मेष की प्रत्यक्षता और साहस के साथ संघर्ष कर सकती है।

निम्न संगतता

1. **कन्या और तुला**: ये राशियां मेष के साथ कम संगतता रखती हैं। कन्या की विश्लेषणात्मक प्रवृत्ति और तुला की संतुलन की आवश्यकता मेष की साहसिक और स्वतंत्र प्रवृत्ति के साथ संघर्ष कर सकती है।

2. **मीन**: मीन राशि मेष के साथ सबसे कम संगतता रखती है। मीन की संवेदनशीलता और भावनात्मकता मेष की प्रत्यक्षता और साहस के साथ संघर्ष कर सकती है।

मेष राशि के लिए स्वास्थ्य और कल्याण

मेष राशि के लोगों के व्यक्तित्व लक्षण उनके स्वास्थ्य और कल्याण को भी प्रभावित करते हैं। यहां मेष राशि के लोगों के स्वास्थ्य और कल्याण के बारे में कुछ अंतर्दृष्टि दी गई है:

शारीरिक स्वास्थ्य

1.   **ऊर्जा और शक्ति**: मेष राशि के लोगों में आमतौर पर अच्छी शारीरिक ऊर्जा और शक्ति होती है। वे सक्रिय रहना पसंद करते हैं और अक्सर शारीरिक गतिविधियों और खेलों में भाग लेते हैं।

2.   **सिर और चेहरा**: ज्योतिष के अनुसार, मेष राशि शरीर के सिर और चेहरे से जुड़ी है। इसका मतलब है कि मेष राशि के लोगों को सिरदर्द, माइग्रेन, साइनस की समस्याएं, या चेहरे से संबंधित अन्य समस्याएं हो सकती हैं।

3.   **तनाव और चिंता**: मेष राशि के लोगों की प्रतिस्पर्धात्मक प्रवृत्ति और उच्च ऊर्जा स्तर उन्हें तनाव और चिंता के प्रति संवेदनशील बना सकते हैं। वे अक्सर अपने आप पर बहुत दबाव डालते हैं और अपनी सीमाओं को धक्का देते हैं, जो तनाव और थकान का कारण बन सकता है।

4.   **चोटें**: मेष राशि के लोगों का साहस और जोखिम लेने की प्रवृत्ति उन्हें चोटों के प्रति संवेदनशील बना सकती है। वे अक्सर बिना सोचे-समझे कार्रवाई करते हैं, जो दुर्घटनाओं और चोटों का कारण बन सकता है।

5.   **पाचन**: मेष राशि के लोगों को अक्सर तेज पाचन होता है, लेकिन वे अपनी अधीरता और जल्दबाजी के कारण अपने भोजन को जल्दी-जल्दी

खा सकते हैं, जो पाचन संबंधी समस्याओं का कारण बन सकता है।

मानसिक और भावनात्मक स्वास्थ्य

1. **तनाव प्रबंधन**: मेष राशि के लोगों को अक्सर तनाव प्रबंधन में कठिनाई होती है। उनकी उच्च ऊर्जा और प्रतिस्पर्धात्मक प्रवृत्ति उन्हें तनाव और चिंता के प्रति संवेदनशील बना सकती है।

2. **क्रोध प्रबंधन**: मेष राशि के लोगों को अक्सर क्रोध प्रबंधन में कठिनाई होती है। वे जल्दी गुस्सा हो सकते हैं और अपनी भावनाओं को नियंत्रित करने में कठिनाई महसूस कर सकते हैं।

3. **अधीरता**: मेष राशि के लोग अक्सर अधीर होते हैं और तुरंत परिणाम चाहते हैं। यह अधीरता तनाव और चिंता का कारण बन सकती है और उनके मानसिक स्वास्थ्य को प्रभावित कर सकती है।

4. **आत्म-देखभाल**: मेष राशि के लोग अक्सर दूसरों की देखभाल करने में इतने व्यस्त हो जाते हैं कि वे अपनी खुद की देखभाल करना भूल जाते हैं। उन्हें आत्म-देखभाल के महत्व को समझने और अपने मानसिक और भावनात्मक स्वास्थ्य की देखभाल करने की आवश्यकता है।

स्वास्थ्य और कल्याण के लिए सुझाव

1.   **नियमित व्यायाम**: मेष राशि के लोगों को अपनी अतिरिक्त ऊर्जा को चैनलाइज करने के लिए नियमित व्यायाम करना चाहिए। वे तेज गति वाले व्यायाम जैसे दौड़ना, साइकिलिंग, या मार्शल आर्ट्स का आनंद ले सकते हैं।

2.   **तनाव प्रबंधन तकनीकें**: मेष राशि के लोगों को तनाव प्रबंधन तकनीकों जैसे ध्यान, गहरी सांस लेना, या योग का अभ्यास करना चाहिए। ये तकनीकें उन्हें शांत रहने और अपने तनाव को प्रबंधित करने में मदद कर सकती हैं।

3.   **पर्याप्त आराम और नींद**: मेष राशि के लोगों को अपनी उच्च ऊर्जा को बनाए रखने के लिए पर्याप्त आराम और नींद लेनी चाहिए। वे अक्सर अपनी सीमाओं को धक्का देते हैं और थकान का अनुभव कर सकते हैं, इसलिए पर्याप्त आराम महत्वपूर्ण है।

4.   **संतुलित आहार**: मेष राशि के लोगों को एक संतुलित आहार का पालन करना चाहिए जो उनकी उच्च ऊर्जा को बनाए रखने में मदद करे। उन्हें प्रोटीन, कार्बोहाइड्रेट, और स्वस्थ वसा का एक अच्छा मिश्रण खाना चाहिए और पर्याप्त पानी पीना चाहिए।

5. **आत्म-देखभाल का अभ्यास**: मेष राशि के लोगों को आत्म-देखभाल का अभ्यास करना चाहिए और अपने मानसिक और भावनात्मक स्वास्थ्य की देखभाल करनी चाहिए। वे ध्यान, योग, या अन्य आत्म-देखभाल गतिविधियों का आनंद ले सकते हैं जो उन्हें शांत और केंद्रित रहने में मदद करती हैं।

प्रसिद्ध मेष राशि के व्यक्ति

मेष राशि के कई प्रसिद्ध व्यक्ति हैं जिन्होंने विभिन्न क्षेत्रों में अपनी छाप छोड़ी है। यहां कुछ प्रसिद्ध मेष राशि के व्यक्तियों की सूची दी गई है:

अभिनेता और अभिनेत्रियां

1. **रॉबर्ट डाउनी जूनियर**: अमेरिकी अभिनेता, जिन्होंने आयरन मैन और शेरलॉक होम्स जैसी फिल्मों में अभिनय किया है।

2. **एमा वाटसन**: ब्रिटिश अभिनेत्री, जिन्होंने हैरी पॉटर श्रृंखला में हरमाइनी ग्रेंजर की भूमिका निभाई है।

3. **हीथ लेजर**: ऑस्ट्रेलियाई अभिनेता, जिन्होंने द डार्क नाइट में जोकर की भूमिका निभाई है।

4. **क्रिस्टन स्टीवर्ट**: अमेरिकी अभिनेत्री, जिन्होंने ट्वाइलाइट श्रृंखला में बेला स्वान की भूमिका निभाई है।

5.   **जैकी चैन**: हांगकांग के मार्शल आर्ट्स अभिनेता, जिन्होंने कई एक्शन फिल्मों में अभिनय किया है।

संगीतकार

1.   **लेडी गागा**: अमेरिकी गायिका और अभिनेत्री, जिन्होंने कई हिट गाने और एल्बम दिए हैं।

2.   **एल्टन जॉन**: ब्रिटिश गायक और पियानोवादक, जिन्होंने कई हिट गाने और एल्बम दिए हैं।

3.   **सेलीन डायोन**: कनाडाई गायिका, जिन्होंने कई हिट गाने और एल्बम दिए हैं।

4.   **स्टीवी वंडर**: अमेरिकी गायक और संगीतकार, जिन्होंने कई हिट गाने और एल्बम दिए हैं।

5.   **मैरिया कैरी**: अमेरिकी गायिका और गीतकार, जिन्होंने कई हिट गाने और एल्बम दिए हैं।

खिलाड़ी

1.   **डेविड बेकहम**: अंग्रेजी पूर्व फुटबॉल खिलाड़ी, जिन्होंने मैनचेस्टर यूनाइटेड और रियल मैड्रिड जैसे क्लबों के लिए खेला है।

2.   **शकील ओ'नील**: अमेरिकी पूर्व बास्केटबॉल खिलाड़ी, जिन्होंने एनबीए में कई टीमों के लिए खेला है।

3.   **मारिया शारापोवा**: रूसी पूर्व टेनिस खिलाड़ी, जिन्होंने कई ग्रैंड स्लैम खिताब जीते हैं।

4.   **सचिन तेंदुलकर**: भारतीय पूर्व क्रिकेट खिलाड़ी, जिन्हें क्रिकेट का भगवान कहा जाता है।

5.   **कोबे ब्रायंट**: अमेरिकी पूर्व बास्केटबॉल खिलाड़ी, जिन्होंने लॉस एंजिल्स लेकर्स के लिए खेला है।

राजनेता और नेता

1.   **थॉमस जेफरसन**: अमेरिका के तीसरे राष्ट्रपति और स्वतंत्रता की घोषणा के प्रमुख लेखक।

2.   **विंस्टन चर्चिल**: ब्रिटिश राजनेता, जो द्वितीय विश्व युद्ध के दौरान ब्रिटेन के प्रधान मंत्री थे।

3.   **कोफी अन्नान**: घाना के राजनयिक, जो संयुक्त राष्ट्र के सातवें महासचिव थे।

4.   **हंस क्रिश्चियन एंडरसन**: डेनिश लेखक, जिन्होंने कई प्रसिद्ध बच्चों की कहानियां लिखी हैं।

5.   **लियोनार्डो दा विंची**: इतालवी कलाकार, वैज्ञानिक, और आविष्कारक, जिन्होंने रेनेसां के दौरान कई महत्वपूर्ण कार्य किए।

मेष राशि के लिए ज्योतिषीय उपाय

मेष राशि के लोगों के लिए कुछ ज्योतिषीय उपाय हैं जो उन्हें अपने जीवन के विभिन्न पहलुओं में सफलता और संतुलन प्राप्त करने में मदद कर सकते हैं। यहां मेष राशि के लोगों के लिए कुछ ज्योतिषीय उपाय दिए गए हैं:

रत्न और उपरत्न

1. **मूंगा (Red Coral)**: मेष राशि का मुख्य रत्न मूंगा है, जो मंगल ग्रह से जुड़ा है। मूंगा पहनने से मेष राशि के लोगों को आत्मविश्वास, ऊर्जा, और साहस मिल सकता है। यह उन्हें अपने लक्ष्यों को प्राप्त करने और चुनौतियों का सामना करने में मदद कर सकता है।

2. **लाल हकीक (Red Agate)**: लाल हकीक मेष राशि के लिए एक उपरत्न है। यह रत्न मेष राशि के लोगों को शांति, स्थिरता, और संतुलन प्रदान कर सकता है। यह उन्हें अपनी भावनाओं को नियंत्रित करने और अधिक धैर्यवान बनने में मदद कर सकता है।

3. **लाल गारनेट (Red Garnet)**: लाल गारनेट भी मेष राशि के लिए एक उपरत्न है। यह रत्न मेष राशि के लोगों को प्रेम, भक्ति, और आध्यात्मिकता में मदद कर सकता है। यह उन्हें

अपने संबंधों में अधिक समझदार और संवेदनशील बनने में मदद कर सकता है।

मंत्र और स्तोत्र

1. **मंगल मंत्र**: "ॐ अंगारकाय नमः" या "ॐ क्रां क्रीं क्रौं सः भौमाय नमः" मंगल ग्रह के मंत्र हैं, जो मेष राशि के शासक ग्रह हैं। इन मंत्रों का जाप करने से मेष राशि के लोगों को मंगल ग्रह के नकारात्मक प्रभावों से बचने और सकारात्मक प्रभावों को बढ़ाने में मदद मिल सकती है।

2. **हनुमान चालीसा**: हनुमान जी मंगल ग्रह के अवतार माने जाते हैं। हनुमान चालीसा का पाठ करने से मेष राशि के लोगों को मंगल ग्रह के नकारात्मक प्रभावों से बचने और सकारात्मक प्रभावों को बढ़ाने में मदद मिल सकती है।

3. **सूर्य मंत्र**: "ॐ हां हीं हौं सः सूर्याय नमः" सूर्य ग्रह का मंत्र है, जो मेष राशि के लोगों के लिए भी लाभकारी हो सकता है। इस मंत्र का जाप करने से मेष राशि के लोगों को आत्मविश्वास, ऊर्जा, और सफलता प्राप्त करने में मदद मिल सकती है।

दान और धार्मिक अनुष्ठान

1. **मंगलवार का व्रत**: मंगलवार मंगल ग्रह का दिन है। मंगलवार को व्रत रखने और हनुमान जी की पूजा करने से मेष राशि के लोगों को मंगल ग्रह के नकारात्मक प्रभावों से बचने और

सकारात्मक प्रभावों को बढ़ाने में मदद मिल सकती है।

2.   **लाल वस्तुओं का दान**: लाल रंग मंगल ग्रह का रंग है। लाल वस्तुओं जैसे लाल कपड़े, लाल मिठाई, या लाल फल का दान करने से मेष राशि के लोगों को मंगल ग्रह के नकारात्मक प्रभावों से बचने और सकारात्मक प्रभावों को बढ़ाने में मदद मिल सकती है।

3.   **मंगल यंत्र की स्थापना**: मंगल यंत्र एक धार्मिक प्रतीक है जो मंगल ग्रह की शक्ति को आकर्षित करता है। मंगल यंत्र की स्थापना करने और उसकी पूजा करने से मेष राशि के लोगों को मंगल ग्रह के नकारात्मक प्रभावों से बचने और सकारात्मक प्रभावों को बढ़ाने में मदद मिल सकती है।

वास्तु और फेंगशुई के सुझाव

1.   **लाल रंग का उपयोग**: लाल रंग मंगल ग्रह का रंग है और मेष राशि के लोगों के लिए शुभ माना जाता है। मेष राशि के लोग अपने घर या कार्यस्थल में लाल रंग का उपयोग कर सकते हैं, जैसे लाल दीवारें, लाल फर्नीचर, या लाल सजावटी सामान।

2.   **दक्षिण दिशा का महत्व**: दक्षिण दिशा मंगल ग्रह की दिशा है। मेष राशि के लोग अपने घर या कार्यस्थल में दक्षिण दिशा का विशेष ध्यान

रख सकते हैं और इस दिशा में शुभ वस्तुओं को रख सकते हैं।

3. **त्रिकोणीय आकृतियों का उपयोग:** त्रिकोणीय आकृतियां अग्नि तत्व का प्रतिनिधित्व करती हैं, जो मेष राशि का तत्व है। मेष राशि के लोग अपने घर या कार्यस्थल में त्रिकोणीय आकृतियों का उपयोग कर सकते हैं, जैसे त्रिकोणीय सजावटी सामान या त्रिकोणीय फर्नीचर।

निष्कर्ष

मेष राशि ज्योतिष चक्र की पहली राशि है, जो नई शुरुआत, साहस, और नेतृत्व का प्रतीक है। मेष राशि के लोग अपने उत्साह, ऊर्जा, और साहस के लिए जाने जाते हैं। वे स्वाभाविक नेता होते हैं और पहल करने में विश्वास रखते हैं।

मेष राशि के लोगों के व्यक्तित्व लक्षण उन्हें कुछ विशेष करियर और व्यावसायिक क्षेत्रों के लिए अधिक उपयुक्त बनाते हैं, जैसे उद्यमिता, खेल, सेना, बिक्री, और प्रबंधन। उनके प्रेम और संबंधों में, वे जुनूनी, ईमानदार, और वफादार होते हैं, लेकिन उन्हें अपनी स्वतंत्रता भी चाहिए होती है।

मेष राशि के लोगों के स्वास्थ्य और कल्याण के लिए, उन्हें नियमित व्यायाम, तनाव प्रबंधन, पर्याप्त आराम, संतुलित आहार, और आत्म-देखभाल का अभ्यास करना

चाहिए। उनके लिए कुछ ज्योतिषीय उपाय भी हैं, जैसे मूंगा पहनना, मंगल मंत्रों का जाप करना, और मंगलवार का व्रत रखना, जो उन्हें अपने जीवन के विभिन्न पहलुओं में सफलता और संतुलन प्राप्त करने में मदद कर सकते हैं।

अंत में, मेष राशि के लोगों को अपने गुणों का लाभ उठाना चाहिए और अपनी कमजोरियों पर काम करना चाहिए। उन्हें अपने साहस, ऊर्जा, और नेतृत्व क्षमता का उपयोग अपने लक्ष्यों को प्राप्त करने के लिए करना चाहिए, लेकिन साथ ही उन्हें धैर्य, संयम, और दूसरों के प्रति संवेदनशीलता भी विकसित करनी चाहिए।

•

अध्याय 4: वृषभ राशि (Taurus) - 20 अप्रैल से 20 मई

वृषभ राशि का परिचय

वृषभ राशि ज्योतिष चक्र की दूसरी राशि है, जो 20 अप्रैल से 20 मई तक चलती है। यह राशि बैल के प्रतीक से दर्शाई जाती है, जो इसके स्थिर, दृढ़ और धैर्यवान स्वभाव का प्रतिनिधित्व करता है। वृषभ राशि पृथ्वी तत्व से संबंधित है, जो इसे व्यावहारिक, विश्वसनीय और भौतिक सुख-सुविधाओं के प्रति आकर्षित बनाता है।

वृषभ राशि एक स्थिर राशि है, जो इसके स्थिरता, दृढ़ता और परिवर्तन के प्रति प्रतिरोध को दर्शाता है। वृषभ राशि का शासक ग्रह शुक्र है, जो प्रेम, सौंदर्य, कला और भौतिक सुख का प्रतिनिधित्व करता है। यह संयोग वृषभ राशि के लोगों को सुंदरता, आराम और भौतिक सुख के प्रति आकर्षित बनाता है।

वृषभ राशि वसंत ऋतु के मध्य का प्रतीक है, जब प्रकृति अपने पूर्ण विकास में होती है। इसी तरह, वृषभ राशि के लोग अपने जीवन में स्थिरता, सुरक्षा और समृद्धि चाहते हैं। वे धीरे-धीरे लेकिन निरंतर प्रगति करते हैं और

अपने लक्ष्यों को प्राप्त करने के लिए कड़ी मेहनत करते हैं।

वृषभ राशि के व्यक्तित्व लक्षण

वृषभ राशि के लोगों का व्यक्तित्व उनके पृथ्वी तत्व और स्थिर गुण से गहराई से प्रभावित होता है। यहां वृषभ राशि के कुछ प्रमुख व्यक्तित्व लक्षण दिए गए हैं:

विश्वसनीय और भरोसेमंद

वृषभ राशि के लोग अपनी विश्वसनीयता और भरोसेमंद स्वभाव के लिए जाने जाते हैं। वे अपने वादों को निभाते हैं और उन पर भरोसा किया जा सकता है। उनकी यह विश्वसनीयता उन्हें व्यक्तिगत और व्यावसायिक संबंधों में मूल्यवान बनाती है।

धैर्यवान और दृढ़

वृषभ राशि के लोग अत्यधिक धैर्यवान और दृढ़ होते हैं। वे अपने लक्ष्यों को प्राप्त करने के लिए धीरे-धीरे लेकिन निरंतर काम करते हैं और बाधाओं से हार नहीं मानते। उनकी यह दृढ़ता उन्हें जीवन की कठिनाइयों का सामना करने में मदद करती है।

व्यावहारिक और यथार्थवादी

वृषभ राशि के लोग अत्यधिक व्यावहारिक और यथार्थवादी होते हैं। वे वास्तविकता में रहते हैं और अपने निर्णय तथ्यों और व्यावहारिक विचारों पर आधारित करते

हैं। उनकी यह व्यावहारिकता उन्हें जीवन में सफल होने में मदद करती है।

आरामपसंद और सुख-सुविधा प्रेमी

वृषभ राशि के लोग आराम और सुख-सुविधाओं को पसंद करते हैं। वे अच्छे भोजन, आरामदायक घर और भौतिक सुख-सुविधाओं का आनंद लेते हैं। उनकी यह प्रवृत्ति उन्हें जीवन के सुखों का आनंद लेने में मदद करती है, लेकिन कभी-कभी यह उन्हें आलसी भी बना सकती है।

वफादार और समर्पित

वृषभ राशि के लोग अपने रिश्तों में अत्यधिक वफादार और समर्पित होते हैं। वे अपने प्रियजनों के प्रति गहरी प्रतिबद्धता रखते हैं और उनकी देखभाल करते हैं। उनकी यह वफादारी उनके संबंधों को मजबूत बनाती है।

हठी और अड़ियल

वृषभ राशि के लोग कभी-कभी हठी और अड़ियल हो सकते हैं। एक बार जब वे अपना मन बना लेते हैं, तो उन्हें अपने विचारों से हटाना मुश्किल हो सकता है। उनकी यह हठधर्मिता उन्हें अपने लक्ष्यों को प्राप्त करने में मदद कर सकती है, लेकिन यह उनके संबंधों में तनाव भी पैदा कर सकती है।

सौंदर्य और कला प्रेमी

वृषभ राशि के लोग सौंदर्य और कला के प्रति आकर्षित होते हैं। वे सुंदर चीजों, कला, संगीत और प्रकृति का आनंद लेते हैं। उनकी यह सौंदर्य प्रेमी प्रवृत्ति उन्हें जीवन के सौंदर्य का आनंद लेने में मदद करती है।

वृषभ राशि के गुण और कमजोरियां

हर राशि की तरह, वृषभ राशि के भी अपने विशिष्ट गुण और कमजोरियां हैं। यहां वृषभ राशि के कुछ प्रमुख गुण और कमजोरियां दी गई हैं:

गुण

1. **विश्वसनीयता:** वृषभ राशि के लोग अत्यधिक विश्वसनीय होते हैं। वे अपने वादों को निभाते हैं और उन पर भरोसा किया जा सकता है।

2. **धैर्य और दृढ़ता:** वृषभ राशि के लोग अत्यधिक धैर्यवान और दृढ़ होते हैं। वे अपने लक्ष्यों को प्राप्त करने के लिए धीरे-धीरे लेकिन निरंतर काम करते हैं।

3. **व्यावहारिकता:** वृषभ राशि के लोग अत्यधिक व्यावहारिक होते हैं। वे वास्तविकता में रहते हैं और अपने निर्णय तथ्यों और व्यावहारिक विचारों पर आधारित करते हैं।

4. **वफादारी**: वृषभ राशि के लोग अपने रिश्तों में अत्यधिक वफादार होते हैं। वे अपने प्रियजनों के प्रति गहरी प्रतिबद्धता रखते हैं।

5. **कड़ी मेहनत**: वृषभ राशि के लोग कड़ी मेहनत करने वाले होते हैं। वे अपने लक्ष्यों को प्राप्त करने के लिए लगन से काम करते हैं।

कमजोरियां

1. **हठधर्मिता**: वृषभ राशि के लोग कभी-कभी हठी हो सकते हैं। एक बार जब वे अपना मन बना लेते हैं, तो उन्हें अपने विचारों से हटाना मुश्किल हो सकता है।

2. **परिवर्तन के प्रति प्रतिरोध**: वृषभ राशि के लोग परिवर्तन के प्रति प्रतिरोध कर सकते हैं। वे अपनी आदतों और रूटीन से चिपके रहना पसंद करते हैं।

3. **भौतिकवाद**: वृषभ राशि के लोग कभी-कभी अत्यधिक भौतिकवादी हो सकते हैं। वे भौतिक सुख-सुविधाओं और संपत्ति को अधिक महत्व दे सकते हैं।

4. **ईर्ष्या**: वृषभ राशि के लोग कभी-कभी ईर्ष्यालु हो सकते हैं, खासकर जब उनके प्रियजनों की बात आती है।

5. **आलस्य:** वृषभ राशि के लोग कभी-कभी आलसी हो सकते हैं, खासकर जब वे आराम और सुख-सुविधाओं में डूबे होते हैं।

वृषभ राशि के लिए करियर और व्यावसायिक मार्गदर्शन

वृषभ राशि के लोगों के व्यक्तित्व लक्षण उन्हें कुछ विशेष करियर और व्यावसायिक क्षेत्रों के लिए अधिक उपयुक्त बनाते हैं। यहां वृषभ राशि के लोगों के लिए कुछ अनुकूल करियर विकल्प और व्यावसायिक मार्गदर्शन दिया गया है:

अनुकूल करियर विकल्प

1. **वित्त और बैंकिंग:** वृषभ राशि के लोगों की व्यावहारिकता, विश्वसनीयता और धन के प्रति समझ उन्हें वित्त और बैंकिंग के क्षेत्र के लिए आदर्श बनाती है। वे अच्छे वित्तीय सलाहकार, बैंकर, या लेखाकार बन सकते हैं।

2. **कला और डिजाइन:** वृषभ राशि के लोगों की सौंदर्य प्रेमी प्रवृत्ति और रचनात्मकता उन्हें कला और डिजाइन के क्षेत्र के लिए उपयुक्त बनाती है। वे अच्छे कलाकार, डिजाइनर, या आर्किटेक्ट बन सकते हैं।

3. **कृषि और बागवानी:** वृषभ राशि के लोगों का पृथ्वी तत्व और प्रकृति के प्रति प्रेम उन्हें

कृषि और बागवानी के क्षेत्र के लिए उपयुक्त बनाता है। वे अच्छे किसान, बागवान, या पर्यावरणविद् बन सकते हैं।

4.   **खाद्य और आतिथ्य:** वृषभ राशि के लोगों का अच्छे भोजन और आराम के प्रति प्रेम उन्हें खाद्य और आतिथ्य के क्षेत्र के लिए उपयुक्त बनाता है। वे अच्छे शेफ, रेस्तरां मालिक, या होटल प्रबंधक बन सकते हैं।

5.   **रियल एस्टेट:** वृषभ राशि के लोगों की भौतिक संपत्ति के प्रति समझ और व्यावहारिकता उन्हें रियल एस्टेट के क्षेत्र के लिए उपयुक्त बनाती है। वे अच्छे रियल एस्टेट एजेंट या डेवलपर बन सकते हैं।

व्यावसायिक मार्गदर्शन

1.   **अपनी विश्वसनीयता का लाभ उठाएं:** वृषभ राशि के लोग अत्यधिक विश्वसनीय होते हैं, जो उन्हें व्यावसायिक दुनिया में मूल्यवान बनाता है। वे अपनी विश्वसनीयता का उपयोग ग्राहकों और सहकर्मियों का विश्वास जीतने के लिए कर सकते हैं।

2.   **धैर्य रखें:** वृषभ राशि के लोग धैर्यवान होते हैं, जो उन्हें दीर्घकालिक लक्ष्यों को प्राप्त करने में मदद कर सकता है। वे अपने धैर्य का उपयोग जटिल समस्याओं को हल करने और दीर्घकालिक सफलता प्राप्त करने के लिए कर सकते हैं।

3. **परिवर्तन के प्रति खुले रहें**: वृषभ राशि के लोग परिवर्तन के प्रति प्रतिरोध कर सकते हैं, लेकिन व्यावसायिक दुनिया में सफलता के लिए परिवर्तन के प्रति खुला होना महत्वपूर्ण है। वे अपनी आदतों और रूटीन में लचीलापन लाने का प्रयास कर सकते हैं।

4. **अपनी व्यावहारिकता का उपयोग करें**: वृषभ राशि के लोग अत्यधिक व्यावहारिक होते हैं, जो उन्हें व्यावसायिक निर्णय लेने में मदद कर सकता है। वे अपनी व्यावहारिकता का उपयोग समस्याओं को हल करने और व्यावसायिक अवसरों का मूल्यांकन करने के लिए कर सकते हैं।

5. **अपनी कड़ी मेहनत का लाभ उठाएं**: वृषभ राशि के लोग कड़ी मेहनत करने वाले होते हैं, जो उन्हें व्यावसायिक दुनिया में सफल होने में मदद कर सकता है। वे अपनी कड़ी मेहनत का उपयोग अपने लक्ष्यों को प्राप्त करने और अपने करियर में आगे बढ़ने के लिए कर सकते हैं।

वृषभ राशि के लिए प्रेम और संबंध

वृषभ राशि के लोगों के व्यक्तित्व लक्षण उनके प्रेम और संबंधों को भी प्रभावित करते हैं। यहां वृषभ राशि के लोगों के प्रेम और संबंधों के बारे में कुछ अंतर्दृष्टि दी गई है:

प्रेम में वृषभ

1. **वफादार और समर्पित**: वृषभ राशि के लोग प्रेम में अत्यधिक वफादार और समर्पित होते हैं। वे अपने साथी के प्रति गहरी प्रतिबद्धता रखते हैं और उनकी देखभाल करते हैं।

2. **रोमांटिक और भावुक**: वृषभ राशि के लोग प्रेम में रोमांटिक और भावुक होते हैं। वे अपने प्यार को शारीरिक स्पर्श, उपहार, और रोमांटिक इशारों के माध्यम से व्यक्त करते हैं।

3. **धैर्यवान और समझदार**: वृषभ राशि के लोग प्रेम में धैर्यवान और समझदार होते हैं। वे अपने साथी को समझने और उनकी जरूरतों को पूरा करने के लिए समय लेते हैं।

4. **सुरक्षा और स्थिरता की आवश्यकता**: वृषभ राशि के लोगों को प्रेम में सुरक्षा और स्थिरता की आवश्यकता होती है। वे अपने संबंधों में विश्वास और भरोसा चाहते हैं।

5. **ईर्ष्यालु और स्वामित्व भाव**: वृषभ राशि के लोग कभी-कभी प्रेम में ईर्ष्यालु और स्वामित्व भाव रखने वाले हो सकते हैं। वे अपने साथी को अपना मानते हैं और उन्हें किसी और के साथ साझा करना पसंद नहीं करते।

संबंधों में वृषभ

1. **विश्वसनीय और भरोसेमंद**: वृषभ राशि के लोग अपने संबंधों में अत्यधिक विश्वसनीय और भरोसेमंद होते हैं। वे अपने वादों को निभाते हैं और अपने प्रियजनों का समर्थन करते हैं।

2. **प्रेमपूर्ण और देखभाल करने वाले**: वृषभ राशि के लोग अपने संबंधों में प्रेमपूर्ण और देखभाल करने वाले होते हैं। वे अपने प्रियजनों की देखभाल करते हैं और उनकी खुशी और कल्याण के लिए कुछ भी करने को तैयार रहते हैं।

3. **स्थिरता और सुरक्षा प्रदान करने वाले**: वृषभ राशि के लोग अपने संबंधों में स्थिरता और सुरक्षा प्रदान करते हैं। वे अपने प्रियजनों को भावनात्मक और वित्तीय सुरक्षा प्रदान करते हैं।

4. **हठी और अड़ियल**: वृषभ राशि के लोग कभी-कभी अपने संबंधों में हठी और अड़ियल हो सकते हैं। एक बार जब वे अपना मन बना लेते हैं, तो उन्हें अपने विचारों से हटाना मुश्किल हो सकता है।

5. **भौतिक स्पर्श के प्रति आकर्षित**: वृषभ राशि के लोग भौतिक स्पर्श के प्रति आकर्षित होते हैं और अपने संबंधों में शारीरिक निकटता चाहते हैं। वे गले मिलना, हाथ पकड़ना, और चुंबन जैसे शारीरिक स्पर्श के माध्यम से अपना प्यार व्यक्त करते हैं।

संगतता

वृषभ राशि के लोग कुछ राशियों के साथ अधिक संगत होते हैं, जबकि अन्य के साथ उनकी संगतता कम होती है। यहां वृषभ राशि की अन्य राशियों के साथ संगतता का एक संक्षिप्त विवरण दिया गया है:

उच्च संगतता

1. **कन्या और मकर**: ये दोनों पृथ्वी तत्व की राशियां हैं और वृषभ के साथ अच्छी तरह से मेल खाती हैं। वे वृषभ की व्यावहारिकता, विश्वसनीयता, और स्थिरता को समझते हैं और सराहना करते हैं।

2. **कर्क और मीन**: ये जल तत्व की राशियां हैं जो वृषभ के साथ अच्छी तरह से मेल खाती हैं। वे वृषभ की भावनात्मक जरूरतों को समझते हैं और उनकी स्थिरता और सुरक्षा की आवश्यकता को पूरा करते हैं।

मध्यम संगतता

1. **सिंह और वृश्चिक**: ये राशियां वृषभ के साथ मध्यम संगतता रखती हैं। सिंह की महत्वाकांक्षा और वृश्चिक की गहनता वृषभ की स्थिरता और सुरक्षा की आवश्यकता के साथ संतुलित हो सकती है, लेकिन कभी-कभी संघर्ष भी हो सकता है।

2.   **मेष और तुला:** ये राशियां वृषभ के साथ मध्यम संगतता रखती हैं। मेष की ऊर्जा और तुला का संतुलन वृषभ की स्थिरता और व्यावहारिकता के साथ संतुलित हो सकता है, लेकिन कभी-कभी संघर्ष भी हो सकता है।

निम्न संगतता

1.   **मिथुन और धनु:** ये वायु और अग्नि तत्व की राशियां हैं जो वृषभ के साथ कम संगतता रखती हैं। मिथुन की परिवर्तनशीलता और धनु की स्वतंत्रता वृषभ की स्थिरता और सुरक्षा की आवश्यकता के साथ संघर्ष कर सकती है।

2.   **कुंभ:** कुंभ राशि वृषभ के साथ सबसे कम संगतता रखती है। कुंभ की नवीनता और परिवर्तन के प्रति प्रेम वृषभ की स्थिरता और परिवर्तन के प्रति प्रतिरोध के साथ संघर्ष कर सकता है।

वृषभ राशि के लिए स्वास्थ्य और कल्याण

वृषभ राशि के लोगों के व्यक्तित्व लक्षण उनके स्वास्थ्य और कल्याण को भी प्रभावित करते हैं। यहां वृषभ राशि के लोगों के स्वास्थ्य और कल्याण के बारे में कुछ अंतर्दृष्टि दी गई है:

शारीरिक स्वास्थ्य

1. **गर्दन और गला**: ज्योतिष के अनुसार, वृषभ राशि शरीर की गर्दन और गले से जुड़ी है। इसका मतलब है कि वृषभ राशि के लोगों को गर्दन दर्द, गले की समस्याएं, या थायराइड की समस्याएं हो सकती हैं।

2. **मजबूत शारीरिक बनावट**: वृषभ राशि के लोगों में आमतौर पर मजबूत शारीरिक बनावट होती है। वे शारीरिक रूप से मजबूत होते हैं और अच्छी स्टैमिना रखते हैं।

3. **धीमा चयापचय**: वृषभ राशि के लोगों का चयापचय धीमा हो सकता है, जिससे उन्हें वजन बढ़ने की समस्या हो सकती है। उन्हें अपने आहार और व्यायाम पर विशेष ध्यान देने की आवश्यकता होती है।

4. **स्वादिष्ट भोजन के प्रति आकर्षण**: वृषभ राशि के लोग स्वादिष्ट भोजन के प्रति आकर्षित होते हैं, जो उन्हें अधिक खाने और वजन बढ़ने की ओर ले जा सकता है।

5. **आराम और आलस्य की प्रवृत्ति**: वृषभ राशि के लोग आराम और आलस्य की प्रवृत्ति रखते हैं, जो उन्हें शारीरिक गतिविधियों से दूर रख सकता है और उनके स्वास्थ्य को प्रभावित कर सकता है।

मानसिक और भावनात्मक स्वास्थ्य

1. **स्थिरता और शांति की आवश्यकता:** वृषभ राशि के लोगों को मानसिक स्थिरता और शांति की आवश्यकता होती है। वे तनाव और अस्थिरता से परेशान हो सकते हैं।

2. **भावनात्मक सुरक्षा की आवश्यकता:** वृषभ राशि के लोगों को भावनात्मक सुरक्षा की आवश्यकता होती है। वे अपने प्रियजनों से प्यार और समर्थन चाहते हैं।

3. **परिवर्तन के प्रति प्रतिरोध:** वृषभ राशि के लोग परिवर्तन के प्रति प्रतिरोध कर सकते हैं, जो उनके मानसिक स्वास्थ्य को प्रभावित कर सकता है, खासकर जब परिवर्तन अपरिहार्य हो।

4. **भौतिक सुख-सुविधाओं का महत्व:** वृषभ राशि के लोग भौतिक सुख-सुविधाओं को महत्व देते हैं, जो उनके मानसिक कल्याण के लिए महत्वपूर्ण हो सकता है।

5. **प्रकृति से जुड़ाव:** वृषभ राशि के लोग प्रकृति से जुड़ाव महसूस करते हैं, जो उनके मानसिक स्वास्थ्य के लिए फायदेमंद हो सकता है।

स्वास्थ्य और कल्याण के लिए सुझाव

1. **नियमित व्यायाम:** वृषभ राशि के लोगों को अपने धीमे चयापचय को बढ़ावा देने और स्वस्थ

वजन बनाए रखने के लिए नियमित व्यायाम करना चाहिए। वे धीमी गति वाले व्यायाम जैसे योग, पैदल चलना, या तैराकी का आनंद ले सकते हैं।

2. **संतुलित आहार**: वृषभ राशि के लोगों को एक संतुलित आहार का पालन करना चाहिए जो उनके स्वादिष्ट भोजन के प्रति आकर्षण को संतुलित करे। उन्हें ताजे फल, सब्जियां, और पूरे अनाज खाने चाहिए और प्रोसेस्ड और उच्च कैलोरी वाले खाद्य पदार्थों से बचना चाहिए।

3. **गर्दन और गले की देखभाल**: वृषभ राशि के लोगों को अपनी गर्दन और गले की विशेष देखभाल करनी चाहिए। वे गर्दन के व्यायाम कर सकते हैं, अच्छी मुद्रा बनाए रख सकते हैं, और गले की समस्याओं से बचने के लिए पर्याप्त पानी पी सकते हैं।

4. **प्रकृति में समय बिताएं**: वृषभ राशि के लोगों को प्रकृति में समय बिताना चाहिए, जो उनके मानसिक और भावनात्मक स्वास्थ्य के लिए फायदेमंद हो सकता है। वे बागवानी, हाइकिंग, या बस बाहर बैठकर प्रकृति का आनंद ले सकते हैं।

5. **आराम और तनाव प्रबंधन**: वृषभ राशि के लोगों को आराम और तनाव प्रबंधन के लिए समय निकालना चाहिए। वे ध्यान, गहरी सांस लेना, या अन्य तनाव प्रबंधन तकनीकों का अभ्यास कर सकते हैं।

प्रसिद्ध वृषभ राशि के व्यक्ति

वृषभ राशि के कई प्रसिद्ध व्यक्ति हैं जिन्होंने विभिन्न क्षेत्रों में अपनी छाप छोड़ी है। यहां कुछ प्रसिद्ध वृषभ राशि के व्यक्तियों की सूची दी गई है:

अभिनेता और अभिनेत्रियां

1. **जॉर्ज क्लूनी**: अमेरिकी अभिनेता, निर्देशक, और निर्माता, जिन्होंने कई हिट फिल्मों में अभिनय किया है।

2. **पेनेलोप क्रूज**: स्पेनिश अभिनेत्री, जिन्होंने कई अंतरराष्ट्रीय फिल्मों में अभिनय किया है।

3. **रॉबर्ट पैटिनसन**: ब्रिटिश अभिनेता, जिन्होंने ट्वाइलाइट श्रृंखला और द बैटमैन में अभिनय किया है।

4. **चैनिंग टैटम**: अमेरिकी अभिनेता और निर्माता, जिन्होंने मैजिक माइक और 21 जंप स्ट्रीट जैसी फिल्मों में अभिनय किया है।

5. **गैल गैडोट**: इज़राइली अभिनेत्री और मॉडल, जिन्होंने वंडर वुमन की भूमिका निभाई है।

संगीतकार

1. **एडेल**: ब्रिटिश गायिका और गीतकार, जिन्होंने कई हिट गाने और एल्बम दिए हैं।

2.   **सैम स्मिथ**: ब्रिटिश गायक और गीतकार, जिन्होंने कई हिट गाने और एल्बम दिए हैं।

3.   **बिली जोएल**: अमेरिकी गायक, पियानोवादक, और गीतकार, जिन्होंने कई हिट गाने और एल्बम दिए हैं।

4.   **स्टिंग**: ब्रिटिश संगीतकार और पूर्व द पुलिस के लीड गायक, जिन्होंने कई हिट गाने और एल्बम दिए हैं।

5.   **जेनेट जैक्सन**: अमेरिकी गायिका, अभिनेत्री, और डांसर, जिन्होंने कई हिट गाने और एल्बम दिए हैं।

खिलाड़ी

1.   **डेविड बेकहम**: अंग्रेजी पूर्व फुटबॉल खिलाड़ी, जिन्होंने मैनचेस्टर यूनाइटेड और रियल मैड्रिड जैसे क्लबों के लिए खेला है।

2.   **डेनिस रोडमैन**: अमेरिकी पूर्व बास्केटबॉल खिलाड़ी, जिन्होंने शिकागो बुल्स के लिए खेला है।

3.   **टोनी हॉक**: अमेरिकी पेशेवर स्केटबोर्डर, जिन्होंने स्केटबोर्डिंग को मुख्यधारा में लाने में मदद की है।

4.   **सचिन तेंदुलकर**: भारतीय पूर्व क्रिकेट खिलाड़ी, जिन्हें क्रिकेट का भगवान कहा जाता है।

5.   **यो-यो मा**: अमेरिकी सेलिस्ट, जिन्होंने कई पुरस्कार जीते हैं और दुनिया भर में प्रदर्शन किया है।

राजनेता और नेता

1.   **विलियम शेक्सपियर**: अंग्रेजी कवि, नाटककार, और अभिनेता, जिन्हें अंग्रेजी भाषा का सबसे महान लेखक माना जाता है।

2.   **मार्क जुकरबर्ग**: अमेरिकी उद्यमी और फेसबुक के सह-संस्थापक।

3.   **मलाला यूसुफजई**: पाकिस्तानी कार्यकर्ता और नोबेल शांति पुरस्कार विजेता, जो लड़कियों की शिक्षा के लिए लड़ती हैं।

4.   **क्वीन एलिजाबेथ II**: यूनाइटेड किंगडम और अन्य राष्ट्रमंडल राज्यों की पूर्व रानी।

5.   **जॉन एफ. केनेडी**: अमेरिका के 35वें राष्ट्रपति।

वृषभ राशि के लिए ज्योतिषीय उपाय

वृषभ राशि के लोगों के लिए कुछ ज्योतिषीय उपाय हैं जो उन्हें अपने जीवन के विभिन्न पहलुओं में सफलता और संतुलन प्राप्त करने में मदद कर सकते हैं। यहां वृषभ राशि के लोगों के लिए कुछ ज्योतिषीय उपाय दिए गए हैं:

रत्न और उपरत्न

1. **हीरा (Diamond)**: वृषभ राशि का मुख्य रत्न हीरा है, जो शुक्र ग्रह से जुड़ा है। हीरा पहनने से वृषभ राशि के लोगों को प्रेम, सौंदर्य, और समृद्धि मिल सकती है। यह उन्हें अपने संबंधों में सफलता और वित्तीय स्थिरता प्राप्त करने में मदद कर सकता है।

2. **सफेद हकीक (White Agate)**: सफेद हकीक वृषभ राशि के लिए एक उपरत्न है। यह रत्न वृषभ राशि के लोगों को शांति, स्थिरता, और संतुलन प्रदान कर सकता है। यह उन्हें अपनी भावनाओं को नियंत्रित करने और अधिक धैर्यवान बनने में मदद कर सकता है।

3. **ओपल (Opal)**: ओपल भी वृषभ राशि के लिए एक उपरत्न है। यह रत्न वृषभ राशि के लोगों को रचनात्मकता, प्रेम, और भावनात्मक संतुलन में मदद कर सकता है। यह उन्हें अपनी भावनाओं को व्यक्त करने और अपने संबंधों में अधिक खुले होने में मदद कर सकता है।

मंत्र और स्तोत्र

1. **शुक्र मंत्र**: "ॐ शुं शुक्राय नमः" या "ॐ द्रां द्रीं द्रौं सः शुक्राय नमः" शुक्र ग्रह के मंत्र हैं, जो वृषभ राशि के शासक ग्रह हैं। इन मंत्रों का जाप करने से वृषभ राशि के लोगों को शुक्र ग्रह के

नकारात्मक प्रभावों से बचने और सकारात्मक प्रभावों को बढ़ाने में मदद मिल सकती है।

2.   **लक्ष्मी स्तोत्र**: लक्ष्मी धन और समृद्धि की देवी हैं और शुक्र ग्रह से जुड़ी हैं। लक्ष्मी स्तोत्र का पाठ करने से वृषभ राशि के लोगों को वित्तीय स्थिरता और समृद्धि प्राप्त करने में मदद मिल सकती है।

3.   **पार्वती मंत्र**: पार्वती शक्ति और मातृत्व की देवी हैं और पृथ्वी तत्व से जुड़ी हैं। पार्वती मंत्र का जाप करने से वृषभ राशि के लोगों को शक्ति, स्थिरता, और संतुलन प्राप्त करने में मदद मिल सकती है।

दान और धार्मिक अनुष्ठान

1.   **शुक्रवार का व्रत**: शुक्रवार शुक्र ग्रह का दिन है। शुक्रवार को व्रत रखने और लक्ष्मी या पार्वती की पूजा करने से वृषभ राशि के लोगों को शुक्र ग्रह के नकारात्मक प्रभावों से बचने और सकारात्मक प्रभावों को बढ़ाने में मदद मिल सकती है।

2.   **सफेद वस्तुओं का दान**: सफेद रंग शुक्र ग्रह का रंग है। सफेद वस्तुओं जैसे सफेद कपड़े, सफेद मिठाई, या सफेद फूल का दान करने से वृषभ राशि के लोगों को शुक्र ग्रह के नकारात्मक प्रभावों से बचने और सकारात्मक प्रभावों को बढ़ाने में मदद मिल सकती है।

3.   **शुक्र यंत्र की स्थापना:** शुक्र यंत्र एक धार्मिक प्रतीक है जो शुक्र ग्रह की शक्ति को आकर्षित करता है। शुक्र यंत्र की स्थापना करने और उसकी पूजा करने से वृषभ राशि के लोगों को शुक्र ग्रह के नकारात्मक प्रभावों से बचने और सकारात्मक प्रभावों को बढ़ाने में मदद मिल सकती है।

वास्तु और फेंगशुई के सुझाव

1.   **सफेद और हरे रंग का उपयोग:** सफेद रंग शुक्र ग्रह का रंग है और हरा रंग पृथ्वी तत्व का रंग है। वृषभ राशि के लोग अपने घर या कार्यस्थल में सफेद और हरे रंग का उपयोग कर सकते हैं, जैसे सफेद या हरी दीवारें, सफेद या हरा फर्नीचर, या सफेद या हरे सजावटी सामान।

2.   **दक्षिण-पूर्व दिशा का महत्व:** दक्षिण-पूर्व दिशा धन और समृद्धि की दिशा है। वृषभ राशि के लोग अपने घर या कार्यस्थल में दक्षिण-पूर्व दिशा का विशेष ध्यान रख सकते हैं और इस दिशा में धन और समृद्धि को आकर्षित करने वाली वस्तुओं को रख सकते हैं।

3.   **प्राकृतिक तत्वों का उपयोग:** वृषभ राशि पृथ्वी तत्व से जुड़ी है। वृषभ राशि के लोग अपने घर या कार्यस्थल में प्राकृतिक तत्वों का उपयोग कर सकते हैं, जैसे पत्थर, लकड़ी, या मिट्टी के बर्तन। वे

घर के अंदर पौधे भी रख सकते हैं, जो उन्हें प्रकृति से जुड़ाव महसूस कराएंगे।

निष्कर्ष

वृषभ राशि ज्योतिष चक्र की दूसरी राशि है, जो स्थिरता, विश्वसनीयता, और भौतिक सुख का प्रतीक है। वृषभ राशि के लोग अपनी विश्वसनीयता, धैर्य, और व्यावहारिकता के लिए जाने जाते हैं। वे स्थिरता और सुरक्षा चाहते हैं और अपने लक्ष्यों को प्राप्त करने के लिए कड़ी मेहनत करते हैं।

वृषभ राशि के लोगों के व्यक्तित्व लक्षण उन्हें कुछ विशेष करियर और व्यावसायिक क्षेत्रों के लिए अधिक उपयुक्त बनाते हैं, जैसे वित्त, कला, कृषि, खाद्य, और रियल एस्टेट। उनके प्रेम और संबंधों में, वे वफादार, समर्पित, और देखभाल करने वाले होते हैं, लेकिन कभी-कभी हठी और अड़ियल भी हो सकते हैं।

वृषभ राशि के लोगों के स्वास्थ्य और कल्याण के लिए, उन्हें नियमित व्यायाम, संतुलित आहार, गर्दन और गले की देखभाल, प्रकृति में समय बिताना, और आराम और तनाव प्रबंधन का अभ्यास करना चाहिए। उनके लिए कुछ ज्योतिषीय उपाय भी हैं, जैसे हीरा पहनना, शुक्र मंत्रों का जाप करना, और शुक्रवार का व्रत रखना, जो उन्हें अपने जीवन के विभिन्न पहलुओं में सफलता और संतुलन प्राप्त करने में मदद कर सकते हैं।

अंत में, वृषभ राशि के लोगों को अपने गुणों का लाभ उठाना चाहिए और अपनी कमजोरियों पर काम करना चाहिए। उन्हें अपनी विश्वसनीयता, धैर्य, और व्यावहारिकता का उपयोग अपने लक्ष्यों को प्राप्त करने के लिए करना चाहिए, लेकिन साथ ही उन्हें परिवर्तन के प्रति अधिक खुला होना और अपनी हठधर्मिता को कम करना चाहिए।

•

अध्याय 5: मिथुन राशि (Gemini) - 21 मई से 20 जून

मिथुन राशि का परिचय

मिथुन राशि ज्योतिष चक्र की तीसरी राशि है, जो 21 मई से 20 जून तक चलती है। यह राशि जुड़वां भाइयों के प्रतीक से दर्शाई जाती है, जो इसके द्विगुण, बहुमुखी और परिवर्तनशील स्वभाव का प्रतिनिधित्व करता है। मिथुन राशि वायु तत्व से संबंधित है, जो इसे बौद्धिक, संचारात्मक और गतिशील बनाता है।

मिथुन राशि एक चर राशि है, जो इसके परिवर्तनशील, अनुकूलनीय और विविधता पसंद स्वभाव को दर्शाता है। मिथुन राशि का शासक ग्रह बुध है, जो बुद्धि, संचार और

तर्क का प्रतिनिधित्व करता है। यह संयोग मिथुन राशि के लोगों को बौद्धिक, जिज्ञासु और संचार में कुशल बनाता है।

मिथुन राशि वसंत ऋतु के अंत और ग्रीष्म ऋतु की शुरुआत का प्रतीक है, जब प्रकृति में विविधता और परिवर्तन होता है। इसी तरह, मिथुन राशि के लोग विविधता, परिवर्तन और नई जानकारी के प्रति आकर्षित होते हैं। वे जीवन के विभिन्न पहलुओं का अनुभव करना चाहते हैं और हमेशा नई चीजें सीखने के लिए उत्सुक रहते हैं।

मिथुन राशि के व्यक्तित्व लक्षण

मिथुन राशि के लोगों का व्यक्तित्व उनके वायु तत्व और चर गुण से गहराई से प्रभावित होता है। यहां मिथुन राशि के कुछ प्रमुख व्यक्तित्व लक्षण दिए गए हैं:

बौद्धिक और जिज्ञासु

मिथुन राशि के लोग अपनी बौद्धिक क्षमता और जिज्ञासा के लिए जाने जाते हैं। वे नई जानकारी और विचारों के प्रति आकर्षित होते हैं और हमेशा सीखने और अपने ज्ञान को बढ़ाने के लिए उत्सुक रहते हैं। उनकी यह जिज्ञासा उन्हें विभिन्न विषयों में रुचि रखने और विविध क्षेत्रों में ज्ञान प्राप्त करने में मदद करती है।

संचार में कुशल

मिथुन राशि के लोग अपने संचार कौशल के लिए जाने जाते हैं। वे अपने विचारों और भावनाओं को स्पष्ट रूप से व्यक्त करने में सक्षम होते हैं और दूसरों के साथ प्रभावी ढंग से संवाद कर सकते हैं। उनकी यह संचार क्षमता उन्हें सामाजिक परिस्थितियों में सफल होने और विभिन्न प्रकार के लोगों के साथ संबंध बनाने में मदद करती है।

अनुकूलनीय और लचीला

मिथुन राशि के लोग अत्यधिक अनुकूलनीय और लचीले होते हैं। वे परिवर्तन के प्रति खुले होते हैं और नई परिस्थितियों में आसानी से ढल जाते हैं। उनकी यह अनुकूलनशीलता उन्हें जीवन की विभिन्न चुनौतियों का सामना करने और विभिन्न वातावरणों में सफल होने में मदद करती है।

बहुमुखी और विविधता पसंद

मिथुन राशि के लोग बहुमुखी प्रतिभा वाले होते हैं और विविधता पसंद करते हैं। वे एक ही समय में कई चीजों में रुचि रख सकते हैं और विभिन्न क्षेत्रों में कौशल विकसित कर सकते हैं। उनकी यह बहुमुखी प्रतिभा उन्हें विभिन्न क्षेत्रों में सफल होने और जीवन के विभिन्न पहलुओं का आनंद लेने में मदद करती है।

सामाजिक और मिलनसार

मिथुन राशि के लोग अत्यधिक सामाजिक और मिलनसार होते हैं। वे लोगों से मिलना-जुलना पसंद करते हैं और नए लोगों से दोस्ती करने में आनंद लेते हैं। उनकी यह सामाजिकता उन्हें विस्तृत सामाजिक नेटवर्क बनाने और विभिन्न प्रकार के लोगों के साथ संबंध विकसित करने में मदद करती है।

अस्थिर और चंचल

मिथुन राशि के लोग कभी-कभी अस्थिर और चंचल हो सकते हैं। वे एक ही चीज पर लंबे समय तक ध्यान केंद्रित करने में कठिनाई महसूस कर सकते हैं और अक्सर एक गतिविधि से दूसरी गतिविधि में जल्दी से स्विच कर सकते हैं। उनकी यह अस्थिरता उन्हें विविधता और नवीनता प्रदान कर सकती है, लेकिन कभी-कभी यह उन्हें अपने लक्ष्यों को पूरा करने से रोक सकती है।

उत्सुक और जीवंत

मिथुन राशि के लोग अपनी उत्सुकता और जीवंतता के लिए जाने जाते हैं। वे जीवन के प्रति उत्साहित होते हैं और हमेशा नई चीजों को आजमाने और नए अनुभवों का आनंद लेने के लिए तैयार रहते हैं। उनकी यह उत्सुकता और जीवंतता उन्हें जीवन का पूरा आनंद लेने और विभिन्न अनुभवों से सीखने में मदद करती है।

मिथुन राशि के गुण और कमजोरियां

हर राशि की तरह, मिथुन राशि के भी अपने विशिष्ट गुण और कमजोरियां हैं। यहां मिथुन राशि के कुछ प्रमुख गुण और कमजोरियां दी गई हैं:

गुण

1. **बौद्धिक क्षमता**: मिथुन राशि के लोग अत्यधिक बौद्धिक होते हैं और तेजी से सीखने और समझने की क्षमता रखते हैं।

2. **संचार कौशल**: मिथुन राशि के लोग उत्कृष्ट संचारक होते हैं और अपने विचारों और भावनाओं को प्रभावी ढंग से व्यक्त कर सकते हैं।

3. **अनुकूलनशीलता**: मिथुन राशि के लोग अत्यधिक अनुकूलनीय होते हैं और परिवर्तन के प्रति खुले होते हैं, जो उन्हें विभिन्न परिस्थितियों में सफल होने में मदद करता है।

4. **बहुमुखी प्रतिभा**: मिथुन राशि के लोग बहुमुखी प्रतिभा वाले होते हैं और विभिन्न क्षेत्रों में कौशल विकसित कर सकते हैं।

5. **सामाजिकता**: मिथुन राशि के लोग अत्यधिक सामाजिक होते हैं और लोगों से मिलना-जुलना पसंद करते हैं, जो उन्हें विस्तृत सामाजिक नेटवर्क बनाने में मदद करता है।

कमजोरियां

1. **अस्थिरता**: मिथुन राशि के लोग कभी-कभी अस्थिर हो सकते हैं और एक ही चीज पर लंबे समय तक ध्यान केंद्रित करने में कठिनाई महसूस कर सकते हैं।

2. **अनिर्णय**: मिथुन राशि के लोग कभी-कभी अनिर्णय की स्थिति में हो सकते हैं और निर्णय लेने में कठिनाई महसूस कर सकते हैं, खासकर जब उनके पास कई विकल्प हों।

3. **सतहीपन**: मिथुन राशि के लोग कभी-कभी सतही हो सकते हैं और गहराई से विषयों का अध्ययन करने के बजाय कई विषयों की सतही जानकारी रखना पसंद कर सकते हैं।

4. **अधीरता**: मिथुन राशि के लोग कभी-कभी अधीर हो सकते हैं और तुरंत परिणाम चाहते हैं, जो उन्हें दीर्घकालिक लक्ष्यों को प्राप्त करने से रोक सकता है।

5. **द्विगुण व्यक्तित्व**: मिथुन राशि के लोगों में कभी-कभी द्विगुण व्यक्तित्व हो सकता है, जिससे वे एक ही समय में दो अलग-अलग व्यक्तित्व दिखा सकते हैं, जो दूसरों को भ्रमित कर सकता है।

मिथुन राशि के लिए करियर और व्यावसायिक मार्गदर्शन

मिथुन राशि के लोगों के व्यक्तित्व लक्षण उन्हें कुछ विशेष करियर और व्यावसायिक क्षेत्रों के लिए अधिक उपयुक्त बनाते हैं। यहां मिथुन राशि के लोगों के लिए कुछ अनुकूल करियर विकल्प और व्यावसायिक मार्गदर्शन दिया गया है:

अनुकूल करियर विकल्प

1. **मीडिया और संचार:** मिथुन राशि के लोगों की संचार क्षमता और बौद्धिक कौशल उन्हें मीडिया और संचार के क्षेत्र के लिए आदर्श बनाते हैं। वे पत्रकार, लेखक, प्रसारक, या सोशल मीडिया मैनेजर के रूप में सफल हो सकते हैं।

2. **शिक्षा और प्रशिक्षण:** मिथुन राशि के लोगों की सीखने और सिखाने की क्षमता उन्हें शिक्षा और प्रशिक्षण के क्षेत्र के लिए उपयुक्त बनाती है। वे शिक्षक, प्रशिक्षक, या शैक्षिक सलाहकार के रूप में सफल हो सकते हैं।

3. **बिक्री और मार्केटिंग:** मिथुन राशि के लोगों की संचार क्षमता और सामाजिकता उन्हें बिक्री और मार्केटिंग के क्षेत्र के लिए उपयुक्त बनाती है। वे सेल्स रिप्रेजेंटेटिव, मार्केटिंग मैनेजर, या पब्लिक रिलेशंस स्पेशलिस्ट के रूप में सफल हो सकते हैं।

4.	**आईटी और प्रौद्योगिकी**: मिथुन राशि के लोगों की बौद्धिक क्षमता और तकनीकी कौशल उन्हें आईटी और प्रौद्योगिकी के क्षेत्र के लिए उपयुक्त बनाते हैं। वे प्रोग्रामर, वेब डेवलपर, या आईटी कंसल्टेंट के रूप में सफल हो सकते हैं।

5.	**यात्रा और पर्यटन**: मिथुन राशि के लोगों की विविधता पसंद और अनुकूलनशीलता उन्हें यात्रा और पर्यटन के क्षेत्र के लिए उपयुक्त बनाती है। वे ट्रैवल एजेंट, टूर गाइड, या फ्लाइट अटेंडेंट के रूप में सफल हो सकते हैं।

व्यावसायिक मार्गदर्शन

1.	**अपनी संचार क्षमता का लाभ उठाएं**: मिथुन राशि के लोग उत्कृष्ट संचारक होते हैं, जो उन्हें व्यावसायिक दुनिया में मूल्यवान बनाता है। वे अपनी संचार क्षमता का उपयोग ग्राहकों, सहकर्मियों, और अधिकारियों के साथ प्रभावी ढंग से संवाद करने के लिए कर सकते हैं।

2.	**अपनी बहुमुखी प्रतिभा का उपयोग करें**: मिथुन राशि के लोग बहुमुखी प्रतिभा वाले होते हैं, जो उन्हें विभिन्न क्षेत्रों में कौशल विकसित करने में मदद करता है। वे अपनी बहुमुखी प्रतिभा का उपयोग विभिन्न प्रकार के कार्यों को करने और विभिन्न भूमिकाओं में सफल होने के लिए कर सकते हैं।

3.   **अपनी अनुकूलनशीलता का लाभ उठाएं:** मिथुन राशि के लोग अत्यधिक अनुकूलनीय होते हैं, जो उन्हें परिवर्तनशील व्यावसायिक वातावरण में सफल होने में मदद करता है। वे अपनी अनुकूलनशीलता का उपयोग नई परिस्थितियों में आसानी से ढलने और नई चुनौतियों का सामना करने के लिए कर सकते हैं।

4.   **अपनी अस्थिरता को प्रबंधित करें:** मिथुन राशि के लोग कभी-कभी अस्थिर हो सकते हैं, जो उन्हें अपने लक्ष्यों को पूरा करने से रोक सकता है। उन्हें अपनी अस्थिरता को प्रबंधित करने और एक ही समय में कई कार्यों को करने के बजाय एक कार्य पर ध्यान केंद्रित करने का प्रयास करना चाहिए।

5.   **अपनी सामाजिकता का लाभ उठाएं:** मिथुन राशि के लोग अत्यधिक सामाजिक होते हैं, जो उन्हें व्यावसायिक संबंध बनाने में मदद करता है। वे अपनी सामाजिकता का उपयोग नेटवर्किंग के लिए कर सकते हैं और विभिन्न प्रकार के लोगों के साथ संबंध विकसित कर सकते हैं, जो उनके करियर में आगे बढ़ने में मदद कर सकता है।

मिथुन राशि के लिए प्रेम और संबंध

मिथुन राशि के लोगों के व्यक्तित्व लक्षण उनके प्रेम और संबंधों को भी प्रभावित करते हैं। यहां मिथुन राशि

के लोगों के प्रेम और संबंधों के बारे में कुछ अंतर्दृष्टि दी गई है:

प्रेम में मिथुन

1. **बौद्धिक आकर्षण**: मिथुन राशि के लोग बौद्धिक आकर्षण को महत्व देते हैं और ऐसे साथी की तलाश करते हैं जो उनके साथ बौद्धिक स्तर पर जुड़ सके। वे अपने साथी के साथ विचारों और विचारों का आदान-प्रदान करना पसंद करते हैं।

2. **संचार का महत्व**: मिथुन राशि के लोग अपने प्रेम संबंधों में संचार को बहुत महत्व देते हैं। वे अपने साथी के साथ खुलकर बात करना पसंद करते हैं और अपने विचारों और भावनाओं को साझा करते हैं।

3. **विविधता और नवीनता की आवश्यकता**: मिथुन राशि के लोगों को अपने प्रेम संबंधों में विविधता और नवीनता की आवश्यकता होती है। वे रूटीन और एकरसता से ऊब जाते हैं और अपने संबंधों में नई चीजों को आजमाना पसंद करते हैं।

4. **स्वतंत्रता की आवश्यकता**: मिथुन राशि के लोगों को अपने प्रेम संबंधों में स्वतंत्रता की आवश्यकता होती है। वे अपने साथी के साथ समय बिताना पसंद करते हैं, लेकिन उन्हें अपना खुद का समय और स्थान भी चाहिए होता है।

5.   **मजाकिया और हल्के-फुल्के**: मिथुन राशि के लोग अपने प्रेम संबंधों में मजाकिया और हल्के-फुल्के होते हैं। वे अपने साथी के साथ हंसी-मजाक करना और मस्ती करना पसंद करते हैं।

संबंधों में मिथुन

1.   **संचार और बातचीत**: मिथुन राशि के लोग अपने संबंधों में संचार और बातचीत को बहुत महत्व देते हैं। वे अपने साथी के साथ विचारों और अनुभवों को साझा करना पसंद करते हैं और उनके विचारों और अनुभवों को सुनना पसंद करते हैं।

2.   **बौद्धिक संगति**: मिथुन राशि के लोग अपने संबंधों में बौद्धिक संगति को महत्व देते हैं। वे ऐसे साथी की तलाश करते हैं जो उनके बौद्धिक स्तर पर हो और उनके साथ विचारों और विचारों का आदान-प्रदान कर सके।

3.   **विविधता और परिवर्तन**: मिथुन राशि के लोग अपने संबंधों में विविधता और परिवर्तन चाहते हैं। वे रूटीन और एकरसता से ऊब जाते हैं और अपने संबंधों में नई चीजों को आजमाना पसंद करते हैं।

4.   **स्वतंत्रता और स्थान**: मिथुन राशि के लोग अपने संबंधों में स्वतंत्रता और स्थान चाहते हैं। वे अपने साथी के साथ समय बिताना पसंद करते हैं, लेकिन उन्हें अपना खुद का समय और स्थान भी चाहिए होता है।

5.	**मित्रता का महत्व**: मिथुन राशि के लोग अपने संबंधों में मित्रता को महत्व देते हैं। वे अपने साथी को अपना सबसे अच्छा दोस्त मानते हैं और उनके साथ दोस्ताना संबंध बनाए रखना चाहते हैं।

संगतता

मिथुन राशि के लोग कुछ राशियों के साथ अधिक संगत होते हैं, जबकि अन्य के साथ उनकी संगतता कम होती है। यहां मिथुन राशि की अन्य राशियों के साथ संगतता का एक संक्षिप्त विवरण दिया गया है:

उच्च संगतता

1.	**तुला और कुंभ**: ये दोनों वायु तत्व की राशियां हैं और मिथुन के साथ अच्छी तरह से मेल खाती हैं। वे मिथुन की बौद्धिकता, संचार क्षमता, और स्वतंत्रता की आवश्यकता को समझते हैं और सराहना करते हैं।

2.	**मेष और सिंह**: ये अग्नि तत्व की राशियां हैं जो मिथुन के साथ अच्छी तरह से मेल खाती हैं। वे मिथुन की ऊर्जा, उत्साह, और विविधता पसंद को समझते हैं और सराहना करते हैं।

मध्यम संगतता

1.	**वृषभ और कन्या**: ये पृथ्वी तत्व की राशियां हैं जो मिथुन के साथ मध्यम संगतता रखती हैं। वे मिथुन की बौद्धिकता और संचार क्षमता को

सराहते हैं, लेकिन उनकी स्थिरता और व्यावहारिकता मिथुन की परिवर्तनशीलता और अस्थिरता के साथ संघर्ष कर सकती है।

2. **धनु और मीन**: ये राशियां मिथुन के साथ मध्यम संगतता रखती हैं। धनु की स्वतंत्रता और मीन की भावनात्मकता मिथुन की बौद्धिकता और संचार क्षमता के साथ संतुलित हो सकती है, लेकिन कभी-कभी संघर्ष भी हो सकता है।

निम्न संगतता

1. **कर्क और मकर**: ये राशियां मिथुन के साथ कम संगतता रखती हैं। कर्क की भावनात्मकता और मकर की गंभीरता मिथुन की हल्की-फुल्की और परिवर्तनशील प्रवृत्ति के साथ संघर्ष कर सकती है।

2. **वृश्चिक**: वृश्चिक राशि मिथुन के साथ सबसे कम संगतता रखती है। वृश्चिक की गहनता और भावनात्मकता मिथुन की सतहीपन और बौद्धिकता के साथ संघर्ष कर सकती है।

मिथुन राशि के लिए स्वास्थ्य और कल्याण

मिथुन राशि के लोगों के व्यक्तित्व लक्षण उनके स्वास्थ्य और कल्याण को भी प्रभावित करते हैं। यहां मिथुन राशि के लोगों के स्वास्थ्य और कल्याण के बारे में कुछ अंतर्दृष्टि दी गई है:

शारीरिक स्वास्थ्य

1. **फेफड़े और श्वसन प्रणाली**: ज्योतिष के अनुसार, मिथुन राशि शरीर के फेफड़ों और श्वसन प्रणाली से जुड़ी है। इसका मतलब है कि मिथुन राशि के लोगों को अस्थमा, ब्रोंकाइटिस, या अन्य श्वसन संबंधी समस्याएं हो सकती हैं।

2. **हाथ, कंधे और तंत्रिका तंत्र**: मिथुन राशि शरीर के हाथों, कंधों और तंत्रिका तंत्र से भी जुड़ी है। इसका मतलब है कि मिथुन राशि के लोगों को कार्पल टनल सिंड्रोम, टेनिस एल्बो, या तंत्रिका संबंधी समस्याएं हो सकती हैं।

3. **उच्च ऊर्जा स्तर**: मिथुन राशि के लोगों में आमतौर पर उच्च ऊर्जा स्तर होता है, जो उन्हें सक्रिय रहने और विभिन्न गतिविधियों में भाग लेने में मदद करता है। हालांकि, यह उच्च ऊर्जा स्तर उन्हें थका भी सकता है और उन्हें पर्याप्त आराम की आवश्यकता हो सकती है।

4. **तनाव और चिंता**: मिथुन राशि के लोग अक्सर तनाव और चिंता का अनुभव करते हैं, जो उनके शारीरिक स्वास्थ्य को प्रभावित कर सकता है। वे अपने मन को शांत करने और तनाव को प्रबंधित करने के लिए ध्यान और अन्य तनाव प्रबंधन तकनीकों का अभ्यास कर सकते हैं।

5. **अनियमित खाने की आदतें**: मिथुन राशि के लोगों की अस्थिरता और व्यस्तता उन्हें अनियमित खाने की आदतों की ओर ले जा सकती है, जो उनके पाचन और समग्र स्वास्थ्य को प्रभावित कर सकता है। उन्हें नियमित भोजन करने और संतुलित आहार का पालन करने का प्रयास करना चाहिए।

मानसिक और भावनात्मक स्वास्थ्य

1. **मानसिक उत्तेजना की आवश्यकता**: मिथुन राशि के लोगों को मानसिक उत्तेजना की आवश्यकता होती है। वे नई जानकारी और विचारों के प्रति आकर्षित होते हैं और अपने मन को सक्रिय रखना चाहते हैं।

2. **अस्थिरता और चिंता**: मिथुन राशि के लोग कभी-कभी अस्थिर हो सकते हैं और चिंता का अनुभव कर सकते हैं, खासकर जब उनके पास बहुत सारी जानकारी हो या जब वे अनिर्णय की स्थिति में हों।

3. **सामाजिक संपर्क की आवश्यकता**: मिथुन राशि के लोगों को सामाजिक संपर्क की आवश्यकता होती है। वे लोगों से मिलना-जुलना पसंद करते हैं और सामाजिक अलगाव से परेशान हो सकते हैं।

4.   **विविधता और परिवर्तन की आवश्यकता**: मिथुन राशि के लोगों को विविधता और परिवर्तन की आवश्यकता होती है। वे रूटीन और एकरसता से ऊब जाते हैं और अपने जीवन में नई चीजों को आजमाना चाहते हैं।

5.   **द्विगुण व्यक्तित्व**: मिथुन राशि के लोगों में कभी-कभी द्विगुण व्यक्तित्व हो सकता है, जिससे वे अपनी भावनाओं और विचारों के बारे में भ्रमित हो सकते हैं।

स्वास्थ्य और कल्याण के लिए सुझाव

1.   **नियमित व्यायाम**: मिथुन राशि के लोगों को अपनी उच्च ऊर्जा को चैनलाइज करने के लिए नियमित व्यायाम करना चाहिए। वे विविध व्यायाम जैसे दौड़ना, साइकिलिंग, तैराकी, या योग का आनंद ले सकते हैं।

2.   **श्वसन व्यायाम**: मिथुन राशि के लोगों को अपने फेफड़ों और श्वसन प्रणाली की देखभाल के लिए श्वसन व्यायाम करना चाहिए। वे गहरी सांस लेने के व्यायाम, प्राणायाम, या अन्य श्वसन तकनीकों का अभ्यास कर सकते हैं।

3.   **मानसिक उत्तेजना**: मिथुन राशि के लोगों को अपने मन को सक्रिय रखने के लिए मानसिक उत्तेजना की आवश्यकता होती है। वे पढ़ना,

पहेलियां सुलझाना, या नई चीजें सीखना पसंद कर सकते हैं।

4.   **तनाव प्रबंधन**: मिथुन राशि के लोगों को अपने तनाव और चिंता को प्रबंधित करने के लिए तनाव प्रबंधन तकनीकों का अभ्यास करना चाहिए। वे ध्यान, योग, या अन्य आराम तकनीकों का अभ्यास कर सकते हैं।

5.   **संतुलित आहार**: मिथुन राशि के लोगों को एक संतुलित आहार का पालन करना चाहिए और नियमित भोजन करना चाहिए। उन्हें ताजे फल, सब्जियां, और पूरे अनाज खाने चाहिए और प्रोसेस्ड और जंक फूड से बचना चाहिए।

प्रसिद्ध मिथुन राशि के व्यक्ति

मिथुन राशि के कई प्रसिद्ध व्यक्ति हैं जिन्होंने विभिन्न क्षेत्रों में अपनी छाप छोड़ी है। यहां कुछ प्रसिद्ध मिथुन राशि के व्यक्तियों की सूची दी गई है:

अभिनेता और अभिनेत्रियां

1.   **एंजेलिना जोली**: अमेरिकी अभिनेत्री, फिल्म निर्माता, और मानवीय कार्यकर्ता, जिन्होंने कई हिट फिल्मों में अभिनय किया है।

2.   **जॉनी डेप**: अमेरिकी अभिनेता, निर्माता, और संगीतकार, जिन्होंने पाइरेट्स ऑफ द कैरेबियन श्रृंखला में कैप्टन जैक स्पैरो की भूमिका निभाई है।

3.   **मॉर्गन फ्रीमैन**: अमेरिकी अभिनेता और निर्माता, जिन्होंने कई हिट फिल्मों में अभिनय किया है।

4.   **नताली पोर्टमैन**: इज़राइली-अमेरिकी अभिनेत्री, जिन्होंने ब्लैक स्वान के लिए अकादमी पुरस्कार जीता है।

5.   **निकोल किडमैन**: ऑस्ट्रेलियाई-अमेरिकी अभिनेत्री और निर्माता, जिन्होंने द आवर्स के लिए अकादमी पुरस्कार जीता है।

संगीतकार

1.   **बॉब डिलन**: अमेरिकी गायक-गीतकार, जिन्होंने साहित्य के लिए नोबेल पुरस्कार जीता है।

2.   **पॉल मैकार्टनी**: ब्रिटिश संगीतकार और पूर्व बीटल्स के सदस्य, जिन्होंने कई हिट गाने और एल्बम दिए हैं।

3.   **कन्ये वेस्ट**: अमेरिकी रैपर, गायक, गीतकार, रिकॉर्ड प्रोड्यूसर, और फैशन डिजाइनर, जिन्होंने कई हिट गाने और एल्बम दिए हैं।

4.   **लेडी गागा**: अमेरिकी गायिका, गीतकार, और अभिनेत्री, जिन्होंने कई हिट गाने और एल्बम दिए हैं।

5.   **प्रिंस**: अमेरिकी गायक, गीतकार, संगीतकार, और रिकॉर्ड प्रोड्यूसर, जिन्होंने कई हिट गाने और एल्बम दिए हैं।

खिलाड़ी

1.   **रोजर फेडरर**: स्विस टेनिस खिलाड़ी, जिन्होंने कई ग्रैंड स्लैम खिताब जीते हैं।

2.   **नोवाक जोकोविच**: सर्बियाई टेनिस खिलाड़ी, जिन्होंने कई ग्रैंड स्लैम खिताब जीते हैं।

3.   **टाइगर वुड्स**: अमेरिकी गोल्फर, जिन्होंने कई मेजर चैंपियनशिप जीती हैं।

4.   **वीनस विलियम्स**: अमेरिकी टेनिस खिलाड़ी, जिन्होंने कई ग्रैंड स्लैम खिताब जीते हैं।

5.   **क्रिस्टियानो रोनाल्डो**: पुर्तगाली फुटबॉल खिलाड़ी, जिन्होंने कई क्लब और अंतरराष्ट्रीय खिताब जीते हैं।

राजनेता और नेता

1.   **जॉन एफ. केनेडी**: अमेरिका के 35वें राष्ट्रपति।

2.   **डोनाल्ड ट्रम्प**: अमेरिका के 45वें राष्ट्रपति।

3.   **क्वीन विक्टोरिया**: यूनाइटेड किंगडम की पूर्व रानी।

4.	**चे गुएवारा**: अर्जेंटीनी मार्क्सवादी क्रांतिकारी, चिकित्सक, लेखक, और छापामार नेता।

5.	**एंडरसन कूपर**: अमेरिकी पत्रकार और टेलीविजन प्रस्तुतकर्ता।

मिथुन राशि के लिए ज्योतिषीय उपाय

मिथुन राशि के लोगों के लिए कुछ ज्योतिषीय उपाय हैं जो उन्हें अपने जीवन के विभिन्न पहलुओं में सफलता और संतुलन प्राप्त करने में मदद कर सकते हैं। यहां मिथुन राशि के लोगों के लिए कुछ ज्योतिषीय उपाय दिए गए हैं:

रत्न और उपरत्न

1.	**पन्ना (Emerald)**: मिथुन राशि का मुख्य रत्न पन्ना है, जो बुध ग्रह से जुड़ा है। पन्ना पहनने से मिथुन राशि के लोगों को बुद्धि, संचार क्षमता, और स्मरण शक्ति मिल सकती है। यह उन्हें अपने विचारों को स्पष्ट रूप से व्यक्त करने और अपने संचार कौशल को बढ़ाने में मदद कर सकता है।

2.	**जेड (Jade)**: जेड मिथुन राशि के लिए एक उपरत्न है। यह रत्न मिथुन राशि के लोगों को शांति, संतुलन, और स्थिरता प्रदान कर सकता है। यह उन्हें अपनी अस्थिरता को प्रबंधित करने और अधिक केंद्रित होने में मदद कर सकता है।

3. **अक्वामरीन (Aquamarine)**: अक्वामरीन भी मिथुन राशि के लिए एक उपरत्न है। यह रत्न मिथुन राशि के लोगों को शांति, साहस, और स्पष्टता प्रदान कर सकता है। यह उन्हें अपने विचारों और भावनाओं को स्पष्ट रूप से व्यक्त करने में मदद कर सकता है।

मंत्र और स्तोत्र

1. **बुध मंत्र**: "ॐ बुं बुधाय नमः" या "ॐ ब्रां ब्रीं ब्रौं सः बुधाय नमः" बुध ग्रह के मंत्र हैं, जो मिथुन राशि के शासक ग्रह हैं। इन मंत्रों का जाप करने से मिथुन राशि के लोगों को बुध ग्रह के नकारात्मक प्रभावों से बचने और सकारात्मक प्रभावों को बढ़ाने में मदद मिल सकती है।

2. **विष्णु सहस्रनाम**: विष्णु सहस्रनाम भगवान विष्णु के एक हजार नामों का स्तोत्र है। बुध ग्रह भगवान विष्णु से जुड़ा है, इसलिए विष्णु सहस्रनाम का पाठ करने से मिथुन राशि के लोगों को बुध ग्रह के नकारात्मक प्रभावों से बचने और सकारात्मक प्रभावों को बढ़ाने में मदद मिल सकती है।

3. **गणेश मंत्र**: गणेश जी बुद्धि और ज्ञान के देवता हैं। गणेश मंत्र का जाप करने से मिथुन राशि के लोगों को बुद्धि, ज्ञान, और संचार क्षमता प्राप्त करने में मदद मिल सकती है।

दान और धार्मिक अनुष्ठान

1. **बुधवार का व्रत:** बुधवार बुध ग्रह का दिन है। बुधवार को व्रत रखने और गणेश जी या विष्णु जी की पूजा करने से मिथुन राशि के लोगों को बुध ग्रह के नकारात्मक प्रभावों से बचने और सकारात्मक प्रभावों को बढ़ाने में मदद मिल सकती है।

2. **हरी वस्तुओं का दान:** हरा रंग बुध ग्रह का रंग है। हरी वस्तुओं जैसे हरे कपड़े, हरी मिठाई, या हरे फल का दान करने से मिथुन राशि के लोगों को बुध ग्रह के नकारात्मक प्रभावों से बचने और सकारात्मक प्रभावों को बढ़ाने में मदद मिल सकती है।

3. **बुध यंत्र की स्थापना:** बुध यंत्र एक धार्मिक प्रतीक है जो बुध ग्रह की शक्ति को आकर्षित करता है। बुध यंत्र की स्थापना करने और उसकी पूजा करने से मिथुन राशि के लोगों को बुध ग्रह के नकारात्मक प्रभावों से बचने और सकारात्मक प्रभावों को बढ़ाने में मदद मिल सकती है।

वास्तु और फेंगशुई के सुझाव

1. **हरे रंग का उपयोग:** हरा रंग बुध ग्रह का रंग है और मिथुन राशि के लोगों के लिए शुभ माना जाता है। मिथुन राशि के लोग अपने घर या

कार्यस्थल में हरे रंग का उपयोग कर सकते हैं, जैसे हरी दीवारें, हरा फर्नीचर, या हरे सजावटी सामान।

2. **उत्तर दिशा का महत्व**: उत्तर दिशा बुध ग्रह की दिशा है। मिथुन राशि के लोग अपने घर या कार्यस्थल में उत्तर दिशा का विशेष ध्यान रख सकते हैं और इस दिशा में शुभ वस्तुओं को रख सकते हैं।

3. **पुस्तकों और ज्ञान से संबंधित वस्तुओं का उपयोग**: बुध ग्रह ज्ञान और संचार का प्रतिनिधित्व करता है। मिथुन राशि के लोग अपने घर या कार्यस्थल में पुस्तकों और ज्ञान से संबंधित वस्तुओं का उपयोग कर सकते हैं, जो उनकी बौद्धिक क्षमता और संचार कौशल को बढ़ावा दे सकता है।

निष्कर्ष

मिथुन राशि ज्योतिष चक्र की तीसरी राशि है, जो बौद्धिकता, संचार, और विविधता का प्रतीक है। मिथुन राशि के लोग अपनी बौद्धिक क्षमता, संचार कौशल, और अनुकूलनशीलता के लिए जाने जाते हैं। वे विविधता और परिवर्तन को पसंद करते हैं और हमेशा नई चीजें सीखने और अनुभव करने के लिए उत्सुक रहते हैं।

मिथुन राशि के लोगों के व्यक्तित्व लक्षण उन्हें कुछ विशेष करियर और व्यावसायिक क्षेत्रों के लिए अधिक उपयुक्त बनाते हैं, जैसे मीडिया, शिक्षा, बिक्री, आईटी,

और यात्रा। उनके प्रेम और संबंधों में, वे बौद्धिक आकर्षण, संचार, और विविधता को महत्व देते हैं, लेकिन उन्हें स्वतंत्रता और स्थान भी चाहिए होता है।

मिथुन राशि के लोगों के स्वास्थ्य और कल्याण के लिए, उन्हें नियमित व्यायाम, श्वसन व्यायाम, मानसिक उत्तेजना, तनाव प्रबंधन, और संतुलित आहार का पालन करना चाहिए। उनके लिए कुछ ज्योतिषीय उपाय भी हैं, जैसे पन्ना पहनना, बुध मंत्रों का जाप करना, और बुधवार का व्रत रखना, जो उन्हें अपने जीवन के विभिन्न पहलुओं में सफलता और संतुलन प्राप्त करने में मदद कर सकते हैं।

अंत में, मिथुन राशि के लोगों को अपने गुणों का लाभ उठाना चाहिए और अपनी कमजोरियों पर काम करना चाहिए। उन्हें अपनी बौद्धिक क्षमता, संचार कौशल, और अनुकूलनशीलता का उपयोग अपने लक्ष्यों को प्राप्त करने के लिए करना चाहिए, लेकिन साथ ही उन्हें अपनी अस्थिरता को प्रबंधित करना और अधिक केंद्रित होना सीखना चाहिए।

अध्याय 6: कर्क राशि (Cancer) - 21 जून से 22 जुलाई

कर्क राशि का परिचय

कर्क राशि ज्योतिष चक्र की चौथी राशि है, जो 21 जून से 22 जुलाई तक चलती है। इस राशि का प्रतीक केकड़ा है, जो इसके सुरक्षात्मक, भावनात्मक और अंतर्मुखी स्वभाव का प्रतिनिधित्व करता है। कर्क राशि जल तत्व से संबंधित है, जो इसे भावनात्मक, संवेदनशील और अंतर्ज्ञानी बनाता है।

कर्क राशि एक चर राशि है, जो इसके परिवर्तनशील, अनुकूलनीय और भावनात्मक रूप से प्रतिक्रियाशील स्वभाव को दर्शाता है। कर्क राशि का शासक ग्रह चंद्रमा है, जो भावनाओं, मातृत्व और घरेलू जीवन का प्रतिनिधित्व करता है। यह संयोग कर्क राशि के लोगों को भावनात्मक, देखभाल करने वाला और परिवार-केंद्रित बनाता है।

कर्क राशि ग्रीष्म ऋतु की शुरुआत का प्रतीक है, जब प्रकृति में पोषण और विकास होता है। इसी तरह, कर्क राशि के लोग पोषण, देखभाल और सुरक्षा प्रदान करने में आनंद लेते हैं। वे अपने प्रियजनों की देखभाल करना और

उन्हें सुरक्षा प्रदान करना चाहते हैं, और वे अपने घर और परिवार के प्रति गहरा लगाव रखते हैं।

कर्क राशि के व्यक्तित्व लक्षण

कर्क राशि के लोगों का व्यक्तित्व उनके जल तत्व और चर गुण से गहराई से प्रभावित होता है। यहां कर्क राशि के कुछ प्रमुख व्यक्तित्व लक्षण दिए गए हैं:

भावनात्मक और संवेदनशील

कर्क राशि के लोग अपनी गहरी भावनाओं और संवेदनशीलता के लिए जाने जाते हैं। वे अपनी भावनाओं को गहराई से महसूस करते हैं और दूसरों की भावनाओं के प्रति भी अत्यधिक संवेदनशील होते हैं। उनकी यह भावनात्मकता उन्हें दयालु और समझदार बनाती है, लेकिन कभी-कभी यह उन्हें भावनात्मक रूप से अस्थिर भी बना सकती है।

देखभाल करने वाला और पोषण प्रदान करने वाला

कर्क राशि के लोग स्वाभाविक रूप से देखभाल करने वाले और पोषण प्रदान करने वाले होते हैं। वे अपने प्रियजनों की देखभाल करना और उन्हें सुरक्षा प्रदान करना पसंद करते हैं। उनकी यह देखभाल करने की प्रवृत्ति उन्हें अच्छे माता-पिता, मित्र और साथी बनाती है।

परिवार-केंद्रित और घरेलू

कर्क राशि के लोग अपने परिवार और घर के प्रति गहरा लगाव रखते हैं। वे अपने परिवार के साथ समय बिताना पसंद करते हैं और अपने घर को आरामदायक और सुरक्षित बनाने के लिए कड़ी मेहनत करते हैं। उनकी यह परिवार-केंद्रित प्रवृत्ति उन्हें मजबूत पारिवारिक बंधन बनाने में मदद करती है।

सुरक्षात्मक और वफादार

कर्क राशि के लोग अपने प्रियजनों के प्रति अत्यधिक सुरक्षात्मक और वफादार होते हैं। वे अपने प्रियजनों की रक्षा करने के लिए कुछ भी करेंगे और उनके प्रति हमेशा वफादार रहेंगे। उनकी यह सुरक्षात्मकता और वफादारी उन्हें विश्वसनीय और भरोसेमंद बनाती है।

अंतर्मुखी और निजी

कर्क राशि के लोग अक्सर अंतर्मुखी और निजी होते हैं। वे अपनी भावनाओं और विचारों को अपने तक रखना पसंद करते हैं और अपने आंतरिक विचारों और भावनाओं को साझा करने से पहले किसी पर भरोसा करने में समय लेते हैं। उनकी यह अंतर्मुखी प्रवृत्ति उन्हें रहस्यमय और कभी-कभी दूरस्थ बना सकती है।

अंतर्ज्ञानी और कल्पनाशील

कर्क राशि के लोग अपनी अंतर्ज्ञान और कल्पना के लिए जाने जाते हैं। वे अपनी अंतर्ज्ञान पर भरोसा करते हैं और अक्सर सही होते हैं। उनकी यह अंतर्ज्ञान और कल्पना उन्हें रचनात्मक और अंतर्दृष्टिपूर्ण बनाती है।

मूडी और अप्रत्याशित

कर्क राशि के लोग कभी-कभी मूडी और अप्रत्याशित हो सकते हैं। उनके मूड में अचानक बदलाव हो सकता है, जो उनके आसपास के लोगों को भ्रमित कर सकता है। उनकी यह मूडीनेस उनके शासक ग्रह चंद्रमा के प्रभाव से आती है, जो लगातार बदलता रहता है।

परंपरागत और नोस्टैल्जिक

कर्क राशि के लोग अक्सर परंपरागत और नोस्टैल्जिक होते हैं। वे परंपराओं और रीति-रिवाजों को महत्व देते हैं और अतीत की यादों को संजोकर रखते हैं। उनकी यह परंपरागत और नोस्टैल्जिक प्रवृत्ति उन्हें अपनी जड़ों और विरासत से जुड़े रहने में मदद करती है।

कर्क राशि के गुण और कमजोरियां

हर राशि की तरह, कर्क राशि के भी अपने विशिष्ट गुण और कमजोरियां हैं। यहां कर्क राशि के कुछ प्रमुख गुण और कमजोरियां दी गई हैं:

गुण

1. **भावनात्मक बुद्धिमत्ता**: कर्क राशि के लोग अपनी और दूसरों की भावनाओं को समझने और प्रबंधित करने में अच्छे होते हैं, जो उन्हें मजबूत भावनात्मक बुद्धिमत्ता देता है।

2. **देखभाल और पोषण**: कर्क राशि के लोग स्वाभाविक रूप से देखभाल करने वाले और पोषण प्रदान करने वाले होते हैं, जो उन्हें अच्छे माता-पिता, मित्र और साथी बनाता है।

3. **वफादारी और विश्वसनीयता**: कर्क राशि के लोग अपने प्रियजनों के प्रति अत्यधिक वफादार और विश्वसनीय होते हैं, जो उन्हें भरोसेमंद और विश्वसनीय बनाता है।

4. **अंतर्ज्ञान और कल्पना**: कर्क राशि के लोग अपनी अंतर्ज्ञान और कल्पना के लिए जाने जाते हैं, जो उन्हें रचनात्मक और अंतर्दृष्टिपूर्ण बनाता है।

5. **धैर्य और दृढ़ता**: कर्क राशि के लोग अपने लक्ष्यों को प्राप्त करने के लिए धैर्य और दृढ़ता रखते हैं, जो उन्हें चुनौतियों का सामना करने और अपने लक्ष्यों को प्राप्त करने में मदद करता है।

कमजोरियां

1. **मूडीनेस**: कर्क राशि के लोग कभी-कभी मूडी हो सकते हैं, जिससे उनके मूड में अचानक

बदलाव हो सकता है, जो उनके आसपास के लोगों को भ्रमित कर सकता है।

2. **अति-संवेदनशीलता**: कर्क राशि के लोग कभी-कभी अति-संवेदनशील हो सकते हैं और छोटी-छोटी बातों को दिल से लगा सकते हैं, जो उन्हें भावनात्मक रूप से चोट पहुंचा सकता है।

3. **अति-सुरक्षात्मकता**: कर्क राशि के लोग कभी-कभी अपने प्रियजनों के प्रति अति-सुरक्षात्मक हो सकते हैं, जो उन्हें नियंत्रित और दमनकारी बना सकता है।

4. **अतीत से चिपके रहना**: कर्क राशि के लोग कभी-कभी अतीत से चिपके रह सकते हैं और आगे बढ़ने में कठिनाई महसूस कर सकते हैं, जो उनके विकास और प्रगति को रोक सकता है।

5. **अनिर्णय**: कर्क राशि के लोग कभी-कभी अनिर्णय की स्थिति में हो सकते हैं और निर्णय लेने में कठिनाई महसूस कर सकते हैं, खासकर जब उनकी भावनाएं शामिल हों।

कर्क राशि के लिए करियर और व्यावसायिक मार्गदर्शन

कर्क राशि के लोगों के व्यक्तित्व लक्षण उन्हें कुछ विशेष करियर और व्यावसायिक क्षेत्रों के लिए अधिक उपयुक्त बनाते हैं। यहां कर्क राशि के लोगों के लिए कुछ

अनुकूल करियर विकल्प और व्यावसायिक मार्गदर्शन दिया गया है:

अनुकूल करियर विकल्प

1.   **स्वास्थ्य देखभाल**: कर्क राशि के लोगों की देखभाल करने की प्रवृत्ति और संवेदनशीलता उन्हें स्वास्थ्य देखभाल के क्षेत्र के लिए आदर्श बनाती है। वे नर्स, डॉक्टर, थेरेपिस्ट, या काउंसलर के रूप में सफल हो सकते हैं।

2.   **शिक्षा**: कर्क राशि के लोगों की पोषण प्रदान करने की प्रवृत्ति और धैर्य उन्हें शिक्षा के क्षेत्र के लिए उपयुक्त बनाते हैं। वे शिक्षक, प्रोफेसर, या शैक्षिक सलाहकार के रूप में सफल हो सकते हैं।

3.   **सामाजिक कार्य**: कर्क राशि के लोगों की दयालुता और समझदारी उन्हें सामाजिक कार्य के क्षेत्र के लिए उपयुक्त बनाती है। वे सामाजिक कार्यकर्ता, परामर्शदाता, या समुदाय आयोजक के रूप में सफल हो सकते हैं।

4.   **खाद्य और आतिथ्य**: कर्क राशि के लोगों की पोषण प्रदान करने की प्रवृत्ति और घरेलू कौशल उन्हें खाद्य और आतिथ्य के क्षेत्र के लिए उपयुक्त बनाते हैं। वे शेफ, रेस्तरां मालिक, या होटल मैनेजर के रूप में सफल हो सकते हैं।

5.   **रचनात्मक कला**: कर्क राशि के लोगों की कल्पना और अंतर्ज्ञान उन्हें रचनात्मक कला के

क्षेत्र के लिए उपयुक्त बनाते हैं। वे लेखक, कलाकार, संगीतकार, या फिल्म निर्माता के रूप में सफल हो सकते हैं।

व्यावसायिक मार्गदर्शन

1.   **अपनी भावनात्मक बुद्धिमत्ता का लाभ उठाएं**: कर्क राशि के लोग अपनी और दूसरों की भावनाओं को समझने और प्रबंधित करने में अच्छे होते हैं, जो उन्हें व्यावसायिक दुनिया में मूल्यवान बनाता है। वे अपनी भावनात्मक बुद्धिमत्ता का उपयोग ग्राहकों, सहकर्मियों, और अधिकारियों के साथ प्रभावी ढंग से संवाद करने के लिए कर सकते हैं।

2.   **अपनी देखभाल करने की प्रवृत्ति का उपयोग करें**: कर्क राशि के लोग स्वाभाविक रूप से देखभाल करने वाले होते हैं, जो उन्हें टीम के सदस्यों की देखभाल करने और उन्हें समर्थन प्रदान करने में मदद करता है। वे अपनी देखभाल करने की प्रवृत्ति का उपयोग टीम के मनोबल को बढ़ाने और सकारात्मक कार्य वातावरण बनाने के लिए कर सकते हैं।

3.   **अपनी अंतर्ज्ञान का लाभ उठाएं**: कर्क राशि के लोग अपनी अंतर्ज्ञान पर भरोसा करते हैं, जो उन्हें व्यावसायिक निर्णय लेने में मदद करता है।

वे अपनी अंतर्ज्ञान का उपयोग अवसरों की पहचान करने और जोखिमों से बचने के लिए कर सकते हैं।

4.   **अपनी मूडीनेस को प्रबंधित करें**: कर्क राशि के लोग कभी-कभी मूडी हो सकते हैं, जो उनके व्यावसायिक संबंधों को प्रभावित कर सकता है। उन्हें अपनी मूडीनेस को प्रबंधित करने और व्यावसायिक वातावरण में स्थिर और सुसंगत रहने का प्रयास करना चाहिए।

5.   **अपनी वफादारी का लाभ उठाएं**: कर्क राशि के लोग अत्यधिक वफादार होते हैं, जो उन्हें विश्वसनीय और भरोसेमंद बनाता है। वे अपनी वफादारी का उपयोग ग्राहकों और सहकर्मियों के साथ मजबूत संबंध बनाने के लिए कर सकते हैं, जो उनके करियर में आगे बढ़ने में मदद कर सकता है।

कर्क राशि के लिए प्रेम और संबंध

कर्क राशि के लोगों के व्यक्तित्व लक्षण उनके प्रेम और संबंधों को भी प्रभावित करते हैं। यहां कर्क राशि के लोगों के प्रेम और संबंधों के बारे में कुछ अंतर्दृष्टि दी गई है:

प्रेम में कर्क

1.   **भावनात्मक गहराई**: कर्क राशि के लोग अपने प्रेम संबंधों में भावनात्मक गहराई चाहते हैं। वे

सतही संबंधों से संतुष्ट नहीं होते और अपने साथी के साथ गहरा भावनात्मक बंधन चाहते हैं।

2. **सुरक्षा और स्थिरता**: कर्क राशि के लोग अपने प्रेम संबंधों में सुरक्षा और स्थिरता चाहते हैं। वे ऐसे साथी की तलाश करते हैं जो उन्हें भावनात्मक सुरक्षा और स्थिरता प्रदान कर सके।

3. **देखभाल और पोषण**: कर्क राशि के लोग अपने प्रेम संबंधों में देखभाल और पोषण प्रदान करना पसंद करते हैं। वे अपने साथी की देखभाल करना और उन्हें सुरक्षा प्रदान करना चाहते हैं।

4. **वफादारी और प्रतिबद्धता**: कर्क राशि के लोग अपने प्रेम संबंधों में वफादारी और प्रतिबद्धता को बहुत महत्व देते हैं। वे अपने साथी से पूर्ण वफादारी और प्रतिबद्धता की अपेक्षा करते हैं और बदले में वही देते हैं।

5. **घरेलू जीवन का महत्व**: कर्क राशि के लोग अपने प्रेम संबंधों में घरेलू जीवन को बहुत महत्व देते हैं। वे अपने साथी के साथ एक आरामदायक और सुरक्षित घर बनाना चाहते हैं।

संबंधों में कर्क

1. **भावनात्मक संबंध**: कर्क राशि के लोग अपने संबंधों में भावनात्मक संबंध को बहुत महत्व देते हैं। वे अपने साथी के साथ गहरा भावनात्मक

बंधन चाहते हैं और अपनी भावनाओं को साझा करना चाहते हैं।

2. **सुरक्षा और विश्वास**: कर्क राशि के लोग अपने संबंधों में सुरक्षा और विश्वास चाहते हैं। वे अपने साथी पर भरोसा करना चाहते हैं और उनसे सुरक्षित महसूस करना चाहते हैं।

3. **परिवार का महत्व**: कर्क राशि के लोग अपने संबंधों में परिवार को बहुत महत्व देते हैं। वे अपने साथी के परिवार से अच्छे संबंध बनाना चाहते हैं और अपने साथी के साथ अपना परिवार बनाना चाहते हैं।

4. **देखभाल और समर्थन**: कर्क राशि के लोग अपने संबंधों में देखभाल और समर्थन प्रदान करना चाहते हैं। वे अपने साथी की देखभाल करना और उन्हें समर्थन प्रदान करना चाहते हैं, और बदले में वही अपेक्षा करते हैं।

5. **वफादारी और प्रतिबद्धता**: कर्क राशि के लोग अपने संबंधों में वफादारी और प्रतिबद्धता को बहुत महत्व देते हैं। वे अपने साथी से पूर्ण वफादारी और प्रतिबद्धता की अपेक्षा करते हैं और बदले में वही देते हैं।

संगतता

कर्क राशि के लोग कुछ राशियों के साथ अधिक संगत होते हैं, जबकि अन्य के साथ उनकी संगतता कम

होती है। यहां कर्क राशि की अन्य राशियों के साथ संगतता का एक संक्षिप्त विवरण दिया गया है:

उच्च संगतता

1. **वृषभ और मीन**: ये दोनों राशियां कर्क के साथ अच्छी तरह से मेल खाती हैं। वृषभ की स्थिरता और मीन की भावनात्मकता कर्क की सुरक्षा और देखभाल की आवश्यकता के साथ अच्छी तरह से मेल खाती है।

2. **वृश्चिक और कन्या**: ये राशियां भी कर्क के साथ अच्छी तरह से मेल खाती हैं। वृश्चिक की गहनता और कन्या की व्यावहारिकता कर्क की भावनात्मकता और देखभाल करने की प्रवृत्ति के साथ संतुलित हो सकती है।

मध्यम संगतता

1. **मकर और सिंह**: ये राशियां कर्क के साथ मध्यम संगतता रखती हैं। मकर की महत्वाकांक्षा और सिंह का आत्मविश्वास कर्क की सुरक्षा और स्थिरता की आवश्यकता के साथ संघर्ष कर सकता है, लेकिन दोनों पक्षों के बीच समझौता और सम्मान होने पर यह संबंध सफल हो सकता है।

2. **मेष और तुला**: ये राशियां कर्क के साथ मध्यम संगतता रखती हैं। मेष की स्वतंत्रता और तुला की सामाजिकता कर्क की सुरक्षा और घरेलू प्रवृत्ति के साथ संघर्ष कर सकती है, लेकिन दोनों

पक्षों के बीच समझौता और सम्मान होने पर यह संबंध सफल हो सकता है।

निम्न संगतता

1. **मिथुन और कुंभ**: ये राशियां कर्क के साथ कम संगतता रखती हैं। मिथुन की बौद्धिकता और कुंभ की स्वतंत्रता कर्क की भावनात्मकता और सुरक्षा की आवश्यकता के साथ संघर्ष कर सकती है।

2. **धनु**: धनु राशि कर्क के साथ सबसे कम संगतता रखती है। धनु की स्वतंत्रता और साहसिकता कर्क की सुरक्षा और घरेलू प्रवृत्ति के साथ संघर्ष कर सकती है।

कर्क राशि के लिए स्वास्थ्य और कल्याण

कर्क राशि के लोगों के व्यक्तित्व लक्षण उनके स्वास्थ्य और कल्याण को भी प्रभावित करते हैं। यहां कर्क राशि के लोगों के स्वास्थ्य और कल्याण के बारे में कुछ अंतर्दृष्टि दी गई है:

शारीरिक स्वास्थ्य

1. **पाचन प्रणाली**: ज्योतिष के अनुसार, कर्क राशि शरीर के पाचन प्रणाली, विशेष रूप से पेट और छाती से जुड़ी है। इसका मतलब है कि कर्क राशि के लोगों को पाचन संबंधी समस्याएं, जैसे अपच, एसिडिटी, या पेट के अल्सर हो सकते हैं।

2.   **स्तन और लिम्फ नोड्स**: कर्क राशि शरीर के स्तन और लिम्फ नोड्स से भी जुड़ी है। इसका मतलब है कि कर्क राशि के लोगों को इन क्षेत्रों में समस्याएं हो सकती हैं और उन्हें नियमित जांच कराने की आवश्यकता हो सकती है।

3.   **भावनात्मक स्वास्थ्य का प्रभाव**: कर्क राशि के लोगों का भावनात्मक स्वास्थ्य उनके शारीरिक स्वास्थ्य को गहराई से प्रभावित करता है। वे तनाव और चिंता को शारीरिक रूप से महसूस कर सकते हैं, जिससे उन्हें सिरदर्द, पेट दर्द, या अन्य शारीरिक समस्याएं हो सकती हैं।

4.   **जल संतुलन**: कर्क राशि जल तत्व से संबंधित है, जो शरीर के तरल पदार्थों के संतुलन को प्रभावित करता है। इसका मतलब है कि कर्क राशि के लोगों को पर्याप्त हाइड्रेटेड रहने की आवश्यकता होती है और उन्हें तरल पदार्थों के असंतुलन से संबंधित समस्याएं हो सकती हैं।

5.   **हार्मोनल संतुलन**: कर्क राशि का शासक ग्रह चंद्रमा है, जो हार्मोनल संतुलन को प्रभावित करता है। इसका मतलब है कि कर्क राशि के लोगों को हार्मोनल असंतुलन से संबंधित समस्याएं हो सकती हैं और उन्हें अपने हार्मोनल स्वास्थ्य पर विशेष ध्यान देने की आवश्यकता हो सकती है।

मानसिक और भावनात्मक स्वास्थ्य

1. **भावनात्मक संवेदनशीलता**: कर्क राशि के लोग भावनात्मक रूप से संवेदनशील होते हैं और अपनी भावनाओं को गहराई से महसूस करते हैं। यह उन्हें दयालु और समझदार बनाता है, लेकिन कभी-कभी यह उन्हें भावनात्मक रूप से अस्थिर भी बना सकता है।

2. **मूड स्विंग्स**: कर्क राशि के लोग कभी-कभी मूड स्विंग्स का अनुभव कर सकते हैं, जो उनके शासक ग्रह चंद्रमा के प्रभाव से आता है। वे अपने मूड को प्रबंधित करने के लिए नियमित व्यायाम, स्वस्थ आहार, और तनाव प्रबंधन तकनीकों का अभ्यास कर सकते हैं।

3. **अतीत से जुड़ाव**: कर्क राशि के लोग अक्सर अतीत से जुड़े रहते हैं और पुरानी यादों को संजोकर रखते हैं। यह उन्हें नोस्टैल्जिक बनाता है, लेकिन कभी-कभी यह उन्हें आगे बढ़ने से रोक सकता है।

4. **सुरक्षा की आवश्यकता**: कर्क राशि के लोगों को भावनात्मक सुरक्षा की आवश्यकता होती है। वे अपने आप को सुरक्षित और संरक्षित महसूस करना चाहते हैं, और जब वे असुरक्षित महसूस करते हैं तो वे चिंता और तनाव का अनुभव कर सकते हैं।

5. **परिवार का महत्व**: कर्क राशि के लोगों के लिए परिवार बहुत महत्वपूर्ण है। वे अपने परिवार के साथ मजबूत बंधन बनाना चाहते हैं और जब वे अपने परिवार से दूर होते हैं तो वे अकेलापन और उदासी महसूस कर सकते हैं।

स्वास्थ्य और कल्याण के लिए सुझाव

1. **पाचन स्वास्थ्य पर ध्यान दें**: कर्क राशि के लोगों को अपने पाचन स्वास्थ्य पर विशेष ध्यान देना चाहिए। उन्हें संतुलित आहार खाना चाहिए, पर्याप्त फाइबर का सेवन करना चाहिए, और मसालेदार और तैलीय खाद्य पदार्थों से बचना चाहिए।

2. **हाइड्रेटेड रहें**: कर्क राशि के लोगों को पर्याप्त हाइड्रेटेड रहना चाहिए। उन्हें दिन भर में पर्याप्त पानी पीना चाहिए और डिहाइड्रेशन से बचना चाहिए।

3. **भावनात्मक स्वास्थ्य पर ध्यान दें**: कर्क राशि के लोगों को अपने भावनात्मक स्वास्थ्य पर विशेष ध्यान देना चाहिए। उन्हें अपनी भावनाओं को व्यक्त करने के स्वस्थ तरीके खोजने चाहिए और जब आवश्यक हो तो पेशेवर मदद लेने से नहीं हिचकना चाहिए।

4. **तनाव प्रबंधन**: कर्क राशि के लोगों को अपने तनाव को प्रबंधित करने के लिए तनाव प्रबंधन तकनीकों का अभ्यास करना चाहिए। वे

ध्यान, योग, गहरी सांस लेने के व्यायाम, या अन्य आराम तकनीकों का अभ्यास कर सकते हैं।

5. **नियमित व्यायाम**: कर्क राशि के लोगों को नियमित व्यायाम करना चाहिए। व्यायाम न केवल उनके शारीरिक स्वास्थ्य को बढ़ावा देता है, बल्कि उनके मानसिक और भावनात्मक स्वास्थ्य को भी सुधारता है।

प्रसिद्ध कर्क राशि के व्यक्ति

कर्क राशि के कई प्रसिद्ध व्यक्ति हैं जिन्होंने विभिन्न क्षेत्रों में अपनी छाप छोड़ी है। यहां कुछ प्रसिद्ध कर्क राशि के व्यक्तियों की सूची दी गई है:

अभिनेता और अभिनेत्रियां

1. **टॉम हैंक्स**: अमेरिकी अभिनेता और निर्माता, जिन्होंने फॉरेस्ट गम्प, सेविंग प्राइवेट रायन, और कैस्ट अवे जैसी फिल्मों में अभिनय किया है।

2. **मेरिल स्ट्रीप**: अमेरिकी अभिनेत्री, जिन्होंने द आयरन लेडी, सोफी'स च्वाइस, और क्रेमर वर्सेस क्रेमर जैसी फिल्मों में अभिनय किया है।

3. **सेलेना गोमेज़**: अमेरिकी अभिनेत्री, गायिका, और निर्माता, जो डिज़्नी चैनल की सीरीज विज़ार्ड्स ऑफ वेवरली प्लेस में अपनी भूमिका के लिए जानी जाती हैं।

4. **विन डीजल**: अमेरिकी अभिनेता और निर्माता, जो फास्ट एंड फ्यूरियस फ्रैंचाइज़ी में अपनी भूमिका के लिए जाने जाते हैं।

5. **प्रियंका चोपड़ा**: भारतीय अभिनेत्री, गायिका, और निर्माता, जो बॉलीवुड और हॉलीवुड दोनों में काम कर चुकी हैं।

संगीतकार

1. **रिहाना**: बारबेडियन गायिका, अभिनेत्री, और व्यवसायी, जिन्होंने कई हिट गाने और एल्बम दिए हैं।

2. **अरियाना ग्रांडे**: अमेरिकी गायिका और अभिनेत्री, जिन्होंने कई हिट गाने और एल्बम दिए हैं।

3. **पोस्ट मैलोन**: अमेरिकी रैपर, गायक, और गीतकार, जिन्होंने कई हिट गाने और एल्बम दिए हैं।

4. **50 सेंट**: अमेरिकी रैपर, अभिनेता, और व्यवसायी, जिन्होंने कई हिट गाने और एल्बम दिए हैं।

5. **लियोनेल मेसी**: अर्जेंटीनी फुटबॉल खिलाड़ी, जो दुनिया के सबसे अच्छे फुटबॉल खिलाड़ियों में से एक माने जाते हैं।

खिलाड़ी

1. **लियोनेल मेसी**: अर्जेंटीनी फुटबॉल खिलाड़ी, जो दुनिया के सबसे अच्छे फुटबॉल खिलाड़ियों में से एक माने जाते हैं।

2. **रोजर फेडरर**: स्विस टेनिस खिलाड़ी, जिन्होंने कई ग्रैंड स्लैम खिताब जीते हैं।

3. **डेविड बेकहम**: अंग्रेजी पूर्व फुटबॉल खिलाड़ी, जो अपने फुटबॉल कौशल और फैशन सेंस के लिए जाने जाते हैं।

4. **डायना टौरासी**: अमेरिकी महिला बास्केटबॉल खिलाड़ी, जो WNBA में खेलती हैं।

5. **ड्वेन वेड**: अमेरिकी पूर्व बास्केटबॉल खिलाड़ी, जो NBA में खेलते थे।

राजनेता और नेता

1. **नेल्सन मंडेला**: दक्षिण अफ्रीकी राजनेता और कार्यकर्ता, जिन्होंने रंगभेद के खिलाफ लड़ाई लड़ी और दक्षिण अफ्रीका के पहले अश्वेत राष्ट्रपति बने।

2. **डायना, प्रिंसेस ऑफ वेल्स**: ब्रिटिश रॉयल फैमिली की सदस्य, जो अपने मानवीय कार्यों के लिए जानी जाती थीं।

3. **जॉर्ज डब्ल्यू. बुश**: अमेरिका के 43वें राष्ट्रपति।

4. **एंजेला मर्केल**: जर्मनी की पूर्व चांसलर, जो दुनिया की सबसे शक्तिशाली महिलाओं में से एक मानी जाती हैं।

5. **डलाई लामा**: तिब्बती बौद्ध धर्म के आध्यात्मिक नेता, जो अपने शांति और अहिंसा के संदेश के लिए जाने जाते हैं।

कर्क राशि के लिए ज्योतिषीय उपाय

कर्क राशि के लोगों के लिए कुछ ज्योतिषीय उपाय हैं जो उन्हें अपने जीवन के विभिन्न पहलुओं में सफलता और संतुलन प्राप्त करने में मदद कर सकते हैं। यहां कर्क राशि के लोगों के लिए कुछ ज्योतिषीय उपाय दिए गए हैं:

रत्न और उपरत्न

1. **मोती (Pearl)**: कर्क राशि का मुख्य रत्न मोती है, जो चंद्रमा ग्रह से जुड़ा है। मोती पहनने से कर्क राशि के लोगों को मानसिक शांति, भावनात्मक संतुलन, और आंतरिक शक्ति मिल सकती है। यह उन्हें अपनी भावनाओं को प्रबंधित करने और अपने मूड स्विंग्स को नियंत्रित करने में मदद कर सकता है।

2. **मूनस्टोन (Moonstone)**: मूनस्टोन कर्क राशि के लिए एक उपरत्न है। यह रत्न कर्क राशि के लोगों को अंतर्ज्ञान, कल्पना, और भावनात्मक संतुलन प्रदान कर सकता है। यह उन्हें अपनी अंतर्ज्ञान को विकसित करने और अपनी भावनाओं को समझने में मदद कर सकता है।

3. **ओपल (Opal)**: ओपल भी कर्क राशि के लिए एक उपरत्न है। यह रत्न कर्क राशि के लोगों को रचनात्मकता, प्रेम, और भावनात्मक संतुलन प्रदान कर सकता है। यह उन्हें अपनी रचनात्मकता को विकसित करने और अपने प्रेम संबंधों को मजबूत करने में मदद कर सकता है।

मंत्र और स्तोत्र

1. **चंद्र मंत्र**: "ॐ चं चंद्राय नमः" या "ॐ श्रां श्रीं श्रौं सः चंद्राय नमः" चंद्रमा ग्रह के मंत्र हैं, जो कर्क राशि के शासक ग्रह हैं। इन मंत्रों का जाप करने से कर्क राशि के लोगों को चंद्रमा ग्रह के नकारात्मक प्रभावों से बचने और सकारात्मक प्रभावों को बढ़ाने में मदद मिल सकती है।

2. **दुर्गा सप्तशती**: दुर्गा सप्तशती देवी दुर्गा की स्तुति का एक प्राचीन ग्रंथ है। चंद्रमा ग्रह देवी दुर्गा से जुड़ा है, इसलिए दुर्गा सप्तशती का पाठ करने से कर्क राशि के लोगों को चंद्रमा ग्रह के नकारात्मक प्रभावों से बचने और सकारात्मक प्रभावों को बढ़ाने में मदद मिल सकती है।

3. **शिव मंत्र:** शिव जी चंद्रमा के स्वामी हैं। शिव मंत्र का जाप करने से कर्क राशि के लोगों को चंद्रमा ग्रह के नकारात्मक प्रभावों से बचने और सकारात्मक प्रभावों को बढ़ाने में मदद मिल सकती है।

दान और धार्मिक अनुष्ठान

1. **सोमवार का व्रत:** सोमवार चंद्रमा ग्रह का दिन है। सोमवार को व्रत रखने और शिव जी या देवी दुर्गा की पूजा करने से कर्क राशि के लोगों को चंद्रमा ग्रह के नकारात्मक प्रभावों से बचने और सकारात्मक प्रभावों को बढ़ाने में मदद मिल सकती है।

2. **सफेद वस्तुओं का दान:** सफेद रंग चंद्रमा ग्रह का रंग है। सफेद वस्तुओं जैसे सफेद कपड़े, सफेद मिठाई, या सफेद फूल का दान करने से कर्क राशि के लोगों को चंद्रमा ग्रह के नकारात्मक प्रभावों से बचने और सकारात्मक प्रभावों को बढ़ाने में मदद मिल सकती है।

3. **चंद्र यंत्र की स्थापना:** चंद्र यंत्र एक धार्मिक प्रतीक है जो चंद्रमा ग्रह की शक्ति को आकर्षित करता है। चंद्र यंत्र की स्थापना करने और उसकी पूजा करने से कर्क राशि के लोगों को चंद्रमा ग्रह के नकारात्मक प्रभावों से बचने और सकारात्मक प्रभावों को बढ़ाने में मदद मिल सकती है।

वास्तु और फेंगशुई के सुझाव

1. **सफेद रंग का उपयोग**: सफेद रंग चंद्रमा ग्रह का रंग है और कर्क राशि के लोगों के लिए शुभ माना जाता है। कर्क राशि के लोग अपने घर या कार्यस्थल में सफेद रंग का उपयोग कर सकते हैं, जैसे सफेद दीवारें, सफेद फर्नीचर, या सफेद सजावटी सामान।

2. **उत्तर-पश्चिम दिशा का महत्व**: उत्तर-पश्चिम दिशा चंद्रमा ग्रह की दिशा है। कर्क राशि के लोग अपने घर या कार्यस्थल में उत्तर-पश्चिम दिशा का विशेष ध्यान रख सकते हैं और इस दिशा में शुभ वस्तुओं को रख सकते हैं।

3. **जल तत्व का उपयोग**: कर्क राशि जल तत्व से संबंधित है। कर्क राशि के लोग अपने घर या कार्यस्थल में जल तत्व का उपयोग कर सकते हैं, जैसे एक्वेरियम, फाउंटेन, या जल से संबंधित सजावटी सामान, जो उनकी भावनात्मक संतुलन और शांति को बढ़ावा दे सकता है।

निष्कर्ष

कर्क राशि ज्योतिष चक्र की चौथी राशि है, जो भावनात्मकता, देखभाल, और सुरक्षा का प्रतीक है। कर्क राशि के लोग अपनी गहरी भावनाओं, देखभाल करने की प्रवृत्ति, और परिवार-केंद्रित दृष्टिकोण के लिए जाने जाते

हैं। वे अपने प्रियजनों की देखभाल करना और उन्हें सुरक्षा प्रदान करना पसंद करते हैं, और वे अपने घर और परिवार के प्रति गहरा लगाव रखते हैं।

कर्क राशि के लोगों के व्यक्तित्व लक्षण उन्हें कुछ विशेष करियर और व्यावसायिक क्षेत्रों के लिए अधिक उपयुक्त बनाते हैं, जैसे स्वास्थ्य देखभाल, शिक्षा, सामाजिक कार्य, खाद्य और आतिथ्य, और रचनात्मक कला। उनके प्रेम और संबंधों में, वे भावनात्मक गहराई, सुरक्षा, और वफादारी को महत्व देते हैं, और वे अपने साथी के साथ एक आरामदायक और सुरक्षित घर बनाना चाहते हैं।

कर्क राशि के लोगों के स्वास्थ्य और कल्याण के लिए, उन्हें अपने पाचन स्वास्थ्य पर ध्यान देना चाहिए, पर्याप्त हाइड्रेटेड रहना चाहिए, अपने भावनात्मक स्वास्थ्य पर ध्यान देना चाहिए, तनाव प्रबंधन तकनीकों का अभ्यास करना चाहिए, और नियमित व्यायाम करना चाहिए। उनके लिए कुछ ज्योतिषीय उपाय भी हैं, जैसे मोती पहनना, चंद्र मंत्रों का जाप करना, और सोमवार का व्रत रखना, जो उन्हें अपने जीवन के विभिन्न पहलुओं में सफलता और संतुलन प्राप्त करने में मदद कर सकते हैं।

अंत में, कर्क राशि के लोगों को अपने गुणों का लाभ उठाना चाहिए और अपनी कमजोरियों पर काम करना चाहिए। उन्हें अपनी भावनात्मक बुद्धिमत्ता, देखभाल करने

की प्रवृत्ति, और अंतर्ज्ञान का उपयोग अपने लक्ष्यों को प्राप्त करने के लिए करना चाहिए, लेकिन साथ ही उन्हें अपनी मूडीनेस को प्रबंधित करना और अतीत से आगे बढ़ना सीखना चाहिए।

•

अध्याय 7: सिंह राशि (Leo) - 23 जुलाई से 22 अगस्त

सिंह राशि का परिचय

सिंह राशि ज्योतिष चक्र की पांचवीं राशि है, जो 23 जुलाई से 22 अगस्त तक चलती है। इस राशि का प्रतीक शेर है, जो इसके शाही, साहसी और आत्मविश्वासी स्वभाव का प्रतिनिधित्व करता है। सिंह राशि अग्नि तत्व से संबंधित है, जो इसे ऊर्जावान, उत्साही और रचनात्मक बनाता है।

सिंह राशि एक स्थिर राशि है, जो इसके दृढ़, स्थिर और अडिग स्वभाव को दर्शाता है। सिंह राशि का शासक ग्रह सूर्य है, जो आत्मा, जीवन शक्ति और अहंकार का प्रतिनिधित्व करता है। यह संयोग सिंह राशि के लोगों को आत्मविश्वासी, महत्वाकांक्षी और नेतृत्व गुणों से युक्त बनाता है।

सिंह राशि ग्रीष्म ऋतु के मध्य का प्रतीक है, जब सूर्य अपनी पूरी शक्ति में होता है। इसी तरह, सिंह राशि के लोग अपनी ऊर्जा, उत्साह और जीवन शक्ति के लिए जाने जाते हैं। वे अपने आसपास के लोगों को प्रेरित और प्रभावित करते हैं, और वे अपनी उपस्थिति से किसी भी कमरे को रोशन कर सकते हैं।

सिंह राशि के व्यक्तित्व लक्षण

सिंह राशि के लोगों का व्यक्तित्व उनके अग्नि तत्व और स्थिर गुण से गहराई से प्रभावित होता है। यहां सिंह राशि के कुछ प्रमुख व्यक्तित्व लक्षण दिए गए हैं:

आत्मविश्वासी और महत्वाकांक्षी

सिंह राशि के लोग अपने आत्मविश्वास और महत्वाकांक्षा के लिए जाने जाते हैं। वे अपनी क्षमताओं पर भरोसा करते हैं और अपने लक्ष्यों को प्राप्त करने के लिए दृढ़ संकल्पित होते हैं। उनकी यह आत्मविश्वास और महत्वाकांक्षा उन्हें अपने क्षेत्र में सफलता प्राप्त करने में मदद करती है।

नेतृत्व क्षमता

सिंह राशि के लोग स्वाभाविक नेता होते हैं। वे अपने आत्मविश्वास, दृढ़ता और प्रभावशाली व्यक्तित्व के कारण दूसरों को प्रेरित और प्रभावित कर सकते हैं। उनकी यह नेतृत्व क्षमता उन्हें टीम का नेतृत्व करने और दूसरों को

अपने लक्ष्यों को प्राप्त करने में मदद करने में सक्षम बनाती है।

रचनात्मक और अभिव्यंजनात्मक

सिंह राशि के लोग अपनी रचनात्मकता और अभिव्यंजनात्मकता के लिए जाने जाते हैं। वे अपने विचारों और भावनाओं को रचनात्मक तरीके से व्यक्त करना पसंद करते हैं, चाहे वह कला, संगीत, नाटक, या अन्य रचनात्मक माध्यमों के माध्यम से हो। उनकी यह रचनात्मकता और अभिव्यंजनात्मकता उन्हें अपने आसपास के लोगों को प्रेरित और मनोरंजित करने में मदद करती है।

उदार और दयालु

सिंह राशि के लोग अपनी उदारता और दयालुता के लिए जाने जाते हैं। वे अपने प्रियजनों की देखभाल करना और उन्हें सहायता प्रदान करना पसंद करते हैं। उनकी यह उदारता और दयालुता उन्हें अच्छे मित्र और साथी बनाती है।

प्रतिष्ठा और मान्यता की चाह

सिंह राशि के लोग प्रतिष्ठा और मान्यता की चाह रखते हैं। वे अपने कार्यों और उपलब्धियों के लिए पहचाने और सराहे जाना चाहते हैं। उनकी यह प्रतिष्ठा और मान्यता की चाह उन्हें अपने क्षेत्र में उत्कृष्टता प्राप्त करने के लिए प्रेरित करती है।

आत्मकेंद्रित और अहंकारी

सिंह राशि के लोग कभी-कभी आत्मकेंद्रित और अहंकारी हो सकते हैं। वे अपने आप को और अपनी जरूरतों को पहले रख सकते हैं, और वे अपनी उपलब्धियों और क्षमताओं के बारे में अतिरंजित कर सकते हैं। उनकी यह आत्मकेंद्रितता और अहंकार उन्हें दूसरों की भावनाओं और जरूरतों के प्रति असंवेदनशील बना सकता है।

जिद्दी और हठी

सिंह राशि के लोग कभी-कभी जिद्दी और हठी हो सकते हैं। वे अपने विचारों और निर्णयों पर अड़े रह सकते हैं, भले ही वे गलत हों। उनकी यह जिद्दीपन और हठीपन उन्हें दूसरों के विचारों और सुझावों को स्वीकार करने से रोक सकता है।

ऊर्जावान और उत्साही

सिंह राशि के लोग अपनी ऊर्जा और उत्साह के लिए जाने जाते हैं। वे जीवन के प्रति उत्साहित होते हैं और हमेशा नई चुनौतियों और अनुभवों के लिए तैयार रहते हैं। उनकी यह ऊर्जा और उत्साह उन्हें जीवन का पूरा आनंद लेने और विभिन्न अनुभवों से सीखने में मदद करता है।

सिंह राशि के गुण और कमजोरियां

हर राशि की तरह, सिंह राशि के भी अपने विशिष्ट गुण और कमजोरियां हैं। यहां सिंह राशि के कुछ प्रमुख गुण और कमजोरियां दी गई हैं:

गुण

1. **आत्मविश्वास और साहस**: सिंह राशि के लोग अत्यधिक आत्मविश्वासी और साहसी होते हैं, जो उन्हें चुनौतियों का सामना करने और अपने लक्ष्यों को प्राप्त करने में मदद करता है।

2. **नेतृत्व क्षमता**: सिंह राशि के लोग स्वाभाविक नेता होते हैं, जो उन्हें टीम का नेतृत्व करने और दूसरों को प्रेरित करने में मदद करता है।

3. **रचनात्मकता**: सिंह राशि के लोग अत्यधिक रचनात्मक होते हैं, जो उन्हें अपने विचारों और भावनाओं को अभिव्यक्त करने में मदद करता है।

4. **उदारता और दयालुता**: सिंह राशि के लोग अत्यधिक उदार और दयालु होते हैं, जो उन्हें अच्छे मित्र और साथी बनाता है।

5. **ऊर्जा और उत्साह**: सिंह राशि के लोग ऊर्जावान और उत्साही होते हैं, जो उन्हें जीवन का पूरा आनंद लेने में मदद करता है।

कमजोरियां

1. **अहंकार**: सिंह राशि के लोग कभी-कभी अहंकारी हो सकते हैं, जो उन्हें दूसरों की भावनाओं और जरूरतों के प्रति असंवेदनशील बना सकता है।

2. **जिद्दीपन**: सिंह राशि के लोग कभी-कभी जिद्दी हो सकते हैं और अपने विचारों और निर्णयों पर अड़े रह सकते हैं, भले ही वे गलत हों।

3. **आत्मकेंद्रितता**: सिंह राशि के लोग कभी-कभी आत्मकेंद्रित हो सकते हैं और अपने आप को और अपनी जरूरतों को पहले रख सकते हैं।

4. **प्रतिष्ठा की अत्यधिक चाह**: सिंह राशि के लोग कभी-कभी प्रतिष्ठा और मान्यता की अत्यधिक चाह रख सकते हैं, जो उन्हें अपने कार्यों और निर्णयों में प्रभावित कर सकता है।

5. **अधीरता**: सिंह राशि के लोग कभी-कभी अधीर हो सकते हैं और तुरंत परिणाम चाहते हैं, जो उन्हें दीर्घकालिक लक्ष्यों को प्राप्त करने से रोक सकता है।

सिंह राशि के लिए करियर और व्यावसायिक मार्गदर्शन

सिंह राशि के लोगों के व्यक्तित्व लक्षण उन्हें कुछ विशेष करियर और व्यावसायिक क्षेत्रों के लिए अधिक उपयुक्त बनाते हैं। यहां सिंह राशि के लोगों के लिए कुछ

अनुकूल करियर विकल्प और व्यावसायिक मार्गदर्शन दिया गया है:

अनुकूल करियर विकल्प

1. **नेतृत्व और प्रबंधन**: सिंह राशि के लोगों की नेतृत्व क्षमता और आत्मविश्वास उन्हें नेतृत्व और प्रबंधन के क्षेत्र के लिए आदर्श बनाते हैं। वे सीईओ, मैनेजर, या प्रोजेक्ट लीडर के रूप में सफल हो सकते हैं।

2. **मनोरंजन और प्रदर्शन कला**: सिंह राशि के लोगों की रचनात्मकता और अभिव्यंजनात्मकता उन्हें मनोरंजन और प्रदर्शन कला के क्षेत्र के लिए उपयुक्त बनाती है। वे अभिनेता, संगीतकार, या प्रदर्शनकारी के रूप में सफल हो सकते हैं।

3. **राजनीति और सार्वजनिक सेवा**: सिंह राशि के लोगों की नेतृत्व क्षमता और प्रतिष्ठा की चाह उन्हें राजनीति और सार्वजनिक सेवा के क्षेत्र के लिए उपयुक्त बनाती है। वे राजनेता, सार्वजनिक अधिकारी, या सामाजिक कार्यकर्ता के रूप में सफल हो सकते हैं।

4. **बिक्री और मार्केटिंग**: सिंह राशि के लोगों की आत्मविश्वास और प्रभावशाली व्यक्तित्व उन्हें बिक्री और मार्केटिंग के क्षेत्र के लिए उपयुक्त बनाते हैं। वे सेल्स रिप्रेजेंटेटिव, मार्केटिंग मैनेजर, या

पब्लिक रिलेशंस स्पेशलिस्ट के रूप में सफल हो सकते हैं।

5. **शिक्षा और प्रशिक्षण**: सिंह राशि के लोगों की नेतृत्व क्षमता और उत्साह उन्हें शिक्षा और प्रशिक्षण के क्षेत्र के लिए उपयुक्त बनाते हैं। वे शिक्षक, प्रोफेसर, या प्रशिक्षक के रूप में सफल हो सकते हैं।

व्यावसायिक मार्गदर्शन

1. **अपनी नेतृत्व क्षमता का लाभ उठाएं**: सिंह राशि के लोग स्वाभाविक नेता होते हैं, जो उन्हें व्यावसायिक दुनिया में मूल्यवान बनाता है। वे अपनी नेतृत्व क्षमता का उपयोग टीम का नेतृत्व करने और दूसरों को प्रेरित करने के लिए कर सकते हैं।

2. **अपनी रचनात्मकता का उपयोग करें**: सिंह राशि के लोग अत्यधिक रचनात्मक होते हैं, जो उन्हें नए विचारों और समाधानों को विकसित करने में मदद करता है। वे अपनी रचनात्मकता का उपयोग अपने कार्य में नवाचार लाने और अपने क्षेत्र में अग्रणी बनने के लिए कर सकते हैं।

3. **अपने आत्मविश्वास का लाभ उठाएं**: सिंह राशि के लोग अत्यधिक आत्मविश्वासी होते हैं, जो उन्हें चुनौतियों का सामना करने और अपने लक्ष्यों को प्राप्त करने में मदद करता है। वे अपने आत्मविश्वास का उपयोग अपने कार्य में उत्कृष्टता

प्राप्त करने और अपने करियर में आगे बढ़ने के लिए कर सकते हैं।

4. **अपने अहंकार को प्रबंधित करें**: सिंह राशि के लोग कभी-कभी अहंकारी हो सकते हैं, जो उनके व्यावसायिक संबंधों को प्रभावित कर सकता है। उन्हें अपने अहंकार को प्रबंधित करने और दूसरों के विचारों और सुझावों को स्वीकार करने का प्रयास करना चाहिए।

5. **अपनी उदारता का लाभ उठाएं**: सिंह राशि के लोग अत्यधिक उदार होते हैं, जो उन्हें अच्छे टीम प्लेयर बनाता है। वे अपनी उदारता का उपयोग अपने सहकर्मियों की मदद करने और सकारात्मक कार्य वातावरण बनाने के लिए कर सकते हैं।

सिंह राशि के लिए प्रेम और संबंध

सिंह राशि के लोगों के व्यक्तित्व लक्षण उनके प्रेम और संबंधों को भी प्रभावित करते हैं। यहां सिंह राशि के लोगों के प्रेम और संबंधों के बारे में कुछ अंतर्दृष्टि दी गई है:

प्रेम में सिंह

1. **भव्यता और रोमांस**: सिंह राशि के लोग अपने प्रेम संबंधों में भव्यता और रोमांस चाहते हैं। वे अपने साथी को विशेष महसूस कराना चाहते हैं

और उन्हें भव्य उपहार और आश्चर्य देना पसंद करते हैं।

2.   **वफादारी और प्रतिबद्धता**: सिंह राशि के लोग अपने प्रेम संबंधों में वफादारी और प्रतिबद्धता को बहुत महत्व देते हैं। वे अपने साथी से पूर्ण वफादारी और प्रतिबद्धता की अपेक्षा करते हैं और बदले में वही देते हैं।

3.   **प्रशंसा और सराहना**: सिंह राशि के लोग अपने प्रेम संबंधों में प्रशंसा और सराहना चाहते हैं। वे अपने साथी से अपनी प्रशंसा और सराहना की अपेक्षा करते हैं और उन्हें यह महसूस कराना चाहते हैं कि वे महत्वपूर्ण और मूल्यवान हैं।

4.   **उदारता और दयालुता**: सिंह राशि के लोग अपने प्रेम संबंधों में उदार और दयालु होते हैं। वे अपने साथी की देखभाल करना और उन्हें खुश रखना चाहते हैं, और वे अपने साथी के लिए कुछ भी करने को तैयार रहते हैं।

5.   **आत्मविश्वास और स्वतंत्रता**: सिंह राशि के लोग अपने प्रेम संबंधों में आत्मविश्वासी और स्वतंत्र होते हैं। वे अपने साथी के साथ समय बिताना पसंद करते हैं, लेकिन उन्हें अपना खुद का समय और स्थान भी चाहिए होता है।

संबंधों में सिंह

1.   **वफादारी और प्रतिबद्धता**: सिंह राशि के लोग अपने संबंधों में वफादारी और प्रतिबद्धता

को बहुत महत्व देते हैं। वे अपने साथी से पूर्ण वफादारी और प्रतिबद्धता की अपेक्षा करते हैं और बदले में वही देते हैं।

2.   **प्रशंसा और सम्मान**: सिंह राशि के लोग अपने संबंधों में प्रशंसा और सम्मान चाहते हैं। वे अपने साथी से अपनी प्रशंसा और सम्मान की अपेक्षा करते हैं और उन्हें यह महसूस कराना चाहते हैं कि वे महत्वपूर्ण और मूल्यवान हैं।

3.   **रोमांस और भावुकता**: सिंह राशि के लोग अपने संबंधों में रोमांस और भावुकता चाहते हैं। वे अपने साथी के साथ रोमांटिक पल बिताना पसंद करते हैं और उन्हें अपनी भावनाओं को व्यक्त करना पसंद है।

4.   **स्वतंत्रता और स्थान**: सिंह राशि के लोग अपने संबंधों में स्वतंत्रता और स्थान चाहते हैं। वे अपने साथी के साथ समय बिताना पसंद करते हैं, लेकिन उन्हें अपना खुद का समय और स्थान भी चाहिए होता है।

5.   **ईमानदारी और खुलापन**: सिंह राशि के लोग अपने संबंधों में ईमानदारी और खुलापन चाहते हैं। वे अपने साथी से ईमानदारी और खुलेपन की अपेक्षा करते हैं और उन्हें अपने विचारों और भावनाओं को साझा करना पसंद है।

संगतता

सिंह राशि के लोग कुछ राशियों के साथ अधिक संगत होते हैं, जबकि अन्य के साथ उनकी संगतता कम होती है। यहां सिंह राशि की अन्य राशियों के साथ संगतता का एक संक्षिप्त विवरण दिया गया है:

उच्च संगतता

1. **मेष और धनु:** ये दोनों अग्नि तत्व की राशियां हैं और सिंह के साथ अच्छी तरह से मेल खाती हैं। वे सिंह की ऊर्जा, उत्साह, और महत्वाकांक्षा को समझते हैं और सराहना करते हैं।

2. **तुला और मिथुन:** ये वायु तत्व की राशियां हैं जो सिंह के साथ अच्छी तरह से मेल खाती हैं। वे सिंह की रचनात्मकता, आत्मविश्वास, और नेतृत्व क्षमता को समझते हैं और सराहना करते हैं।

मध्यम संगतता

1. **कुंभ और वृश्चिक:** ये राशियां सिंह के साथ मध्यम संगतता रखती हैं। कुंभ की स्वतंत्रता और वृश्चिक की गहनता सिंह के आत्मविश्वास और नेतृत्व क्षमता के साथ संतुलित हो सकती है, लेकिन कभी-कभी संघर्ष भी हो सकता है।

2. **कर्क और मीन:** ये जल तत्व की राशियां हैं जो सिंह के साथ मध्यम संगतता रखती हैं। कर्क

की भावनात्मकता और मीन की संवेदनशीलता सिंह की ऊर्जा और उत्साह के साथ संतुलित हो सकती है, लेकिन कभी-कभी संघर्ष भी हो सकता है।

निम्न संगतता

1. **वृषभ और मकर**: ये पृथ्वी तत्व की राशियां हैं जो सिंह के साथ कम संगतता रखती हैं। वृषभ की स्थिरता और मकर की गंभीरता सिंह की ऊर्जा और उत्साह के साथ संघर्ष कर सकती है।

2. **कन्या**: कन्या राशि सिंह के साथ सबसे कम संगतता रखती है। कन्या की व्यावहारिकता और विश्लेषणात्मकता सिंह की भव्यता और आत्मकेंद्रितता के साथ संघर्ष कर सकती है।

सिंह राशि के लिए स्वास्थ्य और कल्याण

सिंह राशि के लोगों के व्यक्तित्व लक्षण उनके स्वास्थ्य और कल्याण को भी प्रभावित करते हैं। यहां सिंह राशि के लोगों के स्वास्थ्य और कल्याण के बारे में कुछ अंतर्दृष्टि दी गई है:

शारीरिक स्वास्थ्य

1. **हृदय और रीढ़ की हड्डी**: ज्योतिष के अनुसार, सिंह राशि शरीर के हृदय और रीढ़ की हड्डी से जुड़ी है। इसका मतलब है कि सिंह राशि के लोगों को हृदय संबंधी समस्याएं, जैसे उच्च

रक्तचाप, हृदय रोग, या रीढ़ की हड्डी संबंधी समस्याएं हो सकती हैं।

2.   **उच्च ऊर्जा स्तर**: सिंह राशि के लोगों में आमतौर पर उच्च ऊर्जा स्तर होता है, जो उन्हें सक्रिय रहने और विभिन्न गतिविधियों में भाग लेने में मदद करता है। हालांकि, यह उच्च ऊर्जा स्तर उन्हें थका भी सकता है और उन्हें पर्याप्त आराम की आवश्यकता हो सकती है।

3.   **तनाव और चिंता**: सिंह राशि के लोग अक्सर तनाव और चिंता का अनुभव करते हैं, खासकर जब वे अपने लक्ष्यों को प्राप्त करने के लिए कड़ी मेहनत कर रहे हों। यह तनाव और चिंता उनके शारीरिक स्वास्थ्य को प्रभावित कर सकती है और उन्हें सिरदर्द, पीठ दर्द, या अन्य शारीरिक समस्याएं हो सकती हैं।

4.   **अनियमित खाने की आदतें**: सिंह राशि के लोगों की व्यस्तता और महत्वाकांक्षा उन्हें अनियमित खाने की आदतों की ओर ले जा सकती है, जो उनके पाचन और समग्र स्वास्थ्य को प्रभावित कर सकता है। उन्हें नियमित भोजन करने और संतुलित आहार का पालन करने का प्रयास करना चाहिए।

5.   **अत्यधिक व्यायाम**: सिंह राशि के लोग अक्सर अत्यधिक व्यायाम करते हैं, जो उनके शरीर पर अतिरिक्त दबाव डाल सकता है और उन्हें चोट

लग सकती है। उन्हें संतुलित व्यायाम करने और अपने शरीर को पर्याप्त आराम देने का प्रयास करना चाहिए।

मानसिक और भावनात्मक स्वास्थ्य

1.   **आत्मसम्मान और आत्मविश्वास**: सिंह राशि के लोगों का आत्मसम्मान और आत्मविश्वास उनके मानसिक स्वास्थ्य के लिए महत्वपूर्ण है। वे अपनी उपलब्धियों और क्षमताओं पर गर्व करते हैं, और जब वे अपने लक्ष्यों को प्राप्त करते हैं तो वे खुश और संतुष्ट महसूस करते हैं।

2.   **प्रशंसा और मान्यता की आवश्यकता**: सिंह राशि के लोगों को प्रशंसा और मान्यता की आवश्यकता होती है। वे अपने कार्यों और उपलब्धियों के लिए पहचाने और सराहे जाना चाहते हैं, और जब उन्हें यह नहीं मिलता तो वे निराश और अवमूल्यित महसूस कर सकते हैं।

3.   **अहंकार और आत्मकेंद्रितता**: सिंह राशि के लोगों का अहंकार और आत्मकेंद्रितता उनके मानसिक स्वास्थ्य को प्रभावित कर सकती है। वे अपने आप को और अपनी जरूरतों को पहले रख सकते हैं, जो उनके संबंधों और समग्र खुशी को प्रभावित कर सकता है।

4.   **तनाव और चिंता**: सिंह राशि के लोग अक्सर तनाव और चिंता का अनुभव करते हैं, खासकर जब वे अपने लक्ष्यों को प्राप्त करने के

लिए कड़ी मेहनत कर रहे हों। यह तनाव और चिंता उनके मानसिक स्वास्थ्य को प्रभावित कर सकती है और उन्हें अवसाद, चिंता विकार, या अन्य मानसिक स्वास्थ्य समस्याएं हो सकती हैं।

5. **रचनात्मक अभिव्यक्ति की आवश्यकता**: सिंह राशि के लोगों को रचनात्मक अभिव्यक्ति की आवश्यकता होती है। वे अपने विचारों और भावनाओं को रचनात्मक तरीके से व्यक्त करना चाहते हैं, और जब उन्हें यह अवसर नहीं मिलता तो वे निराश और अवरुद्ध महसूस कर सकते हैं।

स्वास्थ्य और कल्याण के लिए सुझाव

1. **नियमित व्यायाम**: सिंह राशि के लोगों को अपनी उच्च ऊर्जा को चैनलाइज करने के लिए नियमित व्यायाम करना चाहिए। वे विविध व्यायाम जैसे दौड़ना, साइकिलिंग, तैराकी, या योग का आनंद ले सकते हैं।

2. **हृदय स्वास्थ्य पर ध्यान दें**: सिंह राशि के लोगों को अपने हृदय स्वास्थ्य पर विशेष ध्यान देना चाहिए। उन्हें संतुलित आहार खाना चाहिए, नियमित व्यायाम करना चाहिए, और तनाव को प्रबंधित करना चाहिए।

3. **तनाव प्रबंधन**: सिंह राशि के लोगों को अपने तनाव और चिंता को प्रबंधित करने के लिए

तनाव प्रबंधन तकनीकों का अभ्यास करना चाहिए। वे ध्यान, योग, गहरी सांस लेने के व्यायाम, या अन्य आराम तकनीकों का अभ्यास कर सकते हैं।

4. **संतुलित आहार**: सिंह राशि के लोगों को एक संतुलित आहार का पालन करना चाहिए और नियमित भोजन करना चाहिए। उन्हें ताजे फल, सब्जियां, और पूरे अनाज खाने चाहिए और प्रोसेस्ड और जंक फूड से बचना चाहिए।

5. **रचनात्मक अभिव्यक्ति**: सिंह राशि के लोगों को अपने विचारों और भावनाओं को रचनात्मक तरीके से व्यक्त करने के लिए समय निकालना चाहिए। वे कला, संगीत, नाटक, या अन्य रचनात्मक गतिविधियों में भाग ले सकते हैं।

प्रसिद्ध सिंह राशि के व्यक्ति

सिंह राशि के कई प्रसिद्ध व्यक्ति हैं जिन्होंने विभिन्न क्षेत्रों में अपनी छाप छोड़ी है। यहां कुछ प्रसिद्ध सिंह राशि के व्यक्तियों की सूची दी गई है:

अभिनेता और अभिनेत्रियां

1. **जेनिफर लोपेज**: अमेरिकी अभिनेत्री, गायिका, और व्यवसायी, जिन्होंने कई हिट फिल्मों और गानों में अभिनय किया है।

2. **जेसन मोमोआ**: अमेरिकी अभिनेता, जो गेम ऑफ थ्रोन्स में खल ड्रोगो और एक्वामैन में आर्थर करी की भूमिका के लिए जाने जाते हैं।

3. **मिक जैगर**: ब्रिटिश संगीतकार और अभिनेता, जो रॉक बैंड द रोलिंग स्टोन्स के लीड वोकलिस्ट हैं।

4. **मडोना**: अमेरिकी गायिका, गीतकार, और अभिनेत्री, जिन्हें "पॉप की रानी" के रूप में जाना जाता है।

5. **डेनियल रैडक्लिफ**: ब्रिटिश अभिनेता, जो हैरी पॉटर फिल्म श्रृंखला में हैरी पॉटर की भूमिका के लिए जाने जाते हैं।

संगीतकार

1. **मिक जैगर**: ब्रिटिश संगीतकार और अभिनेता, जो रॉक बैंड द रोलिंग स्टोन्स के लीड वोकलिस्ट हैं।

2. **मडोना**: अमेरिकी गायिका, गीतकार, और अभिनेत्री, जिन्हें "पॉप की रानी" के रूप में जाना जाता है।

3. **जेनिफर लोपेज**: अमेरिकी अभिनेत्री, गायिका, और व्यवसायी, जिन्होंने कई हिट फिल्मों और गानों में अभिनय किया है।

4.   **विटनी ह्यूस्टन**: अमेरिकी गायिका और अभिनेत्री, जिन्हें "द वॉयस" के रूप में जाना जाता है।

5.   **डेमी लोवाटो**: अमेरिकी गायिका और अभिनेत्री, जिन्होंने डिज़्नी चैनल की फिल्मों और टीवी शो में अभिनय किया है।

खिलाड़ी

1.   **रोजर फेडरर**: स्विस टेनिस खिलाड़ी, जिन्होंने कई ग्रैंड स्लैम खिताब जीते हैं।

2.   **उसैन बोल्ट**: जमैकन स्प्रिंटर, जो दुनिया के सबसे तेज धावक माने जाते हैं।

3.   **शोन व्हाइट**: अमेरिकी स्नोबोर्डर, जिन्होंने कई ओलंपिक स्वर्ण पदक जीते हैं।

4.   **एंड्रयू लक**: अमेरिकी फुटबॉल खिलाड़ी, जो इंडियानापोलिस कोल्ट्स के क्वार्टरबैक थे।

5.   **मैजिक जॉनसन**: अमेरिकी पूर्व बास्केटबॉल खिलाड़ी, जो लॉस एंजिल्स लेकर्स के लिए खेलते थे।

राजनेता और नेता

1.   **बराक ओबामा**: अमेरिका के 44वें राष्ट्रपति।

2.	**नेपोलियन बोनापार्ट:** फ्रांसीसी सम्राट और सैन्य नेता।

3.	**फिडेल कास्त्रो:** क्यूबा के पूर्व राष्ट्रपति और क्रांतिकारी नेता।

4.	**बिल क्लिंटन:** अमेरिका के 42वें राष्ट्रपति।

5.	**मुसोलिनी:** इटली के पूर्व प्रधानमंत्री और फासीवादी नेता।

सिंह राशि के लिए ज्योतिषीय उपाय

सिंह राशि के लोगों के लिए कुछ ज्योतिषीय उपाय हैं जो उन्हें अपने जीवन के विभिन्न पहलुओं में सफलता और संतुलन प्राप्त करने में मदद कर सकते हैं। यहां सिंह राशि के लोगों के लिए कुछ ज्योतिषीय उपाय दिए गए हैं:

रत्न और उपरत्न

1.	**माणिक (Ruby):** सिंह राशि का मुख्य रत्न माणिक है, जो सूर्य ग्रह से जुड़ा है। माणिक पहनने से सिंह राशि के लोगों को आत्मविश्वास, नेतृत्व क्षमता, और सम्मान मिल सकता है। यह उन्हें अपने लक्ष्यों को प्राप्त करने और अपने क्षेत्र में सफलता प्राप्त करने में मदद कर सकता है।

2.	**सूर्यकांत मणि (Sunstone):** सूर्यकांत मणि सिंह राशि के लिए एक उपरत्न है। यह रत्न

सिंह राशि के लोगों को ऊर्जा, उत्साह, और रचनात्मकता प्रदान कर सकता है। यह उन्हें अपनी ऊर्जा को चैनलाइज करने और अपनी रचनात्मकता को विकसित करने में मदद कर सकता है।

3. **टाइगर आई (Tiger's Eye):** टाइगर आई भी सिंह राशि के लिए एक उपरत्न है। यह रत्न सिंह राशि के लोगों को आत्मविश्वास, साहस, और स्थिरता प्रदान कर सकता है। यह उन्हें अपने लक्ष्यों को प्राप्त करने और अपने निर्णयों पर दृढ़ रहने में मदद कर सकता है।

मंत्र और स्तोत्र

1. **सूर्य मंत्र:** "ॐ घृणिः सूर्याय नमः" या "ॐ ह्रां ह्रीं ह्रौं सः सूर्याय नमः" सूर्य ग्रह के मंत्र हैं, जो सिंह राशि के शासक ग्रह हैं। इन मंत्रों का जाप करने से सिंह राशि के लोगों को सूर्य ग्रह के नकारात्मक प्रभावों से बचने और सकारात्मक प्रभावों को बढ़ाने में मदद मिल सकती है।

2. **आदित्य हृदय स्तोत्र:** आदित्य हृदय स्तोत्र सूर्य देवता की स्तुति का एक प्राचीन स्तोत्र है। इस स्तोत्र का पाठ करने से सिंह राशि के लोगों को सूर्य ग्रह के नकारात्मक प्रभावों से बचने और सकारात्मक प्रभावों को बढ़ाने में मदद मिल सकती है।

3. **गायत्री मंत्र:** गायत्री मंत्र सूर्य देवता को समर्पित एक प्राचीन मंत्र है। इस मंत्र का जाप करने

से सिंह राशि के लोगों को सूर्य ग्रह के नकारात्मक प्रभावों से बचने और सकारात्मक प्रभावों को बढ़ाने में मदद मिल सकती है।

दान और धार्मिक अनुष्ठान

1. **रविवार का व्रत:** रविवार सूर्य ग्रह का दिन है। रविवार को व्रत रखने और सूर्य देवता की पूजा करने से सिंह राशि के लोगों को सूर्य ग्रह के नकारात्मक प्रभावों से बचने और सकारात्मक प्रभावों को बढ़ाने में मदद मिल सकती है।

2. **लाल वस्तुओं का दान:** लाल रंग सूर्य ग्रह का रंग है। लाल वस्तुओं जैसे लाल कपड़े, लाल मिठाई, या लाल फूल का दान करने से सिंह राशि के लोगों को सूर्य ग्रह के नकारात्मक प्रभावों से बचने और सकारात्मक प्रभावों को बढ़ाने में मदद मिल सकती है।

3. **सूर्य यंत्र की स्थापना:** सूर्य यंत्र एक धार्मिक प्रतीक है जो सूर्य ग्रह की शक्ति को आकर्षित करता है। सूर्य यंत्र की स्थापना करने और उसकी पूजा करने से सिंह राशि के लोगों को सूर्य ग्रह के नकारात्मक प्रभावों से बचने और सकारात्मक प्रभावों को बढ़ाने में मदद मिल सकती है।

वास्तु और फेंगशुई के सुझाव

1. **लाल रंग का उपयोग**: लाल रंग सूर्य ग्रह का रंग है और सिंह राशि के लोगों के लिए शुभ माना जाता है। सिंह राशि के लोग अपने घर या कार्यस्थल में लाल रंग का उपयोग कर सकते हैं, जैसे लाल दीवारें, लाल फर्नीचर, या लाल सजावटी सामान।

2. **पूर्व दिशा का महत्व**: पूर्व दिशा सूर्य ग्रह की दिशा है। सिंह राशि के लोग अपने घर या कार्यस्थल में पूर्व दिशा का विशेष ध्यान रख सकते हैं और इस दिशा में शुभ वस्तुओं को रख सकते हैं।

3. **सूर्य की तस्वीर या प्रतीक का उपयोग**: सिंह राशि के लोग अपने घर या कार्यस्थल में सूर्य की तस्वीर या प्रतीक का उपयोग कर सकते हैं, जो उन्हें सूर्य ग्रह की सकारात्मक ऊर्जा प्राप्त करने में मदद कर सकता है।

निष्कर्ष

सिंह राशि ज्योतिष चक्र की पांचवीं राशि है, जो आत्मविश्वास, नेतृत्व, और रचनात्मकता का प्रतीक है। सिंह राशि के लोग अपने आत्मविश्वास, नेतृत्व क्षमता, और रचनात्मकता के लिए जाने जाते हैं। वे महत्वाकांक्षी,

उदार, और ऊर्जावान होते हैं, और वे अपने आसपास के लोगों को प्रेरित और प्रभावित करते हैं।

सिंह राशि के लोगों के व्यक्तित्व लक्षण उन्हें कुछ विशेष करियर और व्यावसायिक क्षेत्रों के लिए अधिक उपयुक्त बनाते हैं, जैसे नेतृत्व और प्रबंधन, मनोरंजन और प्रदर्शन कला, राजनीति और सार्वजनिक सेवा, बिक्री और मार्केटिंग, और शिक्षा और प्रशिक्षण। उनके प्रेम और संबंधों में, वे भव्यता, रोमांस, वफादारी, और प्रशंसा को महत्व देते हैं, और वे अपने साथी को विशेष महसूस कराना चाहते हैं।

सिंह राशि के लोगों के स्वास्थ्य और कल्याण के लिए, उन्हें अपने हृदय स्वास्थ्य पर ध्यान देना चाहिए, नियमित व्यायाम करना चाहिए, तनाव को प्रबंधित करना चाहिए, संतुलित आहार का पालन करना चाहिए, और अपने विचारों और भावनाओं को रचनात्मक तरीके से व्यक्त करना चाहिए। उनके लिए कुछ ज्योतिषीय उपाय भी हैं, जैसे माणिक पहनना, सूर्य मंत्रों का जाप करना, और रविवार का व्रत रखना, जो उन्हें अपने जीवन के विभिन्न पहलुओं में सफलता और संतुलन प्राप्त करने में मदद कर सकते हैं।

अंत में, सिंह राशि के लोगों को अपने गुणों का लाभ उठाना चाहिए और अपनी कमजोरियों पर काम करना चाहिए। उन्हें अपने आत्मविश्वास, नेतृत्व क्षमता, और

रचनात्मकता का उपयोग अपने लक्ष्यों को प्राप्त करने के लिए करना चाहिए, लेकिन साथ ही उन्हें अपने अहंकार को प्रबंधित करना और दूसरों के विचारों और सुझावों को स्वीकार करना सीखना चाहिए।

•

अध्याय 8: कन्या राशि (Virgo) - 23 अगस्त से 22 सितंबर

कन्या राशि का परिचय

कन्या राशि ज्योतिष चक्र की छठी राशि है, जो 23 अगस्त से 22 सितंबर तक चलती है। इस राशि का प्रतीक एक युवती या कुमारी है, जो इसके शुद्ध, विश्लेषणात्मक और सेवाभावी स्वभाव का प्रतिनिधित्व करता है। कन्या राशि पृथ्वी तत्व से संबंधित है, जो इसे व्यावहारिक, विश्वसनीय और मेहनती बनाता है।

कन्या राशि एक परिवर्तनशील राशि है, जो इसके अनुकूलनशील, लचीले और बदलते स्वभाव को दर्शाता है। कन्या राशि का शासक ग्रह बुध है, जो बुद्धि, संचार और विश्लेषण का प्रतिनिधित्व करता है। यह संयोग कन्या

राशि के लोगों को बुद्धिमान, विश्लेषणात्मक और विवेकपूर्ण बनाता है।

कन्या राशि ग्रीष्म ऋतु के अंत और शरद ऋतु के प्रारंभ का प्रतीक है, जब प्रकृति फसल की कटाई के लिए तैयार होती है। इसी तरह, कन्या राशि के लोग अपने कार्यों और प्रयासों के परिणामों को देखने के लिए धैर्यपूर्वक काम करते हैं। वे विवरणों पर ध्यान देते हैं, व्यवस्थित होते हैं, और अपने कार्यों में पूर्णता की खोज करते हैं।

कन्या राशि के व्यक्तित्व लक्षण

कन्या राशि के लोगों का व्यक्तित्व उनके पृथ्वी तत्व और परिवर्तनशील गुण से गहराई से प्रभावित होता है। यहां कन्या राशि के कुछ प्रमुख व्यक्तित्व लक्षण दिए गए हैं:

विश्लेषणात्मक और विवेकपूर्ण

कन्या राशि के लोग अपनी विश्लेषणात्मक और विवेकपूर्ण प्रकृति के लिए जाने जाते हैं। वे हर स्थिति का गहन विश्लेषण करते हैं और तर्कसंगत निर्णय लेते हैं। उनकी यह विश्लेषणात्मक और विवेकपूर्ण प्रकृति उन्हें जटिल समस्याओं को हल करने और सही निर्णय लेने में मदद करती है।

व्यावहारिक और यथार्थवादी

कन्या राशि के लोग अपनी व्यावहारिकता और यथार्थवाद के लिए जाने जाते हैं। वे वास्तविकता में रहते हैं और व्यावहारिक समाधान खोजते हैं। उनकी यह व्यावहारिकता और यथार्थवाद उन्हें अपने लक्ष्यों को प्राप्त करने और अपने जीवन को व्यवस्थित रखने में मदद करता है।

विवरण-उन्मुख और व्यवस्थित

कन्या राशि के लोग विवरणों पर ध्यान देने और व्यवस्थित होने के लिए जाने जाते हैं। वे छोटी-छोटी बातों पर ध्यान देते हैं और अपने कार्यों और वातावरण को व्यवस्थित रखते हैं। उनकी यह विवरण-उन्मुखता और व्यवस्थित प्रकृति उन्हें अपने कार्यों में सटीकता और पूर्णता प्राप्त करने में मदद करती है।

सेवाभावी और मददगार

कन्या राशि के लोग अपनी सेवाभावी और मददगार प्रकृति के लिए जाने जाते हैं। वे दूसरों की मदद करना और उनकी सेवा करना पसंद करते हैं। उनकी यह सेवाभावी और मददगार प्रकृति उन्हें अच्छे मित्र, सहकर्मी और साथी बनाती है।

आलोचनात्मक और पूर्णतावादी

कन्या राशि के लोग कभी-कभी आलोचनात्मक और पूर्णतावादी हो सकते हैं। वे अपने और दूसरों के कार्यों में त्रुटियों को देखते हैं और पूर्णता की खोज करते हैं। उनकी यह आलोचनात्मक और पूर्णतावादी प्रकृति उन्हें कभी-कभी अपने और दूसरों के प्रति कठोर बना सकती है।

शर्मीले और आत्म-संदेह से भरे

कन्या राशि के लोग कभी-कभी शर्मीले और आत्म-संदेह से भरे हो सकते हैं। वे अपनी क्षमताओं और निर्णयों पर संदेह कर सकते हैं और सार्वजनिक रूप से अपने विचारों और भावनाओं को व्यक्त करने में हिचकिचा सकते हैं। उनकी यह शर्मीली और आत्म-संदेह से भरी प्रकृति उन्हें अपनी पूरी क्षमता का उपयोग करने से रोक सकती है।

मेहनती और समर्पित

कन्या राशि के लोग अपनी मेहनत और समर्पण के लिए जाने जाते हैं। वे अपने कार्यों और जिम्मेदारियों के प्रति समर्पित होते हैं और अपने लक्ष्यों को प्राप्त करने के लिए कड़ी मेहनत करते हैं। उनकी यह मेहनती और समर्पित प्रकृति उन्हें अपने क्षेत्र में सफलता प्राप्त करने में मदद करती है।

स्वास्थ्य-सचेत और स्वच्छता-प्रेमी

कन्या राशि के लोग अपने स्वास्थ्य और स्वच्छता के प्रति सचेत होते हैं। वे स्वस्थ जीवनशैली का पालन करते हैं और अपने वातावरण को स्वच्छ और व्यवस्थित रखते हैं। उनकी यह स्वास्थ्य-सचेतना और स्वच्छता-प्रेम उन्हें स्वस्थ और सुखी जीवन जीने में मदद करता है।

कन्या राशि के गुण और कमजोरियां

हर राशि की तरह, कन्या राशि के भी अपने विशिष्ट गुण और कमजोरियां हैं। यहां कन्या राशि के कुछ प्रमुख गुण और कमजोरियां दी गई हैं:

गुण

1. **विश्लेषणात्मक बुद्धि**: कन्या राशि के लोग अत्यधिक विश्लेषणात्मक होते हैं, जो उन्हें जटिल समस्याओं को हल करने और सही निर्णय लेने में मदद करता है।

2. **व्यावहारिकता**: कन्या राशि के लोग अत्यधिक व्यावहारिक होते हैं, जो उन्हें वास्तविकता में रहने और व्यावहारिक समाधान खोजने में मदद करता है।

3. **विवरण-उन्मुखता**: कन्या राशि के लोग विवरणों पर ध्यान देते हैं, जो उन्हें अपने कार्यों में सटीकता और पूर्णता प्राप्त करने में मदद करता है।

4. **सेवाभावी प्रकृति**: कन्या राशि के लोग अत्यधिक सेवाभावी होते हैं, जो उन्हें दूसरों की मदद करने और उनकी सेवा करने में मदद करता है।

5. **मेहनती और समर्पित**: कन्या राशि के लोग अत्यधिक मेहनती और समर्पित होते हैं, जो उन्हें अपने लक्ष्यों को प्राप्त करने और अपने क्षेत्र में सफलता प्राप्त करने में मदद करता है।

कमजोरियां

1. **आलोचनात्मकता**: कन्या राशि के लोग कभी-कभी अत्यधिक आलोचनात्मक हो सकते हैं, जो उनके संबंधों और समग्र खुशी को प्रभावित कर सकता है।

2. **पूर्णतावाद**: कन्या राशि के लोग कभी-कभी अत्यधिक पूर्णतावादी हो सकते हैं, जो उन्हें अपने और दूसरों के प्रति कठोर बना सकता है।

3. **चिंता और तनाव**: कन्या राशि के लोग कभी-कभी अत्यधिक चिंता और तनाव का अनुभव करते हैं, जो उनके मानसिक और शारीरिक स्वास्थ्य को प्रभावित कर सकता है।

4. **आत्म-संदेह**: कन्या राशि के लोग कभी-कभी अपनी क्षमताओं और निर्णयों पर संदेह करते

हैं, जो उन्हें अपनी पूरी क्षमता का उपयोग करने से रोक सकता है।

5.   **अनम्यता**: कन्या राशि के लोग कभी-कभी अपने विचारों और निर्णयों में अनम्य हो सकते हैं, जो उन्हें नई स्थितियों और विचारों के प्रति अनुकूल बनने से रोक सकता है।

कन्या राशि के लिए करियर और व्यावसायिक मार्गदर्शन

कन्या राशि के लोगों के व्यक्तित्व लक्षण उन्हें कुछ विशेष करियर और व्यावसायिक क्षेत्रों के लिए अधिक उपयुक्त बनाते हैं। यहां कन्या राशि के लोगों के लिए कुछ अनुकूल करियर विकल्प और व्यावसायिक मार्गदर्शन दिया गया है:

अनुकूल करियर विकल्प

1.   **स्वास्थ्य और चिकित्सा**: कन्या राशि के लोगों की सेवाभावी प्रकृति और विवरण-उन्मुखता उन्हें स्वास्थ्य और चिकित्सा के क्षेत्र के लिए आदर्श बनाती है। वे डॉक्टर, नर्स, फार्मासिस्ट, या स्वास्थ्य विशेषज्ञ के रूप में सफल हो सकते हैं।

2.   **वित्त और लेखा**: कन्या राशि के लोगों की विश्लेषणात्मक बुद्धि और विवरण-उन्मुखता उन्हें वित्त और लेखा के क्षेत्र के लिए उपयुक्त बनाती है।

वे एकाउंटेंट, वित्तीय विश्लेषक, या बैंकर के रूप में सफल हो सकते हैं।

3. **शिक्षा और अनुसंधान**: कन्या राशि के लोगों की विश्लेषणात्मक बुद्धि और मेहनती प्रकृति उन्हें शिक्षा और अनुसंधान के क्षेत्र के लिए उपयुक्त बनाती है। वे शिक्षक, प्रोफेसर, या शोधकर्ता के रूप में सफल हो सकते हैं।

4. **प्रबंधन और संगठन**: कन्या राशि के लोगों की व्यवस्थित प्रकृति और विवरण-उन्मुखता उन्हें प्रबंधन और संगठन के क्षेत्र के लिए उपयुक्त बनाती है। वे प्रोजेक्ट मैनेजर, ऑफिस मैनेजर, या इवेंट प्लानर के रूप में सफल हो सकते हैं।

5. **विश्लेषण और समस्या समाधान**: कन्या राशि के लोगों की विश्लेषणात्मक बुद्धि और समस्या समाधान की क्षमता उन्हें विश्लेषण और समस्या समाधान के क्षेत्र के लिए उपयुक्त बनाती है। वे डेटा एनालिस्ट, सिस्टम एनालिस्ट, या कंसल्टेंट के रूप में सफल हो सकते हैं।

व्यावसायिक मार्गदर्शन

1. **अपनी विश्लेषणात्मक बुद्धि का लाभ उठाएं**: कन्या राशि के लोग अत्यधिक विश्लेषणात्मक होते हैं, जो उन्हें व्यावसायिक दुनिया में मूल्यवान बनाता है। वे अपनी विश्लेषणात्मक

बुद्धि का उपयोग जटिल समस्याओं को हल करने और सही निर्णय लेने के लिए कर सकते हैं।

2.   अपनी विवरण-उन्मुखता का उपयोग करें: कन्या राशि के लोग विवरणों पर ध्यान देते हैं, जो उन्हें अपने कार्यों में सटीकता और पूर्णता प्राप्त करने में मदद करता है। वे अपनी विवरण-उन्मुखता का उपयोग अपने कार्य की गुणवत्ता को बढ़ाने और त्रुटियों को कम करने के लिए कर सकते हैं।

3.   अपनी सेवाभावी प्रकृति का लाभ उठाएं: कन्या राशि के लोग अत्यधिक सेवाभावी होते हैं, जो उन्हें अच्छे टीम प्लेयर बनाता है। वे अपनी सेवाभावी प्रकृति का उपयोग अपने सहकर्मियों की मदद करने और सकारात्मक कार्य वातावरण बनाने के लिए कर सकते हैं।

4.   अपनी आलोचनात्मकता को प्रबंधित करें: कन्या राशि के लोग कभी-कभी अत्यधिक आलोचनात्मक हो सकते हैं, जो उनके व्यावसायिक संबंधों को प्रभावित कर सकता है। उन्हें अपनी आलोचनात्मकता को प्रबंधित करने और रचनात्मक प्रतिक्रिया देने का प्रयास करना चाहिए।

5.   अपने आत्म-संदेह को दूर करें: कन्या राशि के लोग कभी-कभी अपनी क्षमताओं और निर्णयों पर संदेह करते हैं, जो उन्हें अपनी पूरी क्षमता का उपयोग करने से रोक सकता है। उन्हें

अपने आत्म-संदेह को दूर करने और अपनी
क्षमताओं पर भरोसा करने का प्रयास करना चाहिए।

कन्या राशि के लिए प्रेम और संबंध

कन्या राशि के लोगों के व्यक्तित्व लक्षण उनके प्रेम
और संबंधों को भी प्रभावित करते हैं। यहां कन्या राशि
के लोगों के प्रेम और संबंधों के बारे में कुछ अंतर्दृष्टि दी
गई है:

प्रेम में कन्या

1. **समर्पण और वफादारी**: कन्या राशि के
लोग अपने प्रेम संबंधों में अत्यधिक समर्पित और
वफादार होते हैं। वे अपने साथी के प्रति पूरी तरह
से समर्पित होते हैं और उनकी वफादारी अटूट होती
है।

2. **सेवाभावी प्रकृति**: कन्या राशि के लोग
अपने प्रेम संबंधों में अत्यधिक सेवाभावी होते हैं। वे
अपने साथी की देखभाल करना और उनकी
जरूरतों का ख्याल रखना पसंद करते हैं।

3. **व्यावहारिकता**: कन्या राशि के लोग
अपने प्रेम संबंधों में अत्यधिक व्यावहारिक होते हैं।
वे रोमांटिक भावनाओं के साथ-साथ व्यावहारिक
पहलुओं पर भी ध्यान देते हैं।

4. **संचार**: कन्या राशि के लोग अपने प्रेम
संबंधों में खुले संचार को महत्व देते हैं। वे अपने
विचारों और भावनाओं को स्पष्ट रूप से व्यक्त

करना पसंद करते हैं और अपने साथी से भी वही अपेक्षा करते हैं।

5. **धैर्य और समझ**: कन्या राशि के लोग अपने प्रेम संबंधों में अत्यधिक धैर्यवान और समझदार होते हैं। वे अपने साथी की भावनाओं और जरूरतों को समझने का प्रयास करते हैं और उन्हें समर्थन देते हैं।

संबंधों में कन्या

1. **वफादारी और प्रतिबद्धता**: कन्या राशि के लोग अपने संबंधों में वफादारी और प्रतिबद्धता को बहुत महत्व देते हैं। वे अपने साथी से पूर्ण वफादारी और प्रतिबद्धता की अपेक्षा करते हैं और बदले में वही देते हैं।

2. **स्थिरता और सुरक्षा**: कन्या राशि के लोग अपने संबंधों में स्थिरता और सुरक्षा चाहते हैं। वे अपने साथी के साथ एक स्थिर और सुरक्षित संबंध बनाना चाहते हैं और अचानक परिवर्तनों से बचना चाहते हैं।

3. **ईमानदारी और खुलापन**: कन्या राशि के लोग अपने संबंधों में ईमानदारी और खुलेपन को महत्व देते हैं। वे अपने साथी से ईमानदारी और खुलेपन की अपेक्षा करते हैं और उन्हें अपने विचारों और भावनाओं को साझा करना पसंद है।

4. **सम्मान और समझ**: कन्या राशि के लोग अपने संबंधों में सम्मान और समझ चाहते हैं।

वे अपने साथी से सम्मान और समझ की अपेक्षा करते हैं और बदले में वही देते हैं।

5. **व्यावहारिकता और यथार्थवाद**: कन्या राशि के लोग अपने संबंधों में व्यावहारिकता और यथार्थवाद चाहते हैं। वे अपने साथी के साथ वास्तविकता में रहना और व्यावहारिक समाधान खोजना पसंद करते हैं।

संगतता

कन्या राशि के लोग कुछ राशियों के साथ अधिक संगत होते हैं, जबकि अन्य के साथ उनकी संगतता कम होती है। यहां कन्या राशि की अन्य राशियों के साथ संगतता का एक संक्षिप्त विवरण दिया गया है:

उच्च संगतता

1. **वृषभ और मकर**: ये दोनों पृथ्वी तत्व की राशियां हैं और कन्या के साथ अच्छी तरह से मेल खाती हैं। वे कन्या की व्यावहारिकता, विश्वसनीयता, और मेहनती प्रकृति को समझते हैं और सराहना करते हैं।

2. **कर्क और मीन**: ये जल तत्व की राशियां हैं जो कन्या के साथ अच्छी तरह से मेल खाती हैं। कर्क की भावनात्मकता और मीन की संवेदनशीलता कन्या की व्यावहारिकता और विश्लेषणात्मकता के साथ संतुलित हो सकती है।

मध्यम संगतता

1. **मिथुन और तुला**: ये वायु तत्व की राशियां हैं जो कन्या के साथ मध्यम संगतता रखती हैं। मिथुन की बौद्धिकता और तुला की सौंदर्य-प्रियता कन्या की विश्लेषणात्मकता और व्यावहारिकता के साथ संतुलित हो सकती है, लेकिन कभी-कभी संघर्ष भी हो सकता है।

2. **धनु और कुंभ**: ये राशियां कन्या के साथ मध्यम संगतता रखती हैं। धनु की स्वतंत्रता और कुंभ की नवीनता कन्या की व्यावहारिकता और विश्लेषणात्मकता के साथ संतुलित हो सकती है, लेकिन कभी-कभी संघर्ष भी हो सकता है।

निम्न संगतता

1. **मेष और सिंह**: ये अग्नि तत्व की राशियां हैं जो कन्या के साथ कम संगतता रखती हैं। मेष की आक्रामकता और सिंह की भव्यता कन्या की व्यावहारिकता और विश्लेषणात्मकता के साथ संघर्ष कर सकती है।

2. **वृश्चिक**: वृश्चिक राशि कन्या के साथ सबसे कम संगतता रखती है। वृश्चिक की गहनता और भावुकता कन्या की व्यावहारिकता और विश्लेषणात्मकता के साथ संघर्ष कर सकती है।

कन्या राशि के लिए स्वास्थ्य और कल्याण

कन्या राशि के लोगों के व्यक्तित्व लक्षण उनके स्वास्थ्य और कल्याण को भी प्रभावित करते हैं। यहां कन्या राशि के लोगों के स्वास्थ्य और कल्याण के बारे में कुछ अंतर्दृष्टि दी गई है:

शारीरिक स्वास्थ्य

1. **पाचन तंत्र:** ज्योतिष के अनुसार, कन्या राशि शरीर के पाचन तंत्र से जुड़ी है। इसका मतलब है कि कन्या राशि के लोगों को पाचन संबंधी समस्याएं, जैसे पेट दर्द, अपच, या आईबीएस (इरिटेबल बाउल सिंड्रोम) हो सकती हैं।

2. **तनाव और चिंता:** कन्या राशि के लोग अक्सर तनाव और चिंता का अनुभव करते हैं, जो उनके शारीरिक स्वास्थ्य को प्रभावित कर सकता है। यह तनाव और चिंता उन्हें सिरदर्द, पीठ दर्द, या अन्य शारीरिक समस्याएं दे सकती है।

3. **स्वास्थ्य-सचेतना:** कन्या राशि के लोग अपने स्वास्थ्य के प्रति अत्यधिक सचेत होते हैं। वे स्वस्थ जीवनशैली का पालन करते हैं और अपने स्वास्थ्य की देखभाल करते हैं। हालांकि, यह स्वास्थ्य-सचेतना कभी-कभी स्वास्थ्य चिंता में बदल सकती है।

4. **नियमित व्यायाम**: कन्या राशि के लोग नियमित व्यायाम करना पसंद करते हैं। वे अपने शरीर को स्वस्थ और फिट रखने के लिए नियमित व्यायाम करते हैं, जो उनके समग्र स्वास्थ्य को बढ़ावा देता है।

5. **संतुलित आहार**: कन्या राशि के लोग संतुलित आहार का पालन करते हैं। वे स्वस्थ और पौष्टिक भोजन खाते हैं और अपने आहार में विविधता लाते हैं, जो उनके समग्र स्वास्थ्य को बढ़ावा देता है।

मानसिक और भावनात्मक स्वास्थ्य

1. **तनाव और चिंता**: कन्या राशि के लोग अक्सर तनाव और चिंता का अनुभव करते हैं, जो उनके मानसिक स्वास्थ्य को प्रभावित कर सकता है। यह तनाव और चिंता उन्हें अवसाद, चिंता विकार, या अन्य मानसिक स्वास्थ्य समस्याएं दे सकती है।

2. **पूर्णतावाद**: कन्या राशि के लोगों का पूर्णतावाद उनके मानसिक स्वास्थ्य को प्रभावित कर सकता है। वे अपने और दूसरों के कार्यों में पूर्णता की खोज करते हैं, जो उन्हें तनाव और निराशा दे सकता है।

3. **आत्म-आलोचना**: कन्या राशि के लोग अक्सर अपनी आलोचना करते हैं, जो उनके आत्मसम्मान और आत्मविश्वास को प्रभावित कर

सकता है। यह आत्म-आलोचना उन्हें अवसाद और चिंता दे सकती है।

4.   **विश्लेषणात्मक सोच**: कन्या राशि के लोगों की विश्लेषणात्मक सोच उनके मानसिक स्वास्थ्य को प्रभावित कर सकती है। वे हर स्थिति का गहन विश्लेषण करते हैं, जो उन्हें अत्यधिक सोचने और चिंता करने की ओर ले जा सकता है।

5.   **सेवाभावी प्रकृति**: कन्या राशि के लोगों की सेवाभावी प्रकृति उनके मानसिक स्वास्थ्य को प्रभावित कर सकती है। वे दूसरों की मदद करना और उनकी सेवा करना पसंद करते हैं, लेकिन कभी-कभी वे अपनी जरूरतों और भावनाओं को नजरअंदाज कर सकते हैं।

स्वास्थ्य और कल्याण के लिए सुझाव

1.   **तनाव प्रबंधन**: कन्या राशि के लोगों को अपने तनाव और चिंता को प्रबंधित करने के लिए तनाव प्रबंधन तकनीकों का अभ्यास करना चाहिए। वे ध्यान, योग, गहरी सांस लेने के व्यायाम, या अन्य आराम तकनीकों का अभ्यास कर सकते हैं।

2.   **संतुलित आहार**: कन्या राशि के लोगों को एक संतुलित आहार का पालन करना चाहिए और नियमित भोजन करना चाहिए। उन्हें ताजे फल, सब्जियां, और पूरे अनाज खाने चाहिए और प्रोसेस्ड और जंक फूड से बचना चाहिए।

3. **नियमित व्यायाम**: कन्या राशि के लोगों को नियमित व्यायाम करना चाहिए। वे विविध व्यायाम जैसे दौड़ना, साइकिलिंग, तैराकी, या योग का आनंद ले सकते हैं।

4. **पर्याप्त आराम**: कन्या राशि के लोगों को पर्याप्त आराम करना चाहिए। उन्हें हर रात 7-8 घंटे की नींद लेनी चाहिए और दिन के दौरान छोटे-छोटे ब्रेक लेने चाहिए।

5. **आत्म-देखभाल**: कन्या राशि के लोगों को आत्म-देखभाल का अभ्यास करना चाहिए। उन्हें अपने लिए समय निकालना चाहिए और अपनी जरूरतों और भावनाओं का ख्याल रखना चाहिए।

प्रसिद्ध कन्या राशि के व्यक्ति

कन्या राशि के कई प्रसिद्ध व्यक्ति हैं जिन्होंने विभिन्न क्षेत्रों में अपनी छाप छोड़ी है। यहां कुछ प्रसिद्ध कन्या राशि के व्यक्तियों की सूची दी गई है:

अभिनेता और अभिनेत्रियां

1. **ब्लेक लाइवली**: अमेरिकी अभिनेत्री, जो गॉसिप गर्ल में सेरेना वैन डर वुडसेन की भूमिका के लिए जानी जाती हैं।

2. **कीनू रीव्स**: कनाडाई अभिनेता, जो द मैट्रिक्स और जॉन विक फिल्म श्रृंखला के लिए जाने जाते हैं।

3. **सलमा हायेक**: मैक्सिकन-अमेरिकी अभिनेत्री, जो फ्रिडा और डेस्परेडो फिल्मों के लिए जानी जाती हैं।

4. **क्रिस पाइन**: अमेरिकी अभिनेता, जो स्टार ट्रेक फिल्म श्रृंखला में कैप्टन जेम्स टी. किर्क की भूमिका के लिए जाने जाते हैं।

5. **कैमरन डायज**: अमेरिकी अभिनेत्री, जो चार्ली के एंजेल्स और शेक फिल्मों के लिए जानी जाती हैं।

संगीतकार

1. **बियॉन्से**: अमेरिकी गायिका, गीतकार, और अभिनेत्री, जिन्हें "क्वीन बी" के रूप में जाना जाता है।

2. **फ्रेडी मर्क्युरी**: ब्रिटिश गायक, गीतकार, और रिकॉर्ड प्रोड्यूसर, जो रॉक बैंड क्वीन के लीड वोकलिस्ट थे।

3. **माइकल जैक्सन**: अमेरिकी गायक, गीतकार, और नर्तक, जिन्हें "पॉप के राजा" के रूप में जाना जाता है।

4. **लियोनार्ड कोहेन**: कनाडाई गायक, गीतकार, कवि, और उपन्यासकार।

5. **लेडी गागा**: अमेरिकी गायिका, गीतकार, और अभिनेत्री, जो अपने अनोखे फैशन सेंस और संगीत शैली के लिए जानी जाती हैं।

खिलाड़ी

1. **सेरेना विलियम्स**: अमेरिकी टेनिस खिलाड़ी, जिन्होंने कई ग्रैंड स्लैम खिताब जीते हैं।

2. **टॉम ब्रैडी**: अमेरिकी फुटबॉल खिलाड़ी, जो न्यू इंग्लैंड पैट्रियट्स और टैम्पा बे बुकानियर्स के क्वार्टरबैक रहे हैं।

3. **निक जोनास**: अमेरिकी गायक, गीतकार, और अभिनेता, जो जोनास ब्रदर्स बैंड के सदस्य हैं।

4. **जेसन स्टेथम**: ब्रिटिश अभिनेता और पूर्व डाइवर।

5. **रिकी पोंटिंग**: ऑस्ट्रेलियाई क्रिकेट खिलाड़ी और पूर्व कप्तान।

राजनेता और नेता

1. **वारेन बफेट**: अमेरिकी व्यवसायी, निवेशक, और परोपकारी, जो बर्कशायर हैथवे के सीईओ हैं।

2. **मदर टेरेसा**: अल्बानियाई-भारतीय रोमन कैथोलिक नन और मिशनरी, जिन्होंने मिशनरीज ऑफ चैरिटी की स्थापना की।

3. **लिंडन बी. जॉनसन**: अमेरिका के 36वें राष्ट्रपति।

4. **जॉन मैकेन**: अमेरिकी राजनेता और सैन्य अधिकारी, जो अरिजोना से सीनेटर थे।

5. **जिमी फालन**: अमेरिकी कॉमेडियन, अभिनेता, और टेलीविजन होस्ट, जो द टुनाइट शो स्टारिंग जिमी फालन के होस्ट हैं।

कन्या राशि के लिए ज्योतिषीय उपाय

कन्या राशि के लोगों के लिए कुछ ज्योतिषीय उपाय हैं जो उन्हें अपने जीवन के विभिन्न पहलुओं में सफलता और संतुलन प्राप्त करने में मदद कर सकते हैं। यहां कन्या राशि के लोगों के लिए कुछ ज्योतिषीय उपाय दिए गए हैं:

रत्न और उपरत्न

1. **पन्ना (Emerald)**: कन्या राशि का मुख्य रत्न पन्ना है, जो बुध ग्रह से जुड़ा है। पन्ना पहनने से कन्या राशि के लोगों को बुद्धि, संचार क्षमता, और विश्लेषणात्मक सोच मिल सकती है। यह उन्हें अपने लक्ष्यों को प्राप्त करने और अपने क्षेत्र में सफलता प्राप्त करने में मदद कर सकता है।

2.	**जेड (Jade)**: जेड कन्या राशि के लिए एक उपरत्न है। यह रत्न कन्या राशि के लोगों को शांति, संतुलन, और सद्भाव प्रदान कर सकता है। यह उन्हें अपने तनाव और चिंता को प्रबंधित करने और अपने जीवन में संतुलन प्राप्त करने में मदद कर सकता है।

3.	**पेरिडोट (Peridot)**: पेरिडोट भी कन्या राशि के लिए एक उपरत्न है। यह रत्न कन्या राशि के लोगों को शक्ति, आत्मविश्वास, और सकारात्मकता प्रदान कर सकता है। यह उन्हें अपने आत्म-संदेह को दूर करने और अपनी क्षमताओं पर भरोसा करने में मदद कर सकता है।

मंत्र और स्तोत्र

1.	**बुध मंत्र**: "ॐ बुं बुधाय नमः" या "ॐ ब्रां ब्रीं ब्रौं सः बुधाय नमः" बुध ग्रह के मंत्र हैं, जो कन्या राशि के शासक ग्रह हैं। इन मंत्रों का जाप करने से कन्या राशि के लोगों को बुध ग्रह के नकारात्मक प्रभावों से बचने और सकारात्मक प्रभावों को बढ़ाने में मदद मिल सकती है।

2.	**बुध स्तोत्र**: बुध स्तोत्र बुध देवता की स्तुति का एक प्राचीन स्तोत्र है। इस स्तोत्र का पाठ करने से कन्या राशि के लोगों को बुध ग्रह के नकारात्मक प्रभावों से बचने और सकारात्मक प्रभावों को बढ़ाने में मदद मिल सकती है।

3.   **विष्णु सहस्रनाम**: विष्णु सहस्रनाम भगवान विष्णु के एक हजार नामों का एक प्राचीन स्तोत्र है। इस स्तोत्र का पाठ करने से कन्या राशि के लोगों को शांति, संतुलन, और सद्भाव प्राप्त करने में मदद मिल सकती है।

दान और धार्मिक अनुष्ठान

1.   **बुधवार का व्रत**: बुधवार बुध ग्रह का दिन है। बुधवार को व्रत रखने और बुध देवता की पूजा करने से कन्या राशि के लोगों को बुध ग्रह के नकारात्मक प्रभावों से बचने और सकारात्मक प्रभावों को बढ़ाने में मदद मिल सकती है।

2.   **हरी वस्तुओं का दान**: हरा रंग बुध ग्रह का रंग है। हरी वस्तुओं जैसे हरे कपड़े, हरी मिठाई, या हरे फूल का दान करने से कन्या राशि के लोगों को बुध ग्रह के नकारात्मक प्रभावों से बचने और सकारात्मक प्रभावों को बढ़ाने में मदद मिल सकती है।

3.   **बुध यंत्र की स्थापना**: बुध यंत्र एक धार्मिक प्रतीक है जो बुध ग्रह की शक्ति को आकर्षित करता है। बुध यंत्र की स्थापना करने और उसकी पूजा करने से कन्या राशि के लोगों को बुध ग्रह के नकारात्मक प्रभावों से बचने और सकारात्मक प्रभावों को बढ़ाने में मदद मिल सकती है।

वास्तु और फेंगशुई के सुझाव

1. **हरे रंग का उपयोग**: हरा रंग बुध ग्रह का रंग है और कन्या राशि के लोगों के लिए शुभ माना जाता है। कन्या राशि के लोग अपने घर या कार्यस्थल में हरे रंग का उपयोग कर सकते हैं, जैसे हरी दीवारें, हरा फर्नीचर, या हरे सजावटी सामान।

2. **उत्तर दिशा का महत्व**: उत्तर दिशा बुध ग्रह की दिशा है। कन्या राशि के लोग अपने घर या कार्यस्थल में उत्तर दिशा का विशेष ध्यान रख सकते हैं और इस दिशा में शुभ वस्तुओं को रख सकते हैं।

3. **बुध की तस्वीर या प्रतीक का उपयोग**: कन्या राशि के लोग अपने घर या कार्यस्थल में बुध की तस्वीर या प्रतीक का उपयोग कर सकते हैं, जो उन्हें बुध ग्रह की सकारात्मक ऊर्जा प्राप्त करने में मदद कर सकता है।

निष्कर्ष

कन्या राशि ज्योतिष चक्र की छठी राशि है, जो विश्लेषणात्मकता, व्यावहारिकता, और सेवाभावी प्रकृति का प्रतीक है। कन्या राशि के लोग अपनी विश्लेषणात्मक बुद्धि, व्यावहारिकता, और सेवाभावी प्रकृति के लिए जाने जाते हैं। वे विवरणों पर ध्यान देते हैं, व्यवस्थित होते हैं, और अपने कार्यों में पूर्णता की खोज करते हैं।

कन्या राशि के लोगों के व्यक्तित्व लक्षण उन्हें कुछ विशेष करियर और व्यावसायिक क्षेत्रों के लिए अधिक उपयुक्त बनाते हैं, जैसे स्वास्थ्य और चिकित्सा, वित्त और लेखा, शिक्षा और अनुसंधान, प्रबंधन और संगठन, और विश्लेषण और समस्या समाधान। उनके प्रेम और संबंधों में, वे समर्पण, वफादारी, स्थिरता, और ईमानदारी को महत्व देते हैं, और वे अपने साथी की देखभाल करना और उनकी जरूरतों का ख्याल रखना पसंद करते हैं।

कन्या राशि के लोगों के स्वास्थ्य और कल्याण के लिए, उन्हें अपने पाचन तंत्र पर ध्यान देना चाहिए, तनाव और चिंता को प्रबंधित करना चाहिए, संतुलित आहार का पालन करना चाहिए, नियमित व्यायाम करना चाहिए, और पर्याप्त आराम करना चाहिए। उनके लिए कुछ ज्योतिषीय उपाय भी हैं, जैसे पन्ना पहनना, बुध मंत्रों का जाप करना, और बुधवार का व्रत रखना, जो उन्हें अपने जीवन के विभिन्न पहलुओं में सफलता और संतुलन प्राप्त करने में मदद कर सकते हैं।

अंत में, कन्या राशि के लोगों को अपने गुणों का लाभ उठाना चाहिए और अपनी कमजोरियों पर काम करना चाहिए। उन्हें अपनी विश्लेषणात्मक बुद्धि, व्यावहारिकता, और सेवाभावी प्रकृति का उपयोग अपने लक्ष्यों को प्राप्त करने के लिए करना चाहिए, लेकिन साथ ही उन्हें अपनी आलोचनात्मकता, पूर्णतावाद, और आत्म-संदेह को प्रबंधित करना सीखना चाहिए।

अध्याय 9: तुला राशि (Libra) - 23 सितंबर से 22 अक्टूबर

तुला राशि का परिचय

तुला राशि ज्योतिष चक्र की सातवीं राशि है, जो 23 सितंबर से 22 अक्टूबर तक चलती है। इस राशि का प्रतीक तराजू है, जो इसके संतुलित, न्यायप्रिय और सौंदर्यप्रिय स्वभाव का प्रतिनिधित्व करता है। तुला राशि वायु तत्व से संबंधित है, जो इसे बौद्धिक, सामाजिक और संचारशील बनाता है।

तुला राशि एक चर राशि है, जो इसके सक्रिय, गतिशील और परिवर्तनशील स्वभाव को दर्शाता है। तुला राशि का शासक ग्रह शुक्र है, जो प्रेम, सौंदर्य और सामंजस्य का प्रतिनिधित्व करता है। यह संयोग तुला राशि के लोगों को सौंदर्यप्रिय, प्रेमपूर्ण और सामंजस्यपूर्ण बनाता है।

तुला राशि शरद ऋतु के प्रारंभ का प्रतीक है, जब दिन और रात बराबर होते हैं। इसी तरह, तुला राशि के लोग अपने जीवन में संतुलन और सामंजस्य की खोज करते हैं। वे न्याय, समानता और सद्भाव के प्रति समर्पित

होते हैं, और वे अपने आसपास के लोगों के बीच शांति और सामंजस्य बनाए रखने का प्रयास करते हैं।

तुला राशि के व्यक्तित्व लक्षण

तुला राशि के लोगों का व्यक्तित्व उनके वायु तत्व और चर गुण से गहराई से प्रभावित होता है। यहां तुला राशि के कुछ प्रमुख व्यक्तित्व लक्षण दिए गए हैं:

संतुलित और न्यायप्रिय

तुला राशि के लोग अपने संतुलित और न्यायप्रिय स्वभाव के लिए जाने जाते हैं। वे हर स्थिति में संतुलन और न्याय की खोज करते हैं और सभी पक्षों को सुनने और समझने का प्रयास करते हैं। उनकी यह संतुलित और न्यायप्रिय प्रकृति उन्हें अच्छे मध्यस्थ और निर्णायक बनाती है।

सौंदर्यप्रिय और कलात्मक

तुला राशि के लोग अपनी सौंदर्यप्रियता और कलात्मकता के लिए जाने जाते हैं। वे सुंदरता, कला और सौंदर्य को सराहते हैं और अपने आसपास के वातावरण को सुंदर और सुखद बनाने का प्रयास करते हैं। उनकी यह सौंदर्यप्रियता और कलात्मकता उन्हें कला, डिजाइन और सौंदर्य से संबंधित क्षेत्रों में सफलता प्राप्त करने में मदद करती है।

सामाजिक और मिलनसार

तुला राशि के लोग अपनी सामाजिकता और मिलनसारिता के लिए जाने जाते हैं। वे लोगों के साथ बातचीत करना, नए संबंध बनाना और सामाजिक गतिविधियों में भाग लेना पसंद करते हैं। उनकी यह सामाजिकता और मिलनसारिता उन्हें अच्छे मित्र, साथी और सहकर्मी बनाती है।

कूटनीतिक और सहयोगी

तुला राशि के लोग अपनी कूटनीति और सहयोगिता के लिए जाने जाते हैं। वे संघर्ष से बचते हैं और सहयोग और समझौते के माध्यम से समस्याओं को हल करने का प्रयास करते हैं। उनकी यह कूटनीति और सहयोगिता उन्हें टीम वर्क और सामूहिक प्रयासों में सफलता प्राप्त करने में मदद करती है।

अनिर्णायक और द्विधाग्रस्त

तुला राशि के लोग कभी-कभी अनिर्णायक और द्विधाग्रस्त हो सकते हैं। वे सभी विकल्पों और परिणामों पर विचार करते हैं और निर्णय लेने में समय लेते हैं। उनकी यह अनिर्णायकता और द्विधा उन्हें महत्वपूर्ण निर्णय लेने में देरी कर सकती है और उन्हें तनाव और चिंता दे सकती है।

शांतिप्रिय और सामंजस्यपूर्ण

तुला राशि के लोग अपनी शांतिप्रियता और सामंजस्यपूर्ण प्रकृति के लिए जाने जाते हैं। वे संघर्ष और विवाद से बचते हैं और अपने आसपास के लोगों के बीच शांति और सामंजस्य बनाए रखने का प्रयास करते हैं। उनकी यह शांतिप्रियता और सामंजस्यपूर्ण प्रकृति उन्हें अच्छे मध्यस्थ और शांतिदूत बनाती है।

आकर्षक और चार्मिंग

तुला राशि के लोग अपने आकर्षण और चार्म के लिए जाने जाते हैं। वे अपने व्यक्तित्व, बातचीत और व्यवहार से लोगों को आकर्षित और प्रभावित करते हैं। उनका यह आकर्षण और चार्म उन्हें सामाजिक और व्यावसायिक संबंधों में सफलता प्राप्त करने में मदद करता है।

प्रेमपूर्ण और रोमांटिक

तुला राशि के लोग अपनी प्रेमपूर्ण और रोमांटिक प्रकृति के लिए जाने जाते हैं। वे प्रेम, रोमांस और भावनात्मक संबंधों को महत्व देते हैं और अपने साथी के साथ गहरा और अर्थपूर्ण संबंध बनाना चाहते हैं। उनकी यह प्रेमपूर्ण और रोमांटिक प्रकृति उन्हें अच्छे प्रेमी और साथी बनाती है।

तुला राशि के गुण और कमजोरियां

हर राशि की तरह, तुला राशि के भी अपने विशिष्ट गुण और कमजोरियां हैं। यहां तुला राशि के कुछ प्रमुख गुण और कमजोरियां दी गई हैं:

गुण

1. **संतुलित और न्यायप्रिय**: तुला राशि के लोग अत्यधिक संतुलित और न्यायप्रिय होते हैं, जो उन्हें सभी पक्षों को सुनने और समझने में मदद करता है।

2. **सौंदर्यप्रिय और कलात्मक**: तुला राशि के लोग अत्यधिक सौंदर्यप्रिय और कलात्मक होते हैं, जो उन्हें कला, डिजाइन और सौंदर्य से संबंधित क्षेत्रों में सफलता प्राप्त करने में मदद करता है।

3. **सामाजिक और मिलनसार**: तुला राशि के लोग अत्यधिक सामाजिक और मिलनसार होते हैं, जो उन्हें अच्छे मित्र, साथी और सहकर्मी बनाता है।

4. **कूटनीतिक और सहयोगी**: तुला राशि के लोग अत्यधिक कूटनीतिक और सहयोगी होते हैं, जो उन्हें टीम वर्क और सामूहिक प्रयासों में सफलता प्राप्त करने में मदद करता है।

5. **शांतिप्रिय और सामंजस्यपूर्ण**: तुला राशि के लोग अत्यधिक शांतिप्रिय और सामंजस्यपूर्ण होते हैं, जो उन्हें अच्छे मध्यस्थ और शांतिदूत बनाता है।

कमजोरियां

1. **अनिर्णायकता**: तुला राशि के लोग कभी-कभी अत्यधिक अनिर्णायक हो सकते हैं, जो उन्हें महत्वपूर्ण निर्णय लेने में देरी कर सकता है।

2. **द्विधा**: तुला राशि के लोग कभी-कभी द्विधा में पड़ सकते हैं और दो विकल्पों के बीच फंस सकते हैं, जो उन्हें तनाव और चिंता दे सकता है।

3. **संघर्ष से बचना**: तुला राशि के लोग कभी-कभी संघर्ष से बचने के लिए अपने विचारों और भावनाओं को दबा सकते हैं, जो उनके मानसिक स्वास्थ्य को प्रभावित कर सकता है।

4. **दूसरों पर निर्भरता**: तुला राशि के लोग कभी-कभी दूसरों पर अत्यधिक निर्भर हो सकते हैं और अपने निर्णयों और कार्यों के लिए दूसरों की राय और समर्थन पर भरोसा कर सकते हैं।

5. **सतही**: तुला राशि के लोग कभी-कभी सतही हो सकते हैं और गहरे मुद्दों और भावनाओं से बचने का प्रयास कर सकते हैं, जो उनके संबंधों और व्यक्तिगत विकास को प्रभावित कर सकता है।

तुला राशि के लिए करियर और व्यावसायिक मार्गदर्शन

तुला राशि के लोगों के व्यक्तित्व लक्षण उन्हें कुछ विशेष करियर और व्यावसायिक क्षेत्रों के लिए अधिक उपयुक्त बनाते हैं। यहां तुला राशि के लोगों के लिए कुछ अनुकूल करियर विकल्प और व्यावसायिक मार्गदर्शन दिया गया है:

अनुकूल करियर विकल्प

1. **कानून और न्याय:** तुला राशि के लोगों की न्यायप्रिय प्रकृति और संतुलित दृष्टिकोण उन्हें कानून और न्याय के क्षेत्र के लिए आदर्श बनाते हैं। वे वकील, न्यायाधीश, या मध्यस्थ के रूप में सफल हो सकते हैं।

2. **कला और डिजाइन:** तुला राशि के लोगों की सौंदर्यप्रियता और कलात्मकता उन्हें कला और डिजाइन के क्षेत्र के लिए उपयुक्त बनाती है। वे कलाकार, डिजाइनर, या आर्किटेक्ट के रूप में सफल हो सकते हैं।

3. **सार्वजनिक संबंध और मार्केटिंग:** तुला राशि के लोगों की सामाजिकता और आकर्षक व्यक्तित्व उन्हें सार्वजनिक संबंध और मार्केटिंग के क्षेत्र के लिए उपयुक्त बनाते हैं। वे पीआर स्पेशलिस्ट, मार्केटिंग मैनेजर, या ब्रांड एंबेसडर के रूप में सफल हो सकते हैं।

4.	**कूटनीति और अंतरराष्ट्रीय संबंध**: तुला राशि के लोगों की कूटनीति और सहयोगिता उन्हें कूटनीति और अंतरराष्ट्रीय संबंध के क्षेत्र के लिए उपयुक्त बनाती है। वे राजनयिक, अंतरराष्ट्रीय संबंध विशेषज्ञ, या विदेश सेवा अधिकारी के रूप में सफल हो सकते हैं।

5.	**मनोविज्ञान और परामर्श**: तुला राशि के लोगों की समझदारी और सहानुभूति उन्हें मनोविज्ञान और परामर्श के क्षेत्र के लिए उपयुक्त बनाती है। वे मनोवैज्ञानिक, परामर्शदाता, या थेरेपिस्ट के रूप में सफल हो सकते हैं।

व्यावसायिक मार्गदर्शन

1.	**अपनी सामाजिकता का लाभ उठाएं**: तुला राशि के लोग अत्यधिक सामाजिक होते हैं, जो उन्हें व्यावसायिक दुनिया में मूल्यवान बनाता है। वे अपनी सामाजिकता का उपयोग नेटवर्किंग, संबंध बनाने और सहयोग करने के लिए कर सकते हैं।

2.	**अपनी कूटनीति का उपयोग करें**: तुला राशि के लोग अत्यधिक कूटनीतिक होते हैं, जो उन्हें संघर्ष को हल करने और समझौते तक पहुंचने में मदद करता है। वे अपनी कूटनीति का उपयोग व्यावसायिक बातचीत, टीम प्रबंधन और ग्राहक संबंधों में कर सकते हैं।

3. **अपनी सौंदर्यप्रियता का लाभ उठाएं:**
तुला राशि के लोग अत्यधिक सौंदर्यप्रिय होते हैं, जो
उन्हें कला, डिजाइन और सौंदर्य से संबंधित क्षेत्रों में
मूल्यवान बनाता है। वे अपनी सौंदर्यप्रियता का
उपयोग अपने कार्य में सुंदरता और सौंदर्य लाने के
लिए कर सकते हैं।

4. **अपनी अनिर्णायकता को प्रबंधित करें:**
तुला राशि के लोग कभी-कभी अनिर्णायक हो सकते
हैं, जो उनके व्यावसायिक निर्णयों को प्रभावित कर
सकता है। उन्हें अपनी अनिर्णायकता को प्रबंधित
करने और निर्णय लेने की प्रक्रिया को सरल बनाने
का प्रयास करना चाहिए।

5. **अपनी संतुलित दृष्टिकोण का लाभ
उठाएं:** तुला राशि के लोग अत्यधिक संतुलित होते
हैं, जो उन्हें सभी पक्षों को सुनने और समझने में
मदद करता है। वे अपने संतुलित दृष्टिकोण का
उपयोग न्यायपूर्ण और समझदारी से निर्णय लेने के
लिए कर सकते हैं।

तुला राशि के लिए प्रेम और संबंध

तुला राशि के लोगों के व्यक्तित्व लक्षण उनके प्रेम
और संबंधों को भी प्रभावित करते हैं। यहां तुला राशि के
लोगों के प्रेम और संबंधों के बारे में कुछ अंतर्दृष्टि दी गई
है:

प्रेम में तुला

1. **रोमांटिक और प्रेमपूर्ण**: तुला राशि के लोग अपने प्रेम संबंधों में अत्यधिक रोमांटिक और प्रेमपूर्ण होते हैं। वे अपने साथी को विशेष महसूस कराना चाहते हैं और उन्हें रोमांटिक जेस्चर, उपहार और आश्चर्य देना पसंद करते हैं।

2. **समर्पित और वफादार**: तुला राशि के लोग अपने प्रेम संबंधों में अत्यधिक समर्पित और वफादार होते हैं। वे अपने साथी के प्रति पूरी तरह से समर्पित होते हैं और उनकी वफादारी अटूट होती है।

3. **सामंजस्यपूर्ण और सहयोगी**: तुला राशि के लोग अपने प्रेम संबंधों में अत्यधिक सामंजस्यपूर्ण और सहयोगी होते हैं। वे अपने साथी के साथ सामंजस्य और सहयोग बनाए रखना चाहते हैं और संघर्ष और विवाद से बचना चाहते हैं।

4. **संतुलित और न्यायप्रिय**: तुला राशि के लोग अपने प्रेम संबंधों में अत्यधिक संतुलित और न्यायप्रिय होते हैं। वे अपने और अपने साथी के बीच संतुलन और न्याय बनाए रखना चाहते हैं और दोनों के हितों और जरूरतों का ख्याल रखते हैं।

5. **सौंदर्यप्रिय और कलात्मक**: तुला राशि के लोग अपने प्रेम संबंधों में अत्यधिक सौंदर्यप्रिय और कलात्मक होते हैं। वे अपने साथी के साथ सुंदर और कलात्मक अनुभव साझा करना पसंद

करते हैं और उन्हें सुंदरता और कला से घिरा रहना पसंद है।

संबंधों में तुला

1.   **सामंजस्य और शांति**: तुला राशि के लोग अपने संबंधों में सामंजस्य और शांति को बहुत महत्व देते हैं। वे अपने साथी के साथ सामंजस्यपूर्ण और शांतिपूर्ण संबंध बनाए रखना चाहते हैं और संघर्ष और विवाद से बचना चाहते हैं।

2.   **संतुलन और न्याय**: तुला राशि के लोग अपने संबंधों में संतुलन और न्याय को बहुत महत्व देते हैं। वे अपने और अपने साथी के बीच संतुलन और न्याय बनाए रखना चाहते हैं और दोनों के हितों और जरूरतों का ख्याल रखते हैं।

3.   **सहयोग और समझौता**: तुला राशि के लोग अपने संबंधों में सहयोग और समझौते को बहुत महत्व देते हैं। वे अपने साथी के साथ सहयोग करना और समझौता करना पसंद करते हैं और एकतरफा निर्णय लेने से बचते हैं।

4.   **सामाजिकता और मिलनसारिता**: तुला राशि के लोग अपने संबंधों में सामाजिकता और मिलनसारिता को बहुत महत्व देते हैं। वे अपने साथी के साथ सामाजिक गतिविधियों में भाग लेना और नए लोगों से मिलना पसंद करते हैं।

5.   **रोमांस और भावुकता**: तुला राशि के लोग अपने संबंधों में रोमांस और भावुकता को बहुत

महत्व देते हैं। वे अपने साथी के साथ रोमांटिक पल बिताना और अपनी भावनाओं को व्यक्त करना पसंद करते हैं।

संगतता

तुला राशि के लोग कुछ राशियों के साथ अधिक संगत होते हैं, जबकि अन्य के साथ उनकी संगतता कम होती है। यहां तुला राशि की अन्य राशियों के साथ संगतता का एक संक्षिप्त विवरण दिया गया है:

उच्च संगतता

1.   **मिथुन और कुंभ**: ये दोनों वायु तत्व की राशियां हैं और तुला के साथ अच्छी तरह से मेल खाती हैं। वे तुला की बौद्धिकता, सामाजिकता, और संचारशीलता को समझते हैं और सराहना करते हैं।

2.   **सिंह और धनु**: ये अग्नि तत्व की राशियां हैं जो तुला के साथ अच्छी तरह से मेल खाती हैं। सिंह की आत्मविश्वास और धनु की स्वतंत्रता तुला की संतुलित और न्यायप्रिय प्रकृति के साथ संतुलित हो सकती है।

मध्यम संगतता

1.   **मेष और मकर**: ये राशियां तुला के साथ मध्यम संगतता रखती हैं। मेष की आक्रामकता और मकर की गंभीरता तुला की संतुलित और शांतिप्रिय

प्रकृति के साथ संतुलित हो सकती है, लेकिन कभी-कभी संघर्ष भी हो सकता है।

2. **कर्क और मीन:** ये जल तत्व की राशियां हैं जो तुला के साथ मध्यम संगतता रखती हैं। कर्क की भावनात्मकता और मीन की संवेदनशीलता तुला की बौद्धिकता और संतुलित प्रकृति के साथ संतुलित हो सकती है, लेकिन कभी-कभी संघर्ष भी हो सकता है।

निम्न संगतता

1. **वृषभ और कन्या:** ये पृथ्वी तत्व की राशियां हैं जो तुला के साथ कम संगतता रखती हैं। वृषभ की स्थिरता और कन्या की व्यावहारिकता तुला की चंचलता और सौंदर्यप्रियता के साथ संघर्ष कर सकती है।

2. **वृश्चिक:** वृश्चिक राशि तुला के साथ सबसे कम संगतता रखती है। वृश्चिक की गहनता और भावुकता तुला की सतहीता और संतुलित प्रकृति के साथ संघर्ष कर सकती है।

तुला राशि के लिए स्वास्थ्य और कल्याण

तुला राशि के लोगों के व्यक्तित्व लक्षण उनके स्वास्थ्य और कल्याण को भी प्रभावित करते हैं। यहां तुला राशि के लोगों के स्वास्थ्य और कल्याण के बारे में कुछ अंतर्दृष्टि दी गई है:

शारीरिक स्वास्थ्य

1.   **गुर्दे और मूत्राशय**: ज्योतिष के अनुसार, तुला राशि शरीर के गुर्दे और मूत्राशय से जुड़ी है। इसका मतलब है कि तुला राशि के लोगों को गुर्दे और मूत्राशय संबंधी समस्याएं, जैसे गुर्दे की पथरी, मूत्र संक्रमण, या मूत्र रोग हो सकते हैं।

2.   **पीठ और कमर**: तुला राशि के लोगों को अक्सर पीठ और कमर संबंधी समस्याएं हो सकती हैं, जैसे पीठ दर्द, कमर दर्द, या स्पाइनल डिस्क प्रॉब्लम्स।

3.   **त्वचा और बाल**: तुला राशि के लोगों की त्वचा और बाल अक्सर उनके स्वास्थ्य का प्रतिबिंब होते हैं। वे त्वचा संबंधी समस्याओं, जैसे एक्जिमा, सोरायसिस, या एक्ने से पीड़ित हो सकते हैं।

4.   **संतुलन और समन्वय**: तुला राशि के लोगों को अक्सर संतुलन और समन्वय संबंधी समस्याएं हो सकती हैं, जैसे चक्कर आना, असंतुलन, या समन्वय की कमी।

5.   **हार्मोनल असंतुलन**: तुला राशि के लोगों को अक्सर हार्मोनल असंतुलन की समस्याएं हो सकती हैं, जो उनके मूड, ऊर्जा स्तर, और समग्र स्वास्थ्य को प्रभावित कर सकती हैं।

मानसिक और भावनात्मक स्वास्थ्य

1. **अनिर्णयकता और द्विधा**: तुला राशि के लोगों की अनिर्णयकता और द्विधा उनके मानसिक स्वास्थ्य को प्रभावित कर सकती है। वे निर्णय लेने में कठिनाई महसूस कर सकते हैं और दो विकल्पों के बीच फंस सकते हैं, जो उन्हें तनाव और चिंता दे सकता है।

2. **संघर्ष से बचना**: तुला राशि के लोग अक्सर संघर्ष से बचने के लिए अपने विचारों और भावनाओं को दबा सकते हैं, जो उनके मानसिक स्वास्थ्य को प्रभावित कर सकता है और उन्हें अवसाद और चिंता दे सकता है।

3. **दूसरों पर निर्भरता**: तुला राशि के लोग अक्सर दूसरों पर अत्यधिक निर्भर हो सकते हैं और अपने निर्णयों और कार्यों के लिए दूसरों की राय और समर्थन पर भरोसा कर सकते हैं, जो उनके आत्मविश्वास और आत्मसम्मान को प्रभावित कर सकता है।

4. **सामाजिक स्वीकृति की आवश्यकता**: तुला राशि के लोगों को अक्सर सामाजिक स्वीकृति की आवश्यकता होती है, और वे दूसरों की राय और प्रतिक्रिया पर अत्यधिक ध्यान दे सकते हैं, जो उनके मानसिक स्वास्थ्य को प्रभावित कर सकता है।

5. **संतुलन की खोज**: तुला राशि के लोग अक्सर अपने जीवन में संतुलन की खोज करते हैं, और जब वे इसे प्राप्त नहीं कर पाते, तो वे तनाव, चिंता, और असंतोष महसूस कर सकते हैं।

स्वास्थ्य और कल्याण के लिए सुझाव

1. **संतुलित आहार**: तुला राशि के लोगों को एक संतुलित आहार का पालन करना चाहिए, जिसमें सभी आवश्यक पोषक तत्व शामिल हों। उन्हें विशेष रूप से गुर्दें और मूत्राशय के स्वास्थ्य के लिए पर्याप्त पानी पीना चाहिए।

2. **नियमित व्यायाम**: तुला राशि के लोगों को नियमित व्यायाम करना चाहिए, विशेष रूप से ऐसे व्यायाम जो संतुलन और समन्वय को बढ़ावा देते हैं, जैसे योग, ताई ची, या पिलेट्स।

3. **तनाव प्रबंधन**: तुला राशि के लोगों को अपने तनाव और चिंता को प्रबंधित करने के लिए तनाव प्रबंधन तकनीकों का अभ्यास करना चाहिए, जैसे ध्यान, गहरी सांस लेने के व्यायाम, या प्रगतिशील मांसपेशी विश्राम।

4. **निर्णय लेने का अभ्यास**: तुला राशि के लोगों को निर्णय लेने का अभ्यास करना चाहिए और अपनी अनिर्णायिकता और द्विधा को प्रबंधित करने के लिए तकनीकों का उपयोग करना चाहिए, जैसे

प्रोस और कॉन्स की सूची बनाना या समय सीमा निर्धारित करना।

5. **सीमाएं निर्धारित करना**: तुला राशि के लोगों को अपने संबंधों में स्वस्थ सीमाएं निर्धारित करना सीखना चाहिए और अपने विचारों और भावनाओं को व्यक्त करने का साहस विकसित करना चाहिए, भले ही इससे संघर्ष हो।

प्रसिद्ध तुला राशि के व्यक्ति

तुला राशि के कई प्रसिद्ध व्यक्ति हैं जिन्होंने विभिन्न क्षेत्रों में अपनी छाप छोड़ी है। यहां कुछ प्रसिद्ध तुला राशि के व्यक्तियों की सूची दी गई है:

अभिनेता और अभिनेत्रियां

1. **विल स्मिथ**: अमेरिकी अभिनेता, निर्माता, और रैपर, जो फ्रेश प्रिंस ऑफ बेल-एयर, मेन इन ब्लैक, और पर्सूट ऑफ हैप्पीनेस जैसी फिल्मों के लिए जाने जाते हैं।

2. **गैंडाल्फ**: ब्रिटिश अभिनेता, जो लॉर्ड ऑफ द रिंग्स और द हॉबिट फिल्म श्रृंखला में गैंडाल्फ की भूमिका के लिए जाने जाते हैं।

3. **केट विंसलेट**: ब्रिटिश अभिनेत्री, जो टाइटैनिक, इटरनल सनशाइन ऑफ द स्पॉटलेस माइंड, और रीडर जैसी फिल्मों के लिए जानी जाती हैं।

4. **हयूग जैकमैन**: ऑस्ट्रेलियाई अभिनेता, जो एक्स-मेन फिल्म श्रृंखला में वुल्वरीन की भूमिका के लिए जाने जाते हैं।

5. **गवेनेथ पाल्ट्रो**: अमेरिकी अभिनेत्री, जो शेक्सपियर इन लव, आयरन मैन, और द रॉयल टेनेनबॉम्स जैसी फिल्मों के लिए जानी जाती हैं।

संगीतकार

1. **जॉन लेनन**: ब्रिटिश संगीतकार, जो रॉक बैंड द बीटल्स के सदस्य थे।

2. **ब्रूनो मार्स**: अमेरिकी गायक, गीतकार, और रिकॉर्ड प्रोड्यूसर, जो अपने हिट गानों जैसे "जस्ट द वे यू आर", "अपटाउन फंक", और "24K मैजिक" के लिए जाने जाते हैं।

3. **एमिनेम**: अमेरिकी रैपर, गीतकार, और रिकॉर्ड प्रोड्यूसर, जो अपने हिट गानों जैसे "लूज योरसेल्फ", "विदाउट मी", और "नॉट अफ्रेड" के लिए जाने जाते हैं।

4. **उषा उत्थुप**: भारतीय गायिका, जो अपने भजनों और फिल्मी गानों के लिए जानी जाती हैं।

5. **थॉम यॉर्क**: ब्रिटिश संगीतकार, जो रॉक बैंड रेडियोहेड के लीड वोकलिस्ट हैं।

खिलाड़ी

1. **रोजर फेडरर**: स्विस टेनिस खिलाड़ी, जिन्होंने कई ग्रैंड स्लैम खिताब जीते हैं।

2. **सेरेना विलियम्स**: अमेरिकी टेनिस खिलाड़ी, जिन्होंने कई ग्रैंड स्लैम खिताब जीते हैं।

3. **डेविड बेकहम**: ब्रिटिश फुटबॉल खिलाड़ी, जो मैनचेस्टर यूनाइटेड और रियल मैड्रिड के लिए खेले हैं।

4. **लैंडन डोनोवन**: अमेरिकी फुटबॉल खिलाड़ी, जो लॉस एंजिल्स गैलेक्सी और अमेरिकी राष्ट्रीय टीम के लिए खेले हैं।

5. **वेन रूनी**: ब्रिटिश फुटबॉल खिलाड़ी, जो मैनचेस्टर यूनाइटेड और इंग्लैंड राष्ट्रीय टीम के लिए खेले हैं।

राजनेता और नेता

1. **महात्मा गांधी**: भारतीय स्वतंत्रता सेनानी और राजनेता, जिन्होंने भारत को ब्रिटिश शासन से स्वतंत्रता दिलाने में महत्वपूर्ण भूमिका निभाई।

2. **जिमी कार्टर**: अमेरिका के 39वें राष्ट्रपति।

3. **एलेनोर रूजवेल्ट**: अमेरिकी राजनयिक, कार्यकर्ता, और पूर्व प्रथम महिला।

4.   **डेविड कैमरन**: ब्रिटेन के पूर्व प्रधानमंत्री।

5.   **जूलिया गिलार्ड**: ऑस्ट्रेलिया की पूर्व प्रधानमंत्री।

तुला राशि के लिए ज्योतिषीय उपाय

तुला राशि के लोगों के लिए कुछ ज्योतिषीय उपाय हैं जो उन्हें अपने जीवन के विभिन्न पहलुओं में सफलता और संतुलन प्राप्त करने में मदद कर सकते हैं। यहां तुला राशि के लोगों के लिए कुछ ज्योतिषीय उपाय दिए गए हैं:

रत्न और उपरत्न

1.   **हीरा (Diamond)**: तुला राशि का मुख्य रत्न हीरा है, जो शुक्र ग्रह से जुड़ा है। हीरा पहनने से तुला राशि के लोगों को प्रेम, सौंदर्य, और सामंजस्य मिल सकता है। यह उन्हें अपने संबंधों में सफलता प्राप्त करने और अपने जीवन में संतुलन और सामंजस्य बनाए रखने में मदद कर सकता है।

2.   **ओपल (Opal)**: ओपल तुला राशि के लिए एक उपरत्न है। यह रत्न तुला राशि के लोगों को रचनात्मकता, आत्मविश्वास, और स्पष्टता प्रदान कर सकता है। यह उन्हें अपनी रचनात्मकता को विकसित करने और अपने निर्णयों में स्पष्टता प्राप्त करने में मदद कर सकता है।

3. **सफेद सैफायर (White Sapphire):**

सफेद सैफायर भी तुला राशि के लिए एक उपरत्न है। यह रत्न तुला राशि के लोगों को शांति, संतुलन, और आध्यात्मिक जागरूकता प्रदान कर सकता है। यह उन्हें अपने जीवन में शांति और संतुलन प्राप्त करने और अपनी आध्यात्मिक यात्रा में आगे बढ़ने में मदद कर सकता है।

मंत्र और स्तोत्र

1. **शुक्र मंत्र:** "ॐ शुं शुक्राय नमः" या "ॐ द्रां द्रीं द्रौं सः शुक्राय नमः" शुक्र ग्रह के मंत्र हैं, जो तुला राशि के शासक ग्रह हैं। इन मंत्रों का जाप करने से तुला राशि के लोगों को शुक्र ग्रह के नकारात्मक प्रभावों से बचने और सकारात्मक प्रभावों को बढ़ाने में मदद मिल सकती है।

2. **शुक्र स्तोत्र:** शुक्र स्तोत्र शुक्र देवता की स्तुति का एक प्राचीन स्तोत्र है। इस स्तोत्र का पाठ करने से तुला राशि के लोगों को शुक्र ग्रह के नकारात्मक प्रभावों से बचने और सकारात्मक प्रभावों को बढ़ाने में मदद मिल सकती है।

3. **लक्ष्मी स्तोत्र:** लक्ष्मी स्तोत्र देवी लक्ष्मी की स्तुति का एक प्राचीन स्तोत्र है। इस स्तोत्र का पाठ करने से तुला राशि के लोगों को धन, समृद्धि, और सौभाग्य प्राप्त करने में मदद मिल सकती है।

दान और धार्मिक अनुष्ठान

1. **शुक्रवार का व्रत**: शुक्रवार शुक्र ग्रह का दिन है। शुक्रवार को व्रत रखने और शुक्र देवता की पूजा करने से तुला राशि के लोगों को शुक्र ग्रह के नकारात्मक प्रभावों से बचने और सकारात्मक प्रभावों को बढ़ाने में मदद मिल सकती है।

2. **सफेद वस्तुओं का दान**: सफेद रंग शुक्र ग्रह का रंग है। सफेद वस्तुओं जैसे सफेद कपड़े, सफेद मिठाई, या सफेद फूल का दान करने से तुला राशि के लोगों को शुक्र ग्रह के नकारात्मक प्रभावों से बचने और सकारात्मक प्रभावों को बढ़ाने में मदद मिल सकती है।

3. **शुक्र यंत्र की स्थापना**: शुक्र यंत्र एक धार्मिक प्रतीक है जो शुक्र ग्रह की शक्ति को आकर्षित करता है। शुक्र यंत्र की स्थापना करने और उसकी पूजा करने से तुला राशि के लोगों को शुक्र ग्रह के नकारात्मक प्रभावों से बचने और सकारात्मक प्रभावों को बढ़ाने में मदद मिल सकती है।

वास्तु और फेंगशुई के सुझाव

1. **सफेद रंग का उपयोग**: सफेद रंग शुक्र ग्रह का रंग है और तुला राशि के लोगों के लिए शुभ माना जाता है। तुला राशि के लोग अपने घर या कार्यस्थल में सफेद रंग का उपयोग कर सकते

हैं, जैसे सफेद दीवारें, सफेद फर्नीचर, या सफेद सजावटी सामान।

2. **दक्षिण-पूर्व दिशा का महत्व**: दक्षिण-पूर्व दिशा शुक्र ग्रह की दिशा है। तुला राशि के लोग अपने घर या कार्यस्थल में दक्षिण-पूर्व दिशा का विशेष ध्यान रख सकते हैं और इस दिशा में शुभ वस्तुओं को रख सकते हैं।

3. **शुक्र की तस्वीर या प्रतीक का उपयोग**: तुला राशि के लोग अपने घर या कार्यस्थल में शुक्र की तस्वीर या प्रतीक का उपयोग कर सकते हैं, जो उन्हें शुक्र ग्रह की सकारात्मक ऊर्जा प्राप्त करने में मदद कर सकता है।

निष्कर्ष

तुला राशि ज्योतिष चक्र की सातवीं राशि है, जो संतुलन, न्याय, और सौंदर्य का प्रतीक है। तुला राशि के लोग अपने संतुलित, न्यायप्रिय, और सौंदर्यप्रिय स्वभाव के लिए जाने जाते हैं। वे सामाजिक, मिलनसार, और कूटनीतिक होते हैं, और वे अपने आसपास के लोगों के बीच शांति और सामंजस्य बनाए रखने का प्रयास करते हैं।

तुला राशि के लोगों के व्यक्तित्व लक्षण उन्हें कुछ विशेष करियर और व्यावसायिक क्षेत्रों के लिए अधिक उपयुक्त बनाते हैं, जैसे कानून और न्याय, कला और

डिजाइन, सार्वजनिक संबंध और मार्केटिंग, कूटनीति और अंतरराष्ट्रीय संबंध, और मनोविज्ञान और परामर्श। उनके प्रेम और संबंधों में, वे रोमांटिक, समर्पित, सामंजस्यपूर्ण, संतुलित, और सौंदर्यप्रिय होते हैं, और वे अपने साथी के साथ सामंजस्य, शांति, और संतुलन बनाए रखना चाहते हैं।

तुला राशि के लोगों के स्वास्थ्य और कल्याण के लिए, उन्हें अपने गुर्दे और मूत्राशय पर ध्यान देना चाहिए, संतुलित आहार का पालन करना चाहिए, नियमित व्यायाम करना चाहिए, तनाव को प्रबंधित करना चाहिए, और निर्णय लेने का अभ्यास करना चाहिए। उनके लिए कुछ ज्योतिषीय उपाय भी हैं, जैसे हीरा पहनना, शुक्र मंत्रों का जाप करना, और शुक्रवार का व्रत रखना, जो उन्हें अपने जीवन के विभिन्न पहलुओं में सफलता और संतुलन प्राप्त करने में मदद कर सकते हैं।

अंत में, तुला राशि के लोगों को अपने गुणों का लाभ उठाना चाहिए और अपनी कमजोरियों पर काम करना चाहिए। उन्हें अपनी संतुलित, न्यायप्रिय, और सौंदर्यप्रिय प्रकृति का उपयोग अपने लक्ष्यों को प्राप्त करने के लिए करना चाहिए, लेकिन साथ ही उन्हें अपनी अनिर्णायकता, द्विधा, और संघर्ष से बचने की प्रवृत्ति को प्रबंधित करना सीखना चाहिए।

अध्याय 10: वृश्चिक राशि (Scorpio) - 23 अक्टूबर से 21 नवंबर

वृश्चिक राशि का परिचय

वृश्चिक राशि ज्योतिष चक्र की आठवीं राशि है, जो 23 अक्टूबर से 21 नवंबर तक चलती है। इस राशि का प्रतीक बिच्छू है, जो इसके तीव्र, रहस्यमय और शक्तिशाली स्वभाव का प्रतिनिधित्व करता है। वृश्चिक राशि जल तत्व से संबंधित है, जो इसे भावनात्मक, अंतर्ज्ञानी और गहरा बनाता है।

वृश्चिक राशि एक स्थिर राशि है, जो इसके दृढ़, स्थिर और अडिग स्वभाव को दर्शाता है। वृश्चिक राशि के शासक ग्रह मंगल और प्लूटो हैं, जो क्रमशः शक्ति, जुनून और परिवर्तन का प्रतिनिधित्व करते हैं। यह संयोग वृश्चिक राशि के लोगों को शक्तिशाली, जुनूनी और परिवर्तनकारी बनाता है।

वृश्चिक राशि शरद ऋतु के मध्य का प्रतीक है, जब प्रकृति में परिवर्तन और मृत्यु का समय होता है। इसी तरह, वृश्चिक राशि के लोग परिवर्तन, पुनर्जन्म और

आत्मिक विकास के प्रति समर्पित होते हैं। वे गहराई, सत्य और रहस्य की खोज करते हैं, और वे अपने आसपास के लोगों और परिस्थितियों को गहराई से समझने का प्रयास करते हैं।

वृश्चिक राशि के व्यक्तित्व लक्षण

वृश्चिक राशि के लोगों का व्यक्तित्व उनके जल तत्व और स्थिर गुण से गहराई से प्रभावित होता है। यहां वृश्चिक राशि के कुछ प्रमुख व्यक्तित्व लक्षण दिए गए हैं:

गहरा और रहस्यमय

वृश्चिक राशि के लोग अपनी गहराई और रहस्यमयता के लिए जाने जाते हैं। वे सतही बातों से परे देखते हैं और गहरे अर्थ और सत्य की खोज करते हैं। उनकी यह गहराई और रहस्यमयता उन्हें जटिल और रहस्यमय व्यक्ति बनाती है, जिन्हें समझना कठिन हो सकता है।

जुनूनी और तीव्र

वृश्चिक राशि के लोग अपने जुनून और तीव्रता के लिए जाने जाते हैं। वे अपने लक्ष्यों, विश्वासों और संबंधों के प्रति अत्यधिक समर्पित होते हैं और उन्हें पूरा करने के लिए अथक प्रयास करते हैं। उनका यह जुनून और तीव्रता उन्हें अपने लक्ष्यों को प्राप्त करने में मदद करती है, लेकिन कभी-कभी यह उन्हें अति-आग्रही और अनम्य भी बना सकती है।

अंतर्ज्ञानी और भावनात्मक

वृश्चिक राशि के लोग अपनी अंतर्ज्ञान और
भावनात्मकता के लिए जाने जाते हैं। वे अपनी अंतर्ज्ञान
पर भरोसा करते हैं और अक्सर बिना किसी स्पष्ट कारण
के चीजों को महसूस कर सकते हैं। उनकी यह अंतर्ज्ञान
और भावनात्मकता उन्हें दूसरों की भावनाओं और इरादों
को समझने में मदद करती है, लेकिन कभी-कभी यह
उन्हें अति-संवेदनशील और भावनात्मक रूप से अस्थिर
भी बना सकती है।

निष्ठावान और वफादार

वृश्चिक राशि के लोग अपनी निष्ठा और वफादारी के
लिए जाने जाते हैं। वे अपने मित्रों, परिवार और साथी के
प्रति अत्यधिक निष्ठावान और वफादार होते हैं और उनके
लिए कुछ भी करने को तैयार रहते हैं। उनकी यह निष्ठा
और वफादारी उन्हें विश्वसनीय और भरोसेमंद मित्र और
साथी बनाती है।

शक्तिशाली और नियंत्रणकारी

वृश्चिक राशि के लोग अपनी शक्ति और नियंत्रण के
लिए जाने जाते हैं। वे अपने जीवन और परिस्थितियों पर
नियंत्रण रखना चाहते हैं और अक्सर दूसरों पर भी
नियंत्रण रखने का प्रयास करते हैं। उनकी यह शक्ति और
नियंत्रण उन्हें मजबूत और आत्मनिर्भर बनाती है, लेकिन

कभी-कभी यह उन्हें हावी और नियंत्रणकारी भी बना
सकती है।

प्रतिशोधी और ईर्ष्यालु

वृश्चिक राशि के लोग कभी-कभी प्रतिशोधी और ईर्ष्यालु
हो सकते हैं। वे अपमान और धोखा बर्दाश्त नहीं करते
और अक्सर बदला लेने की इच्छा रखते हैं। उनकी यह
प्रतिशोधी और ईर्ष्यालु प्रकृति उन्हें कठोर और क्रूर बना
सकती है, लेकिन यह उन्हें अन्याय के खिलाफ लड़ने
और अपने अधिकारों की रक्षा करने में भी मदद करती
है।

परिवर्तनकारी और पुनर्जन्मी

वृश्चिक राशि के लोग अपनी परिवर्तनकारी और
पुनर्जन्मी प्रकृति के लिए जाने जाते हैं। वे अपने जीवन में
बार-बार परिवर्तन और पुनर्जन्म का अनुभव करते हैं और
हर बार पहले से मजबूत और ज्ञानी बनकर उभरते हैं।
उनकी यह परिवर्तनकारी और पुनर्जन्मी प्रकृति उन्हें
लचीला और अनुकूलनशील बनाती है।

वृश्चिक राशि के गुण और कमजोरियां

हर राशि की तरह, वृश्चिक राशि के भी अपने विशिष्ट
गुण और कमजोरियां हैं। यहां वृश्चिक राशि के कुछ प्रमुख
गुण और कमजोरियां दी गई हैं:

गुण

1. **दृढ़ संकल्प और साहस**: वृश्चिक राशि के लोग अत्यधिक दृढ़ संकल्पी और साहसी होते हैं, जो उन्हें कठिन परिस्थितियों का सामना करने और अपने लक्ष्यों को प्राप्त करने में मदद करता है।

2. **निष्ठा और वफादारी**: वृश्चिक राशि के लोग अत्यधिक निष्ठावान और वफादार होते हैं, जो उन्हें विश्वसनीय और भरोसेमंद मित्र और साथी बनाता है।

3. **अंतर्ज्ञान और भावनात्मक गहराई**: वृश्चिक राशि के लोग अत्यधिक अंतर्ज्ञानी और भावनात्मक रूप से गहरे होते हैं, जो उन्हें दूसरों की भावनाओं और इरादों को समझने में मदद करता है।

4. **जुनून और तीव्रता**: वृश्चिक राशि के लोग अत्यधिक जुनूनी और तीव्र होते हैं, जो उन्हें अपने लक्ष्यों को प्राप्त करने और अपने विश्वासों के लिए लड़ने में मदद करता है।

5. **परिवर्तनकारी और पुनर्जन्मी**: वृश्चिक राशि के लोग अत्यधिक परिवर्तनकारी और पुनर्जन्मी होते हैं, जो उन्हें कठिन परिस्थितियों से उबरने और हर बार पहले से मजबूत बनकर उभरने में मदद करता है।

कमजोरियां

1. **ईर्ष्या और संदेह:** वृश्चिक राशि के लोग कभी-कभी अत्यधिक ईर्ष्यालु और संदेही हो सकते हैं, जो उनके संबंधों और मानसिक शांति को प्रभावित कर सकता है।

2. **प्रतिशोध और क्रूरता:** वृश्चिक राशि के लोग कभी-कभी प्रतिशोधी और क्रूर हो सकते हैं, जो उन्हें दूसरों को चोट पहुंचाने और अपने संबंधों को नुकसान पहुंचाने का कारण बन सकता है।

3. **नियंत्रण और हावीपन:** वृश्चिक राशि के लोग कभी-कभी नियंत्रणकारी और हावी हो सकते हैं, जो उनके संबंधों और सहयोग को प्रभावित कर सकता है।

4. **गुप्तता और रहस्यमयता:** वृश्चिक राशि के लोग कभी-कभी अत्यधिक गुप्त और रहस्यमय हो सकते हैं, जो उन्हें दूसरों से दूर और अलग-थलग कर सकता है।

5. **अति-भावुकता और अस्थिरता:** वृश्चिक राशि के लोग कभी-कभी अति-भावुक और अस्थिर हो सकते हैं, जो उनके मानसिक स्वास्थ्य और संबंधों को प्रभावित कर सकता है।

वृश्चिक राशि के लिए करियर और व्यावसायिक मार्गदर्शन

वृश्चिक राशि के लोगों के व्यक्तित्व लक्षण उन्हें कुछ विशेष करियर और व्यावसायिक क्षेत्रों के लिए अधिक उपयुक्त बनाते हैं। यहां वृश्चिक राशि के लोगों के लिए कुछ अनुकूल करियर विकल्प और व्यावसायिक मार्गदर्शन दिया गया है:

अनुकूल करियर विकल्प

1. **जांच और अनुसंधान**: वृश्चिक राशि के लोगों की जांच और अनुसंधान की प्रवृत्ति उन्हें जांचकर्ता, अनुसंधानकर्ता, या फोरेंसिक विशेषज्ञ के रूप में सफल बना सकती है।

2. **मनोविज्ञान और मनोचिकित्सा**: वृश्चिक राशि के लोगों की मानव मन को समझने की क्षमता उन्हें मनोवैज्ञानिक, मनोचिकित्सक, या परामर्शदाता के रूप में सफल बना सकती है।

3. **वित्त और निवेश**: वृश्चिक राशि के लोगों की वित्तीय अंतर्दृष्टि और जोखिम लेने की क्षमता उन्हें वित्तीय विश्लेषक, निवेश बैंकर, या स्टॉक ब्रोकर के रूप में सफल बना सकती है।

4. **चिकित्सा और स्वास्थ्य देखभाल**: वृश्चिक राशि के लोगों की देखभाल और उपचार की प्रवृत्ति उन्हें डॉक्टर, नर्स, या चिकित्सक के रूप में सफल बना सकती है।

5.   **कानून और न्याय**: वृश्चिक राशि के लोगों की न्याय और सत्य की खोज की प्रवृत्ति उन्हें वकील, न्यायाधीश, या कानूनी विशेषज्ञ के रूप में सफल बना सकती है।

व्यावसायिक मार्गदर्शन

1.   **अपनी अंतर्ज्ञान का उपयोग करें**: वृश्चिक राशि के लोग अत्यधिक अंतर्ज्ञानी होते हैं, जो उन्हें व्यावसायिक निर्णय लेने में मदद कर सकता है। वे अपनी अंतर्ज्ञान का उपयोग अवसरों की पहचान करने, जोखिमों का आकलन करने और सही निर्णय लेने के लिए कर सकते हैं।

2.   **अपने जुनून का लाभ उठाएं**: वृश्चिक राशि के लोग अत्यधिक जुनूनी होते हैं, जो उन्हें अपने काम में उत्कृष्टता प्राप्त करने में मदद कर सकता है। वे अपने जुनून का उपयोग अपने काम में ऊर्जा और समर्पण लाने के लिए कर सकते हैं।

3.   **अपनी निष्ठा का लाभ उठाएं**: वृश्चिक राशि के लोग अत्यधिक निष्ठावान होते हैं, जो उन्हें अपने नियोक्ता, सहकर्मियों और ग्राहकों के साथ मजबूत संबंध बनाने में मदद कर सकता है। वे अपनी निष्ठा का उपयोग विश्वास और सम्मान अर्जित करने के लिए कर सकते हैं।

4.   **अपनी ईर्ष्या और प्रतिशोध को प्रबंधित करें**: वृश्चिक राशि के लोग कभी-कभी ईर्ष्यालु और

प्रतिशोधी हो सकते हैं, जो उनके व्यावसायिक संबंधों को प्रभावित कर सकता है। उन्हें अपनी ईर्ष्या और प्रतिशोध को प्रबंधित करना सीखना चाहिए और सकारात्मक और सहयोगी रहने का प्रयास करना चाहिए।

5. **अपनी गुप्तता को संतुलित करें**: वृश्चिक राशि के लोग अक्सर गुप्त और रहस्यमय होते हैं, जो उन्हें दूसरों से दूर और अलग-थलग कर सकता है। उन्हें अपनी गुप्तता को संतुलित करना सीखना चाहिए और अपने विचारों और भावनाओं को साझा करने के लिए अधिक खुला होने का प्रयास करना चाहिए।

वृश्चिक राशि के लिए प्रेम और संबंध

वृश्चिक राशि के लोगों के व्यक्तित्व लक्षण उनके प्रेम और संबंधों को भी प्रभावित करते हैं। यहां वृश्चिक राशि के लोगों के प्रेम और संबंधों के बारे में कुछ अंतर्दृष्टि दी गई है:

प्रेम में वृश्चिक

1. **जुनूनी और तीव्र**: वृश्चिक राशि के लोग अपने प्रेम संबंधों में अत्यधिक जुनूनी और तीव्र होते हैं। वे अपने साथी के प्रति गहरी भावनाएं रखते हैं और उनके साथ गहरा और अर्थपूर्ण संबंध बनाना चाहते हैं।

2.   **निष्ठावान और वफादार**: वृश्चिक राशि के लोग अपने प्रेम संबंधों में अत्यधिक निष्ठावान और वफादार होते हैं। वे अपने साथी के प्रति पूरी तरह से समर्पित होते हैं और उनकी वफादारी अटूट होती है।

3.   **ईर्ष्यालु और संरक्षक**: वृश्चिक राशि के लोग अपने प्रेम संबंधों में कभी-कभी ईर्ष्यालु और संरक्षक हो सकते हैं। वे अपने साथी को अपना मानते हैं और उन्हें किसी और के साथ साझा करने की कल्पना भी नहीं कर सकते।

4.   **रहस्यमय और आकर्षक**: वृश्चिक राशि के लोग अपने प्रेम संबंधों में रहस्यमय और आकर्षक होते हैं। वे अपने साथी को अपनी रहस्यमयता और आकर्षण से मोहित करते हैं और उन्हें हमेशा अपने प्रति उत्सुक रखते हैं।

5.   **भावनात्मक और संवेदनशील**: वृश्चिक राशि के लोग अपने प्रेम संबंधों में अत्यधिक भावनात्मक और संवेदनशील होते हैं। वे अपनी भावनाओं को गहराई से महसूस करते हैं और अपने साथी की भावनाओं के प्रति भी अत्यधिक संवेदनशील होते हैं।

संबंधों में वृश्चिक

1.   **गहराई और अर्थ**: वृश्चिक राशि के लोग अपने संबंधों में गहराई और अर्थ को बहुत महत्व देते हैं। वे सतही संबंधों से संतुष्ट नहीं होते और

अपने संबंधों में गहराई और अर्थ की खोज करते
हैं।

2.   **निष्ठा और वफादारी**: वृश्चिक राशि के
लोग अपने संबंधों में निष्ठा और वफादारी को बहुत
महत्व देते हैं। वे अपने मित्रों, परिवार और साथी के
प्रति अत्यधिक निष्ठावान और वफादार होते हैं और
उनसे भी वही अपेक्षा करते हैं।

3.   **ईमानदारी और सच्चाई**: वृश्चिक राशि के
लोग अपने संबंधों में ईमानदारी और सच्चाई को
बहुत महत्व देते हैं। वे झूठ और धोखा बर्दाश्त नहीं
करते और अपने संबंधों में पूर्ण ईमानदारी और
पारदर्शिता की अपेक्षा करते हैं।

4.   **नियंत्रण और स्वामित्व**: वृश्चिक राशि के
लोग अपने संबंधों में कभी-कभी नियंत्रण और
स्वामित्व की भावना रख सकते हैं। वे अपने संबंधों
पर नियंत्रण रखना चाहते हैं और अपने प्रियजनों को
अपना मानते हैं।

5.   **भावनात्मक गहराई और
संवेदनशीलता**: वृश्चिक राशि के लोग अपने संबंधों
में भावनात्मक गहराई और संवेदनशीलता को बहुत
महत्व देते हैं। वे अपने संबंधों में गहरी भावनात्मक
जुड़ाव और समझ की अपेक्षा करते हैं।

संगतता

वृश्चिक राशि के लोग कुछ राशियों के साथ अधिक संगत होते हैं, जबकि अन्य के साथ उनकी संगतता कम होती है। यहां वृश्चिक राशि की अन्य राशियों के साथ संगतता का एक संक्षिप्त विवरण दिया गया है:

उच्च संगतता

1. **कर्क और मीन:** ये दोनों जल तत्व की राशियां हैं और वृश्चिक के साथ अच्छी तरह से मेल खाती हैं। वे वृश्चिक की भावनात्मकता, अंतर्ज्ञान, और गहराई को समझते हैं और सराहना करते हैं।

2. **वृषभ और मकर:** ये पृथ्वी तत्व की राशियां हैं जो वृश्चिक के साथ अच्छी तरह से मेल खाती हैं। वृषभ की स्थिरता और मकर की अनुशासनात्मकता वृश्चिक की तीव्रता और जुनून को संतुलित कर सकती है।

मध्यम संगतता

1. **मेष और सिंह:** ये अग्नि तत्व की राशियां हैं जो वृश्चिक के साथ मध्यम संगतता रखती हैं। मेष की ऊर्जा और सिंह का आत्मविश्वास वृश्चिक की गहराई और रहस्यमयता के साथ संतुलित हो सकता है, लेकिन कभी-कभी संघर्ष भी हो सकता है।

2. **कन्या और धनु:** ये राशियां वृश्चिक के साथ मध्यम संगतता रखती हैं। कन्या की

व्यावहारिकता और धनु की स्वतंत्रता वृश्चिक की भावनात्मकता और नियंत्रण के साथ संतुलित हो सकती है, लेकिन कभी-कभी संघर्ष भी हो सकता है।

निम्न संगतता

1.	**मिथुन और कुंभ**: ये वायु तत्व की राशियां हैं जो वृश्चिक के साथ कम संगतता रखती हैं। मिथुन की सतहीता और कुंभ की अलगाव वृश्चिक की गहराई और जुनून के साथ संघर्ष कर सकती है।

2.	**तुला**: तुला राशि वृश्चिक के साथ सबसे कम संगतता रखती है। तुला की संतुलित और सामंजस्यपूर्ण प्रकृति वृश्चिक की तीव्रता और जुनून के साथ संघर्ष कर सकती है।

वृश्चिक राशि के लिए स्वास्थ्य और कल्याण

वृश्चिक राशि के लोगों के व्यक्तित्व लक्षण उनके स्वास्थ्य और कल्याण को भी प्रभावित करते हैं। यहां वृश्चिक राशि के लोगों के स्वास्थ्य और कल्याण के बारे में कुछ अंतर्दृष्टि दी गई है:

शारीरिक स्वास्थ्य

1.	**प्रजनन अंग**: ज्योतिष के अनुसार, वृश्चिक राशि शरीर के प्रजनन अंगों से जुड़ी है। इसका मतलब है कि वृश्चिक राशि के लोगों को प्रजनन

अंगों से संबंधित समस्याएं, जैसे प्रोस्टेट समस्याएं, गर्भाशय समस्याएं, या यौन संचारित रोग हो सकते हैं।

2.   **मलाशय और गुदा:** वृश्चिक राशि के लोगों को अक्सर मलाशय और गुदा संबंधी समस्याएं हो सकती हैं, जैसे बवासीर, फिशर, या कब्ज।

3.   **रक्त और लिम्फ:** वृश्चिक राशि के लोगों को अक्सर रक्त और लिम्फ संबंधी समस्याएं हो सकती हैं, जैसे एनीमिया, रक्त विकार, या लिम्फ नोड्स की सूजन।

4.   **त्वचा:** वृश्चिक राशि के लोगों को अक्सर त्वचा संबंधी समस्याएं हो सकती हैं, जैसे एक्जिमा, सोरायसिस, या एक्ने।

5.   **हार्मोनल असंतुलन:** वृश्चिक राशि के लोगों को अक्सर हार्मोनल असंतुलन की समस्याएं हो सकती हैं, जो उनके मूड, ऊर्जा स्तर, और समग्र स्वास्थ्य को प्रभावित कर सकती हैं।

मानसिक और भावनात्मक स्वास्थ्य

1.   **तीव्र भावनाएं:** वृश्चिक राशि के लोगों की तीव्र भावनाएं उनके मानसिक स्वास्थ्य को प्रभावित कर सकती हैं। वे अपनी भावनाओं को गहराई से महसूस करते हैं, जो उन्हें भावनात्मक रूप से थका

सकता है और उन्हें अवसाद और चिंता दे सकता है।

2. **ईर्ष्या और संदेह**: वृश्चिक राशि के लोगों की ईर्ष्या और संदेह उनके मानसिक स्वास्थ्य को प्रभावित कर सकता है। वे अक्सर दूसरों के इरादों पर संदेह करते हैं और ईर्ष्या महसूस करते हैं, जो उन्हें तनाव और चिंता दे सकता है।

3. **नियंत्रण की आवश्यकता**: वृश्चिक राशि के लोगों की नियंत्रण की आवश्यकता उनके मानसिक स्वास्थ्य को प्रभावित कर सकती है। वे अपने जीवन और परिस्थितियों पर नियंत्रण रखना चाहते हैं, और जब वे ऐसा नहीं कर पाते, तो वे तनाव और चिंता महसूस कर सकते हैं।

4. **गुप्तता और अलगाव**: वृश्चिक राशि के लोगों की गुप्तता और अलगाव उनके मानसिक स्वास्थ्य को प्रभावित कर सकता है। वे अक्सर अपने विचारों और भावनाओं को छिपाते हैं और दूसरों से दूर रहते हैं, जो उन्हें अकेला और अलग-थलग महसूस करा सकता है।

5. **परिवर्तन और पुनर्जन्म**: वृश्चिक राशि के लोगों की परिवर्तन और पुनर्जन्म की प्रक्रिया उनके मानसिक स्वास्थ्य को प्रभावित कर सकती है। वे अक्सर अपने जीवन में बड़े परिवर्तन और पुनर्जन्म का अनुभव करते हैं, जो उन्हें भावनात्मक रूप से

थका सकता है और उन्हें अस्थिर महसूस करा सकता है।

स्वास्थ्य और कल्याण के लिए सुझाव

1.   **संतुलित आहार:** वृश्चिक राशि के लोगों को एक संतुलित आहार का पालन करना चाहिए, जिसमें सभी आवश्यक पोषक तत्व शामिल हों। उन्हें विशेष रूप से प्रजनन अंगों और रक्त के स्वास्थ्य के लिए पर्याप्त आयरन, विटामिन सी, और एंटीऑक्सीडेंट्स वाले खाद्य पदार्थ खाना चाहिए।

2.   **नियमित व्यायाम:** वृश्चिक राशि के लोगों को नियमित व्यायाम करना चाहिए, विशेष रूप से ऐसे व्यायाम जो तनाव को कम करते हैं और मानसिक शांति को बढ़ावा देते हैं, जैसे योग, ताई ची, या ध्यान।

3.   **भावनात्मक प्रबंधन:** वृश्चिक राशि के लोगों को अपनी तीव्र भावनाओं को प्रबंधित करने के लिए भावनात्मक प्रबंधन तकनीकों का अभ्यास करना चाहिए, जैसे ध्यान, गहरी सांस लेने के व्यायाम, या जर्नलिंग।

4.   **ईर्ष्या और संदेह को प्रबंधित करना:** वृश्चिक राशि के लोगों को अपनी ईर्ष्या और संदेह को प्रबंधित करना सीखना चाहिए और अधिक विश्वास और स्वीकृति विकसित करने का प्रयास करना चाहिए।

5. **नियंत्रण को छोड़ना**: वृश्चिक राशि के लोगों को नियंत्रण छोड़ना सीखना चाहिए और जीवन के प्रवाह को स्वीकार करना चाहिए। उन्हें यह समझना चाहिए कि वे हर चीज को नियंत्रित नहीं कर सकते और कुछ चीजें उनके नियंत्रण से बाहर हैं।

प्रसिद्ध वृश्चिक राशि के व्यक्ति

वृश्चिक राशि के कई प्रसिद्ध व्यक्ति हैं जिन्होंने विभिन्न क्षेत्रों में अपनी छाप छोड़ी है। यहां कुछ प्रसिद्ध वृश्चिक राशि के व्यक्तियों की सूची दी गई है:

अभिनेता और अभिनेत्रियां

1. **लियोनार्डो डिकैप्रियो**: अमेरिकी अभिनेता, जो टाइटैनिक, इनसेप्शन, और द रिवेनेंट जैसी फिल्मों के लिए जाने जाते हैं।

2. **जूलिया रॉबर्ट्स**: अमेरिकी अभिनेत्री, जो प्रेटी वुमन, नोटिंग हिल, और एरिन ब्रोकोविच जैसी फिल्मों के लिए जानी जाती हैं।

3. **रयान गोसलिंग**: कनाडाई अभिनेता, जो द नोटबुक, ला ला लैंड, और ड्राइव जैसी फिल्मों के लिए जाने जाते हैं।

4. **एमा स्टोन**: अमेरिकी अभिनेत्री, जो ला ला लैंड, द हेल्प, और क्रूएला जैसी फिल्मों के लिए जानी जाती हैं।

5.   **शाहरुख खान**: भारतीय अभिनेता, जो दिलवाले दुल्हनिया ले जाएंगे, कुछ कुछ होता है, और चक दे इंडिया जैसी फिल्मों के लिए जाने जाते हैं।

संगीतकार

1.   **ड्रेक**: कनाडाई रैपर, गायक, और अभिनेता, जो अपने हिट गानों जैसे "हॉटलाइन ब्लिंग", "गॉड्स प्लान", और "वन डांस" के लिए जाने जाते हैं।

2.   **केटी पेरी**: अमेरिकी गायिका, जो अपने हिट गानों जैसे "रोर", "फायरवर्क", और "डार्क हॉर्स" के लिए जानी जाती हैं।

3.   **निक जोनास**: अमेरिकी गायक और अभिनेता, जो जोनास ब्रदर्स के सदस्य हैं और अपने सोलो करियर के लिए भी जाने जाते हैं।

4.   **लाता मंगेशकर**: भारतीय गायिका, जो अपने मधुर और सुरीले गानों के लिए जानी जाती हैं।

5.   **बोनो**: आयरिश गायक और संगीतकार, जो रॉक बैंड यू2 के लीड वोकलिस्ट हैं।

खिलाड़ी

1. **मैजिक जॉनसन**: अमेरिकी पूर्व बास्केटबॉल खिलाड़ी, जो लॉस एंजिल्स लेकर्स के लिए खेले और एनबीए के सबसे महान खिलाड़ियों में से एक माने जाते हैं।

2. **पेले**: ब्राजीलियाई पूर्व फुटबॉल खिलाड़ी, जिन्हें फुटबॉल का राजा कहा जाता है और जो सबसे महान फुटबॉल खिलाड़ियों में से एक माने जाते हैं।

3. **एवांडर होलीफील्ड**: अमेरिकी पूर्व पेशेवर बॉक्सर, जो चार बार हैवीवेट चैंपियन रहे हैं।

4. **विराट कोहली**: भारतीय क्रिकेट खिलाड़ी, जो भारतीय क्रिकेट टीम के पूर्व कप्तान हैं और दुनिया के सर्वश्रेष्ठ बल्लेबाजों में से एक माने जाते हैं।

5. **मोनिका सेलेस**: पूर्व टेनिस खिलाड़ी, जिन्होंने नौ ग्रैंड स्लैम एकल खिताब जीते हैं।

राजनेता और नेता

1. **हिलेरी क्लिंटन**: अमेरिकी राजनेता, जो अमेरिका की पूर्व विदेश मंत्री और 2016 के राष्ट्रपति चुनाव में डेमोक्रेटिक पार्टी की उम्मीदवार थीं।

2.   **इंदिरा गांधी**: भारत की पूर्व प्रधानमंत्री, जो भारत की पहली और अब तक की एकमात्र महिला प्रधानमंत्री हैं।

3.   **थियोडोर रूजवेल्ट**: अमेरिका के 26वें राष्ट्रपति, जिन्होंने 1901 से 1909 तक सेवा की।

4.   **चार्ल्स डी गॉल**: फ्रांस के पूर्व राष्ट्रपति, जिन्होंने द्वितीय विश्व युद्ध के दौरान फ्रांसीसी प्रतिरोध आंदोलन का नेतृत्व किया।

5.   **रॉबर्ट एफ केनेडी**: अमेरिकी राजनेता, जो अमेरिका के पूर्व अटॉर्नी जनरल और सीनेटर थे।

वृश्चिक राशि के लिए ज्योतिषीय उपाय

वृश्चिक राशि के लोगों के लिए कुछ ज्योतिषीय उपाय हैं जो उन्हें अपने जीवन के विभिन्न पहलुओं में सफलता और संतुलन प्राप्त करने में मदद कर सकते हैं। यहां वृश्चिक राशि के लोगों के लिए कुछ ज्योतिषीय उपाय दिए गए हैं:

रत्न और उपरत्न

1.   **मूंगा (Red Coral)**: वृश्चिक राशि का मुख्य रत्न मूंगा है, जो मंगल ग्रह से जुड़ा है। मूंगा पहनने से वृश्चिक राशि के लोगों को शक्ति, साहस, और आत्मविश्वास मिल सकता है। यह उन्हें अपने लक्ष्यों को प्राप्त करने और अपने जीवन में सफलता प्राप्त करने में मदद कर सकता है।

2. **लाल गारनेट (Red Garnet)**: लाल गारनेट वृश्चिक राशि के लिए एक उपरत्न है। यह रत्न वृश्चिक राशि के लोगों को ऊर्जा, जुनून, और प्रेरणा प्रदान कर सकता है। यह उन्हें अपने लक्ष्यों को प्राप्त करने और अपने जीवन में सफलता प्राप्त करने में मदद कर सकता है।

3. **लाल जैस्पर (Red Jasper)**: लाल जैस्पर भी वृश्चिक राशि के लिए एक उपरत्न है। यह रत्न वृश्चिक राशि के लोगों को स्थिरता, संतुलन, और सुरक्षा प्रदान कर सकता है। यह उन्हें अपने जीवन में स्थिरता और संतुलन प्राप्त करने और अपनी भावनाओं को प्रबंधित करने में मदद कर सकता है।

मंत्र और स्तोत्र

1. **मंगल मंत्र**: "ॐ क्रां क्रीं क्रौं सः भौमाय नमः" या "ॐ अंगारकाय नमः" मंगल ग्रह के मंत्र हैं, जो वृश्चिक राशि के शासक ग्रह हैं। इन मंत्रों का जाप करने से वृश्चिक राशि के लोगों को मंगल ग्रह के नकारात्मक प्रभावों से बचने और सकारात्मक प्रभावों को बढ़ाने में मदद मिल सकती है।

2. **प्लूटो मंत्र**: "ॐ प्लूटोय नमः" प्लूटो ग्रह का मंत्र है, जो वृश्चिक राशि के सह-शासक ग्रह है। इस मंत्र का जाप करने से वृश्चिक राशि के लोगों को प्लूटो ग्रह के नकारात्मक प्रभावों से बचने और सकारात्मक प्रभावों को बढ़ाने में मदद मिल सकती है।

3.   **हनुमान चालीसा**: हनुमान चालीसा हनुमान जी की स्तुति का एक प्राचीन स्तोत्र है। इस स्तोत्र का पाठ करने से वृश्चिक राशि के लोगों को शक्ति, साहस, और सुरक्षा मिल सकती है।

दान और धार्मिक अनुष्ठान

1.   **मंगलवार का व्रत**: मंगलवार मंगल ग्रह का दिन है। मंगलवार को व्रत रखने और हनुमान जी की पूजा करने से वृश्चिक राशि के लोगों को मंगल ग्रह के नकारात्मक प्रभावों से बचने और सकारात्मक प्रभावों को बढ़ाने में मदद मिल सकती है।

2.   **लाल वस्तुओं का दान**: लाल रंग मंगल ग्रह का रंग है। लाल वस्तुओं जैसे लाल कपड़े, लाल मिठाई, या लाल फूल का दान करने से वृश्चिक राशि के लोगों को मंगल ग्रह के नकारात्मक प्रभावों से बचने और सकारात्मक प्रभावों को बढ़ाने में मदद मिल सकती है।

3.   **मंगल यंत्र की स्थापना**: मंगल यंत्र एक धार्मिक प्रतीक है जो मंगल ग्रह की शक्ति को आकर्षित करता है। मंगल यंत्र की स्थापना करने और उसकी पूजा करने से वृश्चिक राशि के लोगों को मंगल ग्रह के नकारात्मक प्रभावों से बचने और सकारात्मक प्रभावों को बढ़ाने में मदद मिल सकती है।

वास्तु और फेंगशुई के सुझाव

1. **लाल रंग का उपयोग**: लाल रंग मंगल ग्रह का रंग है और वृश्चिक राशि के लोगों के लिए शुभ माना जाता है। वृश्चिक राशि के लोग अपने घर या कार्यस्थल में लाल रंग का उपयोग कर सकते हैं, जैसे लाल दीवारें, लाल फर्नीचर, या लाल सजावटी सामान।

2. **दक्षिण दिशा का महत्व**: दक्षिण दिशा मंगल ग्रह की दिशा है। वृश्चिक राशि के लोग अपने घर या कार्यस्थल में दक्षिण दिशा का विशेष ध्यान रख सकते हैं और इस दिशा में शुभ वस्तुओं को रख सकते हैं।

3. **मंगल की तस्वीर या प्रतीक का उपयोग**: वृश्चिक राशि के लोग अपने घर या कार्यस्थल में मंगल की तस्वीर या प्रतीक का उपयोग कर सकते हैं, जो उन्हें मंगल ग्रह की सकारात्मक ऊर्जा प्राप्त करने में मदद कर सकता है।

निष्कर्ष

वृश्चिक राशि ज्योतिष चक्र की आठवीं राशि है, जो गहराई, रहस्य, और परिवर्तन का प्रतीक है। वृश्चिक राशि के लोग अपनी गहराई, जुनून, और परिवर्तनकारी प्रकृति के लिए जाने जाते हैं। वे अंतर्ज्ञानी, भावनात्मक, और

निष्ठावान होते हैं, और वे सत्य, गहराई, और रहस्य की खोज करते हैं।

वृश्चिक राशि के लोगों के व्यक्तित्व लक्षण उन्हें कुछ विशेष करियर और व्यावसायिक क्षेत्रों के लिए अधिक उपयुक्त बनाते हैं, जैसे जांच और अनुसंधान, मनोविज्ञान और मनोचिकित्सा, वित्त और निवेश, चिकित्सा और स्वास्थ्य देखभाल, और कानून और न्याय। उनके प्रेम और संबंधों में, वे जुनूनी, निष्ठावान, ईर्ष्यालु, रहस्यमय, और भावनात्मक होते हैं, और वे अपने संबंधों में गहराई, निष्ठा, ईमानदारी, और भावनात्मक जुड़ाव की खोज करते हैं।

वृश्चिक राशि के लोगों के स्वास्थ्य और कल्याण के लिए, उन्हें अपने प्रजनन अंगों, मलाशय और गुदा, रक्त और लिम्फ, त्वचा, और हार्मोनल संतुलन पर ध्यान देना चाहिए, और उन्हें अपनी तीव्र भावनाओं, ईर्ष्या और संदेह, नियंत्रण की आवश्यकता, गुप्तता और अलगाव, और परिवर्तन और पुनर्जन्म की प्रक्रिया को प्रबंधित करना सीखना चाहिए। उनके लिए कुछ ज्योतिषीय उपाय भी हैं, जैसे मूंगा पहनना, मंगल मंत्रों का जाप करना, और मंगलवार का व्रत रखना, जो उन्हें अपने जीवन के विभिन्न पहलुओं में सफलता और संतुलन प्राप्त करने में मदद कर सकते हैं।

अंत में, वृश्चिक राशि के लोगों को अपने गुणों का लाभ उठाना चाहिए और अपनी कमजोरियों पर काम करना चाहिए। उन्हें अपनी गहराई, जुनून, और परिवर्तनकारी प्रकृति का उपयोग अपने लक्ष्यों को प्राप्त करने के लिए करना चाहिए, लेकिन साथ ही उन्हें अपनी ईर्ष्या, प्रतिशोध, नियंत्रण, और गुप्तता को प्रबंधित करना सीखना चाहिए।

●

अध्याय 11: धनु राशि (Sagittarius) - 22 नवंबर से 21 दिसंबर

धनु राशि का परिचय

धनु राशि ज्योतिष चक्र की नौवीं राशि है, जो 22 नवंबर से 21 दिसंबर तक चलती है। इस राशि का प्रतीक धनुर्धारी है, जो इसके साहसी, स्वतंत्र और अन्वेषणात्मक स्वभाव का प्रतिनिधित्व करता है। धनु राशि अग्नि तत्व से संबंधित है, जो इसे ऊर्जावान, उत्साही और प्रेरणादायक बनाता है।

धनु राशि एक चर राशि है, जो इसके परिवर्तनशील, अनुकूलनशील और बहुमुखी स्वभाव को दर्शाता है। धनु राशि का शासक ग्रह बृहस्पति है, जो विस्तार, ज्ञान और

भाग्य का प्रतिनिधित्व करता है। यह संयोग धनु राशि के लोगों को ज्ञानी, भाग्यशाली और विस्तारवादी बनाता है।

धनु राशि शीत ऋतु के प्रारंभ का प्रतीक है, जब दिन छोटे होते हैं और रात लंबी होती है। इसी तरह, धनु राशि के लोग अंधकार में भी प्रकाश देखने की क्षमता रखते हैं और हमेशा आशावादी और सकारात्मक रहते हैं। वे ज्ञान, सत्य और अर्थ की खोज करते हैं, और वे अपने जीवन में साहस, स्वतंत्रता और अन्वेषण को महत्व देते हैं।

धनु राशि के व्यक्तित्व लक्षण

धनु राशि के लोगों का व्यक्तित्व उनके अग्नि तत्व और चर गुण से गहराई से प्रभावित होता है। यहां धनु राशि के कुछ प्रमुख व्यक्तित्व लक्षण दिए गए हैं:

साहसी और अन्वेषणात्मक

धनु राशि के लोग अपने साहस और अन्वेषणात्मक स्वभाव के लिए जाने जाते हैं। वे नई चुनौतियों और अनुभवों का स्वागत करते हैं और अज्ञात की खोज करने से डरते नहीं हैं। उनका यह साहस और अन्वेषणात्मक स्वभाव उन्हें जीवन के विभिन्न क्षेत्रों में नए अवसरों और अनुभवों की ओर ले जाता है।

स्वतंत्र और स्वतंत्रतावादी

धनु राशि के लोग अपनी स्वतंत्रता और स्वतंत्रतावादी विचारों के लिए जाने जाते हैं। वे अपने जीवन और निर्णयों पर नियंत्रण रखना चाहते हैं और किसी भी प्रकार के बंधन या सीमा से परेशान होते हैं। उनकी यह स्वतंत्रता और स्वतंत्रतावादी प्रकृति उन्हें अपने जीवन में अपने नियमों के अनुसार जीने और अपने सपनों का पीछा करने में मदद करती है।

आशावादी और सकारात्मक

धनु राशि के लोग अपने आशावाद और सकारात्मकता के लिए जाने जाते हैं। वे जीवन को एक बड़े साहसिक कार्य के रूप में देखते हैं और हमेशा अच्छे की उम्मीद करते हैं। उनका यह आशावाद और सकारात्मकता उन्हें कठिन परिस्थितियों में भी आगे बढ़ने और अपने लक्ष्यों को प्राप्त करने में मदद करती है।

ज्ञानी और दार्शनिक

धनु राशि के लोग अपने ज्ञान और दार्शनिक विचारों के लिए जाने जाते हैं। वे जीवन के गहरे अर्थ और सत्य की खोज करते हैं और हमेशा नई जानकारी और अनुभव प्राप्त करने के लिए उत्सुक रहते हैं। उनका यह ज्ञान और दार्शनिक स्वभाव उन्हें गहरी समझ और बुद्धिमत्ता विकसित करने में मदद करता है।

ईमानदार और स्पष्टवादी

धनु राशि के लोग अपनी ईमानदारी और स्पष्टवादिता के लिए जाने जाते हैं। वे अपने विचारों और भावनाओं को स्पष्ट रूप से व्यक्त करते हैं और झूठ या छल से दूर रहते हैं। उनकी यह ईमानदारी और स्पष्टवादिता उन्हें विश्वसनीय और भरोसेमंद बनाती है, लेकिन कभी-कभी यह उन्हें अतिरिक्त स्पष्ट और असंवेदनशील भी बना सकती है।

उदार और दयालु

धनु राशि के लोग अपनी उदारता और दयालुता के लिए जाने जाते हैं। वे दूसरों की मदद करना पसंद करते हैं और अपने समय, ऊर्जा और संसाधनों को साझा करने में खुशी महसूस करते हैं। उनकी यह उदारता और दयालुता उन्हें प्रिय और सम्मानित बनाती है।

अधीर और अस्थिर

धनु राशि के लोग कभी-कभी अधीर और अस्थिर हो सकते हैं। वे एक ही स्थान या स्थिति में लंबे समय तक रहने से ऊब जाते हैं और हमेशा नए अनुभवों और चुनौतियों की तलाश में रहते हैं। उनकी यह अधीरता और अस्थिरता उन्हें कभी-कभी अविश्वसनीय और अनिश्चित बना सकती है।

विस्तारवादी और महत्वाकांक्षी

धनु राशि के लोग अपनी विस्तारवादी और महत्वाकांक्षी प्रकृति के लिए जाने जाते हैं। वे अपने जीवन, ज्ञान और अनुभवों का विस्तार करना चाहते हैं और हमेशा बड़े लक्ष्यों और सपनों का पीछा करते हैं। उनकी यह विस्तारवादी और महत्वाकांक्षी प्रकृति उन्हें सफलता और उपलब्धि की ओर ले जाती है।

धनु राशि के गुण और कमजोरियां

हर राशि की तरह, धनु राशि के भी अपने विशिष्ट गुण और कमजोरियां हैं। यहां धनु राशि के कुछ प्रमुख गुण और कमजोरियां दी गई हैं:

गुण

1.   **साहस और अन्वेषण**: धनु राशि के लोग अत्यधिक साहसी और अन्वेषणात्मक होते हैं, जो उन्हें नई चुनौतियों और अनुभवों का सामना करने में मदद करता है।

2.   **आशावाद और सकारात्मकता**: धनु राशि के लोग अत्यधिक आशावादी और सकारात्मक होते हैं, जो उन्हें कठिन परिस्थितियों में भी आगे बढ़ने और अपने लक्ष्यों को प्राप्त करने में मदद करता है।

3. **ज्ञान और बुद्धिमत्ता:** धनु राशि के लोग अत्यधिक ज्ञानी और बुद्धिमान होते हैं, जो उन्हें गहरी समझ और बुद्धिमत्ता विकसित करने में मदद करता है।

4. **ईमानदारी और स्पष्टवादिता:** धनु राशि के लोग अत्यधिक ईमानदार और स्पष्टवादी होते हैं, जो उन्हें विश्वसनीय और भरोसेमंद बनाता है।

5. **उदारता और दयालुता:** धनु राशि के लोग अत्यधिक उदार और दयालु होते हैं, जो उन्हें प्रिय और सम्मानित बनाता है।

कमजोरियां

1. **अधीरता और अस्थिरता:** धनु राशि के लोग कभी-कभी अत्यधिक अधीर और अस्थिर हो सकते हैं, जो उन्हें अविश्वसनीय और अनिश्चित बना सकता है।

2. **अतिरिक्त स्पष्टवादिता:** धनु राशि के लोग कभी-कभी अत्यधिक स्पष्टवादी हो सकते हैं, जो उन्हें असंवेदनशील और कठोर बना सकता है।

3. **अति-आत्मविश्वास:** धनु राशि के लोग कभी-कभी अत्यधिक आत्मविश्वासी हो सकते हैं, जो उन्हें अहंकारी और अति-आत्मविश्वासी बना सकता है।

4.	**अव्यवस्थित और अनियमित**: धनु राशि के लोग कभी-कभी अत्यधिक अव्यवस्थित और अनियमित हो सकते हैं, जो उन्हें अव्यवस्थित और अनियंत्रित बना सकता है।

5.	**वचन न निभाना**: धनु राशि के लोग कभी-कभी अपने वचन नहीं निभा पाते, क्योंकि वे अक्सर अधिक वादे करते हैं जितने वे पूरा कर सकते हैं।

धनु राशि के लिए करियर और व्यावसायिक मार्गदर्शन

धनु राशि के लोगों के व्यक्तित्व लक्षण उन्हें कुछ विशेष करियर और व्यावसायिक क्षेत्रों के लिए अधिक उपयुक्त बनाते हैं। यहां धनु राशि के लोगों के लिए कुछ अनुकूल करियर विकल्प और व्यावसायिक मार्गदर्शन दिया गया है:

अनुकूल करियर विकल्प

1.	**शिक्षा और अनुसंधान**: धनु राशि के लोगों की ज्ञान और अन्वेषण की प्रवृत्ति उन्हें शिक्षक, प्रोफेसर, या अनुसंधानकर्ता के रूप में सफल बना सकती है।

2.	**यात्रा और पर्यटन**: धनु राशि के लोगों की यात्रा और अन्वेषण की प्रवृत्ति उन्हें ट्रैवल गाइड,

ट्रैवल ब्लॉगर, या ट्रैवल एजेंट के रूप में सफल बना सकती है।

3. **प्रकाशन और लेखन:** धनु राशि के लोगों की ज्ञान और संचार की प्रवृत्ति उन्हें लेखक, पत्रकार, या प्रकाशक के रूप में सफल बना सकती है।

4. **कानून और न्याय:** धनु राशि के लोगों की न्याय और सत्य की खोज की प्रवृत्ति उन्हें वकील, न्यायाधीश, या कानूनी सलाहकार के रूप में सफल बना सकती है।

5. **धर्म और आध्यात्मिकता:** धनु राशि के लोगों की दार्शनिक और आध्यात्मिक प्रवृत्ति उन्हें धार्मिक नेता, आध्यात्मिक गुरु, या धार्मिक शिक्षक के रूप में सफल बना सकती है।

व्यावसायिक मार्गदर्शन

1. **अपने ज्ञान का लाभ उठाएं:** धनु राशि के लोग अत्यधिक ज्ञानी होते हैं, जो उन्हें व्यावसायिक दुनिया में मूल्यवान बनाता है। वे अपने ज्ञान का उपयोग नवाचार, समस्या समाधान और रणनीतिक योजना बनाने के लिए कर सकते हैं।

2. **अपने साहस का उपयोग करें:** धनु राशि के लोग अत्यधिक साहसी होते हैं, जो उन्हें जोखिम लेने और नए अवसरों का पता लगाने में

मदद करता है। वे अपने साहस का उपयोग नए व्यावसायिक उद्यमों को शुरू करने और चुनौतीपूर्ण परियोजनाओं को संभालने के लिए कर सकते हैं।

3.   **अपनी स्पष्टवादिता को संतुलित करें:** धनु राशि के लोग अत्यधिक स्पष्टवादी होते हैं, जो उन्हें ईमानदार और सीधे बनाता है। हालांकि, उन्हें अपनी स्पष्टवादिता को संतुलित करना सीखना चाहिए और दूसरों की भावनाओं का ध्यान रखना चाहिए, विशेष रूप से व्यावसायिक संबंधों में।

4.   **अपनी अधीरता को प्रबंधित करें:** धनु राशि के लोग कभी-कभी अधीर हो सकते हैं, जो उनके व्यावसायिक निर्णयों और संबंधों को प्रभावित कर सकता है। उन्हें अपनी अधीरता को प्रबंधित करना सीखना चाहिए और धैर्य और स्थिरता विकसित करना चाहिए।

5.   **अपने वादों को पूरा करें:** धनु राशि के लोग कभी-कभी अपने वादे नहीं निभा पाते, क्योंकि वे अक्सर अधिक वादे करते हैं जितने वे पूरा कर सकते हैं। उन्हें अपने वादों को पूरा करना सीखना चाहिए और केवल वही वादे करना चाहिए जिन्हें वे पूरा कर सकते हैं।

धनु राशि के लिए प्रेम और संबंध

धनु राशि के लोगों के व्यक्तित्व लक्षण उनके प्रेम और संबंधों को भी प्रभावित करते हैं। यहां धनु राशि के लोगों के प्रेम और संबंधों के बारे में कुछ अंतर्दृष्टि दी गई है:

प्रेम में धनु

1. **स्वतंत्र और अबंधित**: धनु राशि के लोग अपने प्रेम संबंधों में अत्यधिक स्वतंत्र और अबंधित होते हैं। वे अपने साथी को अपना मालिक नहीं, बल्कि अपना साथी और मित्र मानते हैं। उन्हें अपने व्यक्तिगत स्थान और स्वतंत्रता की आवश्यकता होती है, और वे अपने साथी को भी वही स्वतंत्रता देते हैं।

2. **साहसी और रोमांचक**: धनु राशि के लोग अपने प्रेम संबंधों में अत्यधिक साहसी और रोमांचक होते हैं। वे अपने साथी के साथ नए अनुभव और साहसिक कार्य साझा करना पसंद करते हैं और अपने संबंध में रोमांच और उत्साह लाते हैं।

3. **ईमानदार और स्पष्टवादी**: धनु राशि के लोग अपने प्रेम संबंधों में अत्यधिक ईमानदार और स्पष्टवादी होते हैं। वे अपने विचारों और भावनाओं को स्पष्ट रूप से व्यक्त करते हैं और अपने साथी से भी वही अपेक्षा करते हैं। उनकी यह ईमानदारी और स्पष्टवादिता उनके संबंध में पारदर्शिता और विश्वास लाती है।

4. **आशावादी और सकारात्मक**: धनु राशि के लोग अपने प्रेम संबंधों में अत्यधिक आशावादी और सकारात्मक होते हैं। वे अपने संबंध में अच्छाई देखते हैं और हमेशा सकारात्मक रहते हैं, भले ही चुनौतियां हों। उनका यह आशावाद और सकारात्मकता उनके संबंध में खुशी और उत्साह लाती है।

5. **प्रतिबद्धता से डरना**: धनु राशि के लोग कभी-कभी प्रतिबद्धता से डर सकते हैं। वे अपनी स्वतंत्रता को महत्व देते हैं और किसी भी प्रकार के बंधन या सीमा से परेशान होते हैं। इसलिए, उन्हें प्रतिबद्धता के लिए समय और स्थान की आवश्यकता हो सकती है।

संबंधों में धनु

1. **स्वतंत्रता और स्थान**: धनु राशि के लोग अपने संबंधों में स्वतंत्रता और स्थान को बहुत महत्व देते हैं। वे अपने साथी को अपना मालिक नहीं, बल्कि अपना साथी और मित्र मानते हैं और उन्हें अपने व्यक्तिगत स्थान और स्वतंत्रता की आवश्यकता होती है।

2. **साहस और रोमांच**: धनु राशि के लोग अपने संबंधों में साहस और रोमांच को बहुत महत्व देते हैं। वे अपने साथी के साथ नए अनुभव और साहसिक कार्य साझा करना पसंद करते हैं और अपने संबंध में रोमांच और उत्साह लाना चाहते हैं।

3. **ईमानदारी और पारदर्शिता**: धनु राशि के लोग अपने संबंधों में ईमानदारी और पारदर्शिता को बहुत महत्व देते हैं। वे अपने विचारों और भावनाओं को स्पष्ट रूप से व्यक्त करते हैं और अपने साथी से भी वही अपेक्षा करते हैं।

4. **बौद्धिक संगति**: धनु राशि के लोग अपने संबंधों में बौद्धिक संगति को बहुत महत्व देते हैं। वे अपने साथी के साथ गहरी और अर्थपूर्ण बातचीत करना पसंद करते हैं और उनके साथ ज्ञान और विचार साझा करना चाहते हैं।

5. **आशावाद और सकारात्मकता**: धनु राशि के लोग अपने संबंधों में आशावाद और सकारात्मकता को बहुत महत्व देते हैं। वे अपने संबंध में अच्छाई देखते हैं और हमेशा सकारात्मक रहते हैं, भले ही चुनौतियां हों।

संगतता

धनु राशि के लोग कुछ राशियों के साथ अधिक संगत होते हैं, जबकि अन्य के साथ उनकी संगतता कम होती है। यहां धनु राशि की अन्य राशियों के साथ संगतता का एक संक्षिप्त विवरण दिया गया है:

उच्च संगतता

1. **मेष और सिंह**: ये दोनों अग्नि तत्व की राशियां हैं और धनु के साथ अच्छी तरह से मेल

खाती हैं। वे धनु की ऊर्जा, उत्साह, और साहस को समझते हैं और सराहना करते हैं।

2. **मिथुन और तुला**: ये वायु तत्व की राशियां हैं जो धनु के साथ अच्छी तरह से मेल खाती हैं। मिथुन की बौद्धिकता और तुला की संतुलित प्रकृति धनु की स्वतंत्रता और साहस के साथ संतुलित हो सकती है।

मध्यम संगतता

1. **कुंभ और वृश्चिक**: ये राशियां धनु के साथ मध्यम संगतता रखती हैं। कुंभ की स्वतंत्रता और वृश्चिक की गहराई धनु की साहसिकता और ज्ञान के साथ संतुलित हो सकती है, लेकिन कभी-कभी संघर्ष भी हो सकता है।

2. **मकर और मीन**: ये राशियां धनु के साथ मध्यम संगतता रखती हैं। मकर की अनुशासनात्मकता और मीन की संवेदनशीलता धनु की स्वतंत्रता और साहस के साथ संतुलित हो सकती है, लेकिन कभी-कभी संघर्ष भी हो सकता है।

निम्न संगतता

1. **वृषभ और कन्या**: ये पृथ्वी तत्व की राशियां हैं जो धनु के साथ कम संगतता रखती हैं। वृषभ की स्थिरता और कन्या की व्यावहारिकता धनु की स्वतंत्रता और साहस के साथ संघर्ष कर सकती है।

2. **कर्क**: कर्क राशि धनु के साथ सबसे कम संगतता रखती है। कर्क की भावनात्मकता और सुरक्षात्मकता धनु की स्वतंत्रता और साहस के साथ संघर्ष कर सकती है।

धनु राशि के लिए स्वास्थ्य और कल्याण

धनु राशि के लोगों के व्यक्तित्व लक्षण उनके स्वास्थ्य और कल्याण को भी प्रभावित करते हैं। यहां धनु राशि के लोगों के स्वास्थ्य और कल्याण के बारे में कुछ अंतर्दृष्टि दी गई है:

शारीरिक स्वास्थ्य

1. **जांघें और कूल्हे**: ज्योतिष के अनुसार, धनु राशि शरीर की जांघों और कूल्हों से जुड़ी है। इसका मतलब है कि धनु राशि के लोगों को जांघों और कूल्हों से संबंधित समस्याएं, जैसे साइटिका, हिप फ्रैक्चर, या जांघों की मांसपेशियों में खिंचाव हो सकते हैं।

2. **यकृत और रक्त**: धनु राशि के लोगों को अक्सर यकृत और रक्त संबंधी समस्याएं हो सकती हैं, जैसे यकृत की समस्याएं, रक्त विकार, या रक्त संचार की समस्याएं।

3. **फेफड़े और श्वसन प्रणाली**: धनु राशि के लोगों को अक्सर फेफड़े और श्वसन प्रणाली

संबंधी समस्याएं हो सकती हैं, जैसे अस्थमा, ब्रोंकाइटिस, या निमोनिया।

4. **चोटें और दुर्घटनाएं**: धनु राशि के लोगों की साहसिक और रोमांचक प्रकृति के कारण, वे अक्सर चोटों और दुर्घटनाओं के शिकार हो सकते हैं, विशेष रूप से खेल और साहसिक गतिविधियों के दौरान।

5. **मेटाबॉलिक समस्याएं**: धनु राशि के लोगों को अक्सर मेटाबॉलिक समस्याएं हो सकती हैं, जैसे मोटापा, मधुमेह, या थायरॉयड की समस्याएं।

मानसिक और भावनात्मक स्वास्थ्य

1. **अधीरता और बेचैनी**: धनु राशि के लोगों की अधीरता और बेचैनी उनके मानसिक स्वास्थ्य को प्रभावित कर सकती है। वे एक ही स्थान या स्थिति में लंबे समय तक रहने से ऊब जाते हैं और हमेशा नए अनुभवों और चुनौतियों की तलाश में रहते हैं, जो उन्हें तनाव और चिंता दे सकता है।

2. **अति-आत्मविश्वास**: धनु राशि के लोगों का अति-आत्मविश्वास उनके मानसिक स्वास्थ्य को प्रभावित कर सकता है। वे अक्सर अपनी क्षमताओं और सीमाओं को अधिक आंकते हैं, जो उन्हें निराशा और असफलता का अनुभव करा सकता है।

3.   **प्रतिबद्धता से डर**: धनु राशि के लोगों का प्रतिबद्धता से डर उनके मानसिक स्वास्थ्य को प्रभावित कर सकता है। वे अपनी स्वतंत्रता को महत्व देते हैं और किसी भी प्रकार के बंधन या सीमा से परेशान होते हैं, जो उन्हें तनाव और चिंता दे सकता है।

4.   **अति-विश्लेषण**: धनु राशि के लोग अक्सर अति-विश्लेषण करते हैं और हर चीज के गहरे अर्थ और सत्य की खोज करते हैं, जो उन्हें मानसिक थकान और चिंता दे सकता है।

5.   **अव्यवस्थित और अनियमित**: धनु राशि के लोग अक्सर अव्यवस्थित और अनियमित होते हैं, जो उनके दैनिक जीवन और कार्यक्रम को प्रभावित कर सकता है और उन्हें तनाव और चिंता दे सकता है।

स्वास्थ्य और कल्याण के लिए सुझाव

1.   **नियमित व्यायाम**: धनु राशि के लोगों को नियमित व्यायाम करना चाहिए, विशेष रूप से ऐसे व्यायाम जो जांघों और कूल्हों को मजबूत करते हैं, जैसे चलना, दौड़ना, या साइकिलिंग।

2.   **संतुलित आहार**: धनु राशि के लोगों को एक संतुलित आहार का पालन करना चाहिए, जिसमें सभी आवश्यक पोषक तत्व शामिल हों। उन्हें

विशेष रूप से यकृत और रक्त के स्वास्थ्य के लिए पर्याप्त आयरन, विटामिन बी, और एंटीऑक्सीडेंट्स वाले खाद्य पदार्थ खाना चाहिए।

3.   **तनाव प्रबंधन**: धनु राशि के लोगों को अपने तनाव और चिंता को प्रबंधित करने के लिए तनाव प्रबंधन तकनीकों का अभ्यास करना चाहिए, जैसे ध्यान, गहरी सांस लेने के व्यायाम, या योग।

4.   **नियमितता और संरचना**: धनु राशि के लोगों को अपने जीवन में नियमितता और संरचना लाने का प्रयास करना चाहिए, जैसे एक नियमित दिनचर्या बनाना, समय प्रबंधन तकनीकों का उपयोग करना, और प्राथमिकताएं निर्धारित करना।

5.   **सीमाएं निर्धारित करना**: धनु राशि के लोगों को अपने जीवन में स्वस्थ सीमाएं निर्धारित करना सीखना चाहिए और अपनी स्वतंत्रता और प्रतिबद्धता के बीच संतुलन बनाना सीखना चाहिए।

प्रसिद्ध धनु राशि के व्यक्ति

धनु राशि के कई प्रसिद्ध व्यक्ति हैं जिन्होंने विभिन्न क्षेत्रों में अपनी छाप छोड़ी है। यहां कुछ प्रसिद्ध धनु राशि के व्यक्तियों की सूची दी गई है:

अभिनेता और अभिनेत्रियां

1. **ब्रैड पिट**: अमेरिकी अभिनेता और निर्माता, जो फाइट क्लब, ओशन्स इलेवन, और वन्स अपॉन ए टाइम इन हॉलीवुड जैसी फिल्मों के लिए जाने जाते हैं।

2. **स्कारलेट जोहानसन**: अमेरिकी अभिनेत्री, जो द अवेंजर्स, लॉस्ट इन ट्रांसलेशन, और मैरिज स्टोरी जैसी फिल्मों के लिए जानी जाती हैं।

3. **सैमुअल एल. जैक्सन**: अमेरिकी अभिनेता, जो पल्प फिक्शन, द अवेंजर्स, और जंगो अनचेन्ड जैसी फिल्मों के लिए जाने जाते हैं।

4. **जूडी डेंच**: ब्रिटिश अभिनेत्री, जो शेक्सपियरियन थिएटर और जेम्स बॉन्ड फिल्म श्रृंखला में एम की भूमिका के लिए जानी जाती हैं।

5. **रजनीकांत**: भारतीय अभिनेता, जो दक्षिण भारतीय फिल्मों में अपने काम के लिए जाने जाते हैं और "थलाइवा" (नेता) के रूप में प्रसिद्ध हैं।

संगीतकार

1. **टेलर स्विफ्ट**: अमेरिकी गायिका और गीतकार, जो अपने हिट गानों जैसे "लव स्टोरी", "शेक इट ऑफ", और "ब्लैंक स्पेस" के लिए जानी जाती हैं।

2. **जे-जेड**: अमेरिकी रैपर और व्यवसायी, जो अपने हिट गानों जैसे "एम्पायर स्टेट ऑफ माइंड", "99 प्रॉब्लम्स", और "होली ग्रेल" के लिए जाने जाते हैं।

3. **फ्रैंक सिनात्रा**: अमेरिकी गायक और अभिनेता, जो अपने हिट गानों जैसे "माई वे", "फ्लाई मी टू द मून", और "न्यूयॉर्क, न्यूयॉर्क" के लिए जाने जाते हैं।

4. **नुसरत फतेह अली खान**: पाकिस्तानी गायक, जो कव्वाली और सूफी संगीत के लिए जाने जाते हैं।

5. **टिना टर्नर**: अमेरिकी गायिका, जो अपने हिट गानों जैसे "प्राइवेट डांसर", "वाट्स लव गॉट टू डू विद इट", और "द बेस्ट" के लिए जानी जाती हैं।

खिलाड़ी

1. **लियोनेल मेसी**: अर्जेंटीनी फुटबॉल खिलाड़ी, जो बार्सिलोना और अर्जेंटीना राष्ट्रीय टीम के लिए खेले हैं और दुनिया के सर्वश्रेष्ठ फुटबॉल खिलाड़ियों में से एक माने जाते हैं।

2. **टाइगर वुड्स**: अमेरिकी गोल्फर, जो 15 मेजर चैंपियनशिप जीतने वाले दूसरे खिलाड़ी हैं और दुनिया के सर्वश्रेष्ठ गोल्फरों में से एक माने जाते हैं।

3.   **मोहम्मद अली**: अमेरिकी पेशेवर बॉक्सर, जो तीन बार हैवीवेट चैंपियन रहे हैं और दुनिया के सर्वश्रेष्ठ बॉक्सरों में से एक माने जाते हैं।

4.   **सचिन तेंदुलकर**: भारतीय क्रिकेट खिलाड़ी, जो अंतरराष्ट्रीय क्रिकेट में सबसे अधिक रन बनाने वाले बल्लेबाज हैं और "क्रिकेट का भगवान" कहे जाते हैं।

5.   **सेरेना विलियम्स**: अमेरिकी टेनिस खिलाड़ी, जिन्होंने 23 ग्रैंड स्लैम एकल खिताब जीते हैं और दुनिया की सर्वश्रेष्ठ टेनिस खिलाड़ियों में से एक मानी जाती हैं।

राजनेता और नेता

1.   **विंस्टन चर्चिल**: ब्रिटिश राजनेता, जो द्वितीय विश्व युद्ध के दौरान ब्रिटेन के प्रधानमंत्री थे।

2.   **जोसेफ स्टालिन**: सोवियत राजनेता, जो 1922 से 1952 तक सोवियत संघ के नेता थे।

3.   **मार्क ट्वेन**: अमेरिकी लेखक और हास्य लेखक, जो द एडवेंचर्स ऑफ टॉम सॉयर और द एडवेंचर्स ऑफ हकलबेरी फिन जैसी पुस्तकों के लिए जाने जाते हैं।

4.   **वॉल्ट डिज्नी**: अमेरिकी उद्यमी, एनिमेटर, और फिल्म निर्माता, जो वॉल्ट डिज्नी कंपनी के संस्थापक हैं।

5. **जेन ऑस्टेन**: अंग्रेजी उपन्यासकार, जो प्राइड एंड प्रेजुडिस, एम्मा, और सेंस एंड सेंसिबिलिटी जैसे उपन्यासों के लिए जानी जाती हैं।

धनु राशि के लिए ज्योतिषीय उपाय

धनु राशि के लोगों के लिए कुछ ज्योतिषीय उपाय हैं जो उन्हें अपने जीवन के विभिन्न पहलुओं में सफलता और संतुलन प्राप्त करने में मदद कर सकते हैं। यहां धनु राशि के लोगों के लिए कुछ ज्योतिषीय उपाय दिए गए हैं:

रत्न और उपरत्न

1. **पुखराज (Yellow Sapphire)**: धनु राशि का मुख्य रत्न पुखराज है, जो बृहस्पति ग्रह से जुड़ा है। पुखराज पहनने से धनु राशि के लोगों को ज्ञान, भाग्य, और समृद्धि मिल सकती है। यह उन्हें अपने जीवन में सफलता और समृद्धि प्राप्त करने में मदद कर सकता है।

2. **टोपाज (Topaz)**: टोपाज धनु राशि के लिए एक उपरत्न है। यह रत्न धनु राशि के लोगों को बुद्धिमत्ता, स्पष्टता, और आत्मविश्वास प्रदान कर सकता है। यह उन्हें अपने निर्णयों में स्पष्टता प्राप्त करने और अपने आत्मविश्वास को बढ़ाने में मदद कर सकता है।

3. **अमेथिस्ट (Amethyst)**: अमेथिस्ट भी धनु राशि के लिए एक उपरत्न है। यह रत्न धनु राशि के लोगों को शांति, संतुलन, और आध्यात्मिक जागरूकता प्रदान कर सकता है। यह उन्हें अपने जीवन में शांति और संतुलन प्राप्त करने और अपनी आध्यात्मिक यात्रा में आगे बढ़ने में मदद कर सकता है।

मंत्र और स्तोत्र

1. **बृहस्पति मंत्र**: "ॐ ग्रां ग्रीं ग्रौं सः गुरवे नमः" या "ॐ बृहस्पतये नमः" बृहस्पति ग्रह के मंत्र हैं, जो धनु राशि के शासक ग्रह हैं। इन मंत्रों का जाप करने से धनु राशि के लोगों को बृहस्पति ग्रह के नकारात्मक प्रभावों से बचने और सकारात्मक प्रभावों को बढ़ाने में मदद मिल सकती है।

2. **बृहस्पति स्तोत्र**: बृहस्पति स्तोत्र बृहस्पति देवता की स्तुति का एक प्राचीन स्तोत्र है। इस स्तोत्र का पाठ करने से धनु राशि के लोगों को बृहस्पति ग्रह के नकारात्मक प्रभावों से बचने और सकारात्मक प्रभावों को बढ़ाने में मदद मिल सकती है।

3. **दत्तात्रेय स्तोत्र**: दत्तात्रेय स्तोत्र भगवान दत्तात्रेय की स्तुति का एक प्राचीन स्तोत्र है। इस स्तोत्र का पाठ करने से धनु राशि के लोगों को ज्ञान, बुद्धिमत्ता, और आध्यात्मिक जागरूकता प्राप्त करने में मदद मिल सकती है।

दान और धार्मिक अनुष्ठान

1. **गुरुवार का व्रत**: गुरुवार बृहस्पति ग्रह का दिन है। गुरुवार को व्रत रखने और बृहस्पति देवता की पूजा करने से धनु राशि के लोगों को बृहस्पति ग्रह के नकारात्मक प्रभावों से बचने और सकारात्मक प्रभावों को बढ़ाने में मदद मिल सकती है।

2. **पीली वस्तुओं का दान**: पीला रंग बृहस्पति ग्रह का रंग है। पीली वस्तुओं जैसे पीले कपड़े, पीली मिठाई, या पीले फूल का दान करने से धनु राशि के लोगों को बृहस्पति ग्रह के नकारात्मक प्रभावों से बचने और सकारात्मक प्रभावों को बढ़ाने में मदद मिल सकती है।

3. **बृहस्पति यंत्र की स्थापना**: बृहस्पति यंत्र एक धार्मिक प्रतीक है जो बृहस्पति ग्रह की शक्ति को आकर्षित करता है। बृहस्पति यंत्र की स्थापना करने और उसकी पूजा करने से धनु राशि के लोगों को बृहस्पति ग्रह के नकारात्मक प्रभावों से बचने और सकारात्मक प्रभावों को बढ़ाने में मदद मिल सकती है।

वास्तु और फेंगशुई के सुझाव

1. **पीले रंग का उपयोग**: पीला रंग बृहस्पति ग्रह का रंग है और धनु राशि के लोगों के लिए शुभ माना जाता है। धनु राशि के लोग अपने घर या कार्यस्थल में पीले रंग का उपयोग कर

सकते हैं, जैसे पीली दीवारें, पीला फर्नीचर, या पीले सजावटी सामान।

2.   **उत्तर-पूर्व दिशा का महत्व**: उत्तर-पूर्व दिशा बृहस्पति ग्रह की दिशा है। धनु राशि के लोग अपने घर या कार्यस्थल में उत्तर-पूर्व दिशा का विशेष ध्यान रख सकते हैं और इस दिशा में शुभ वस्तुओं को रख सकते हैं।

3.   **बृहस्पति की तस्वीर या प्रतीक का उपयोग**: धनु राशि के लोग अपने घर या कार्यस्थल में बृहस्पति की तस्वीर या प्रतीक का उपयोग कर सकते हैं, जो उन्हें बृहस्पति ग्रह की सकारात्मक ऊर्जा प्राप्त करने में मदद कर सकता है।

निष्कर्ष

धनु राशि ज्योतिष चक्र की नौवीं राशि है, जो साहस, स्वतंत्रता, और अन्वेषण का प्रतीक है। धनु राशि के लोग अपने साहस, स्वतंत्रता, और अन्वेषणात्मक स्वभाव के लिए जाने जाते हैं। वे आशावादी, ज्ञानी, और ईमानदार होते हैं, और वे ज्ञान, सत्य, और अर्थ की खोज करते हैं।

धनु राशि के लोगों के व्यक्तित्व लक्षण उन्हें कुछ विशेष करियर और व्यावसायिक क्षेत्रों के लिए अधिक उपयुक्त बनाते हैं, जैसे शिक्षा और अनुसंधान, यात्रा और पर्यटन, प्रकाशन और लेखन, कानून और न्याय, और धर्म

और आध्यात्मिकता। उनके प्रेम और संबंधों में, वे स्वतंत्र, साहसी, ईमानदार, आशावादी, और कभी-कभी प्रतिबद्धता से डरने वाले होते हैं, और वे अपने संबंधों में स्वतंत्रता, साहस, ईमानदारी, बौद्धिक संगति, और आशावाद की खोज करते हैं।

धनु राशि के लोगों के स्वास्थ्य और कल्याण के लिए, उन्हें अपनी जांघों और कूल्हों, यकृत और रक्त, फेफड़े और श्वसन प्रणाली, चोटों और दुर्घटनाओं, और मेटाबॉलिक समस्याओं पर ध्यान देना चाहिए, और उन्हें अपनी अधीरता और बेचैनी, अति-आत्मविश्वास, प्रतिबद्धता से डर, अति-विश्लेषण, और अव्यवस्थित और अनियमित प्रकृति को प्रबंधित करना सीखना चाहिए। उनके लिए कुछ ज्योतिषीय उपाय भी हैं, जैसे पुखराज पहनना, बृहस्पति मंत्रों का जाप करना, और गुरुवार का व्रत रखना, जो उन्हें अपने जीवन के विभिन्न पहलुओं में सफलता और संतुलन प्राप्त करने में मदद कर सकते हैं।

अंत में, धनु राशि के लोगों को अपने गुणों का लाभ उठाना चाहिए और अपनी कमजोरियों पर काम करना चाहिए। उन्हें अपने साहस, स्वतंत्रता, और अन्वेषणात्मक स्वभाव का उपयोग अपने लक्ष्यों को प्राप्त करने के लिए करना चाहिए, लेकिन साथ ही उन्हें अपनी अधीरता, अति-स्पष्टवादिता, अति-आत्मविश्वास, अव्यवस्थित प्रकृति,

और वचन न निभाने की प्रवृत्ति को प्रबंधित करना
सीखना चाहिए।

अध्याय 12: मकर राशि (Capricorn) - 22 दिसंबर से 19 जनवरी

मकर राशि का परिचय

मकर राशि ज्योतिष चक्र की दसवीं राशि है, जो 22 दिसंबर से 19 जनवरी तक चलती है। इस राशि का प्रतीक मगरमच्छ या बकरी की पूंछ वाला जानवर है, जो इसके दृढ़, महत्वाकांक्षी और अनुशासित स्वभाव का प्रतिनिधित्व करता है। मकर राशि पृथ्वी तत्व से संबंधित है, जो इसे व्यावहारिक, स्थिर और विश्वसनीय बनाता है।

मकर राशि एक चर राशि है, जो इसके परिवर्तनशील, अनुकूलनशील और बहुमुखी स्वभाव को दर्शाता है। मकर राशि का शासक ग्रह शनि है, जो अनुशासन, जिम्मेदारी और कड़ी मेहनत का प्रतिनिधित्व करता है। यह संयोग मकर राशि के लोगों को अनुशासित, जिम्मेदार और कड़ी मेहनत करने वाला बनाता है।

मकर राशि शीत ऋतु के मध्य का प्रतीक है, जब दिन छोटे होते हैं और रात लंबी होती है। इसी तरह, मकर राशि के लोग कठिन परिस्थितियों में भी दृढ़ रहते हैं और

धैर्य और दृढ़ता के साथ अपने लक्ष्यों की ओर बढ़ते हैं। वे व्यावहारिक, महत्वाकांक्षी और अनुशासित होते हैं, और वे अपने जीवन में स्थिरता, सुरक्षा और सफलता को महत्व देते हैं।

मकर राशि के व्यक्तित्व लक्षण

मकर राशि के लोगों का व्यक्तित्व उनके पृथ्वी तत्व और चर गुण से गहराई से प्रभावित होता है। यहां मकर राशि के कुछ प्रमुख व्यक्तित्व लक्षण दिए गए हैं:

महत्वाकांक्षी और लक्ष्य-उन्मुख

मकर राशि के लोग अपनी महत्वाकांक्षा और लक्ष्य-उन्मुखता के लिए जाने जाते हैं। वे अपने जीवन में स्पष्ट लक्ष्य रखते हैं और उन्हें प्राप्त करने के लिए कड़ी मेहनत करते हैं। उनकी यह महत्वाकांक्षा और लक्ष्य-उन्मुखता उन्हें अपने जीवन में सफलता और उपलब्धि प्राप्त करने में मदद करती है।

अनुशासित और जिम्मेदार

मकर राशि के लोग अपने अनुशासन और जिम्मेदारी के लिए जाने जाते हैं। वे अपने कर्तव्यों और जिम्मेदारियों को गंभीरता से लेते हैं और उन्हें पूरा करने के लिए कड़ी मेहनत करते हैं। उनका यह अनुशासन और जिम्मेदारी उन्हें विश्वसनीय और भरोसेमंद बनाती है।

व्यावहारिक और यथार्थवादी

मकर राशि के लोग अपनी व्यावहारिकता और यथार्थवादिता के लिए जाने जाते हैं। वे जीवन को यथार्थवादी दृष्टिकोण से देखते हैं और अपने निर्णयों में व्यावहारिक होते हैं। उनकी यह व्यावहारिकता और यथार्थवादिता उन्हें जीवन की चुनौतियों का सामना करने और समस्याओं का समाधान करने में मदद करती है।

धैर्यवान और दृढ़

मकर राशि के लोग अपने धैर्य और दृढ़ता के लिए जाने जाते हैं। वे अपने लक्ष्यों को प्राप्त करने के लिए धैर्य और दृढ़ता के साथ काम करते हैं और कठिनाइयों से हार नहीं मानते। उनका यह धैर्य और दृढ़ता उन्हें अपने लक्ष्यों को प्राप्त करने और चुनौतियों का सामना करने में मदद करती है।

संरक्षित और आत्म-नियंत्रित

मकर राशि के लोग अपनी संरक्षित और आत्म-नियंत्रित प्रकृति के लिए जाने जाते हैं। वे अपनी भावनाओं और विचारों को नियंत्रित करते हैं और अपने आप को दूसरों से संरक्षित रखते हैं। उनकी यह संरक्षित और आत्म-नियंत्रित प्रकृति उन्हें स्थिर और संतुलित बनाती है, लेकिन कभी-कभी यह उन्हें भावनात्मक रूप से अनुपलब्ध और दूर भी बना सकती है।

परंपरावादी और रूढ़िवादी

मकर राशि के लोग अपनी परंपरावादी और रूढ़िवादी प्रकृति के लिए जाने जाते हैं। वे परंपराओं और मूल्यों को महत्व देते हैं और परिवर्तन से डरते हैं। उनकी यह परंपरावादी और रूढ़िवादी प्रकृति उन्हें स्थिर और विश्वसनीय बनाती है, लेकिन कभी-कभी यह उन्हें अनम्य और परिवर्तन के प्रति प्रतिरोधी भी बना सकती है।

आत्म-निर्भर और स्वतंत्र

मकर राशि के लोग अपनी आत्म-निर्भरता और स्वतंत्रता के लिए जाने जाते हैं। वे अपने काम खुद करना पसंद करते हैं और दूसरों पर निर्भर नहीं रहना चाहते। उनकी यह आत्म-निर्भरता और स्वतंत्रता उन्हें मजबूत और स्वतंत्र बनाती है, लेकिन कभी-कभी यह उन्हें अकेला और अलग-थलग भी बना सकती है।

गंभीर और शांत

मकर राशि के लोग अपनी गंभीरता और शांति के लिए जाने जाते हैं। वे जीवन को गंभीरता से लेते हैं और अक्सर शांत और संयमित रहते हैं। उनकी यह गंभीरता और शांति उन्हें स्थिर और संतुलित बनाती है, लेकिन कभी-कभी यह उन्हें गंभीर और उदास भी बना सकती है।

मकर राशि के गुण और कमजोरियां

हर राशि की तरह, मकर राशि के भी अपने विशिष्ट गुण और कमजोरियां हैं। यहां मकर राशि के कुछ प्रमुख गुण और कमजोरियां दी गई हैं:

गुण

1. **महत्वाकांक्षा और लक्ष्य-उन्मुखता**: मकर राशि के लोग अत्यधिक महत्वाकांक्षी और लक्ष्य-उन्मुख होते हैं, जो उन्हें अपने जीवन में सफलता और उपलब्धि प्राप्त करने में मदद करता है।

2. **अनुशासन और जिम्मेदारी**: मकर राशि के लोग अत्यधिक अनुशासित और जिम्मेदार होते हैं, जो उन्हें विश्वसनीय और भरोसेमंद बनाता है।

3. **व्यावहारिकता और यथार्थवादिता**: मकर राशि के लोग अत्यधिक व्यावहारिक और यथार्थवादी होते हैं, जो उन्हें जीवन की चुनौतियों का सामना करने और समस्याओं का समाधान करने में मदद करता है।

4. **धैर्य और दृढ़ता**: मकर राशि के लोग अत्यधिक धैर्यवान और दृढ़ होते हैं, जो उन्हें अपने लक्ष्यों को प्राप्त करने और चुनौतियों का सामना करने में मदद करता है।

5. **आत्म-निर्भरता और स्वतंत्रता**: मकर राशि के लोग अत्यधिक आत्म-निर्भर और स्वतंत्र होते हैं, जो उन्हें मजबूत और स्वतंत्र बनाता है।

कमजोरियां

1. **संरक्षित और भावनात्मक रूप से अनुपलब्ध**: मकर राशि के लोग कभी-कभी अत्यधिक संरक्षित और भावनात्मक रूप से अनुपलब्ध हो सकते हैं, जो उनके संबंधों को प्रभावित कर सकता है।

2. **परंपरावादी और अनम्य**: मकर राशि के लोग कभी-कभी अत्यधिक परंपरावादी और अनम्य हो सकते हैं, जो उन्हें परिवर्तन के प्रति प्रतिरोधी बना सकता है।

3. **आलोचनात्मक और निराशावादी**: मकर राशि के लोग कभी-कभी अत्यधिक आलोचनात्मक और निराशावादी हो सकते हैं, जो उनके दृष्टिकोण और संबंधों को प्रभावित कर सकता है।

4. **कार्य-केंद्रित और संतुलन की कमी**: मकर राशि के लोग कभी-कभी अत्यधिक कार्य-केंद्रित हो सकते हैं और अपने जीवन में संतुलन बनाए रखने में कठिनाई महसूस कर सकते हैं।

5. **नियंत्रण की आवश्यकता**: मकर राशि के लोग कभी-कभी अत्यधिक नियंत्रण की

आवश्यकता महसूस कर सकते हैं, जो उनके संबंधों और कार्य वातावरण को प्रभावित कर सकता है।

मकर राशि के लिए करियर और व्यावसायिक मार्गदर्शन

मकर राशि के लोगों के व्यक्तित्व लक्षण उन्हें कुछ विशेष करियर और व्यावसायिक क्षेत्रों के लिए अधिक उपयुक्त बनाते हैं। यहां मकर राशि के लोगों के लिए कुछ अनुकूल करियर विकल्प और व्यावसायिक मार्गदर्शन दिया गया है:

अनुकूल करियर विकल्प

1. **व्यापार और प्रबंधन:** मकर राशि के लोगों की अनुशासित, जिम्मेदार और महत्वाकांक्षी प्रकृति उन्हें व्यापारी, प्रबंधक, या उद्यमी के रूप में सफल बना सकती है।

2. **वित्त और लेखा:** मकर राशि के लोगों की व्यावहारिक, यथार्थवादी और विश्लेषणात्मक प्रकृति उन्हें वित्तीय सलाहकार, लेखाकार, या बैंकर के रूप में सफल बना सकती है।

3. **कानून और न्याय:** मकर राशि के लोगों की अनुशासित, जिम्मेदार और न्यायप्रिय प्रकृति उन्हें वकील, न्यायाधीश, या कानूनी सलाहकार के रूप में सफल बना सकती है।

4. **इंजीनियरिंग और वास्तुकला**: मकर राशि के लोगों की व्यावहारिक, यथार्थवादी और विश्लेषणात्मक प्रकृति उन्हें इंजीनियर, वास्तुकार, या निर्माण प्रबंधक के रूप में सफल बना सकती है।

5. **शिक्षा और अनुसंधान**: मकर राशि के लोगों की अनुशासित, जिम्मेदार और ज्ञानी प्रकृति उन्हें शिक्षक, प्रोफेसर, या अनुसंधानकर्ता के रूप में सफल बना सकती है।

व्यावसायिक मार्गदर्शन

1. **अपने अनुशासन का लाभ उठाएं**: मकर राशि के लोग अत्यधिक अनुशासित होते हैं, जो उन्हें व्यावसायिक दुनिया में मूल्यवान बनाता है। वे अपने अनुशासन का उपयोग अपने लक्ष्यों को प्राप्त करने, समय प्रबंधन में सुधार करने और अपनी उत्पादकता बढ़ाने के लिए कर सकते हैं।

2. **अपनी महत्वाकांक्षा का उपयोग करें**: मकर राशि के लोग अत्यधिक महत्वाकांक्षी होते हैं, जो उन्हें अपने लक्ष्यों को प्राप्त करने और सफलता प्राप्त करने में मदद करता है। वे अपनी महत्वाकांक्षा का उपयोग अपने करियर में आगे बढ़ने, नए अवसरों की तलाश करने और अपने व्यावसायिक लक्ष्यों को प्राप्त करने के लिए कर सकते हैं।

3.   **अपनी व्यावहारिकता को संतुलित करें**:
मकर राशि के लोग अत्यधिक व्यावहारिक होते हैं, जो उन्हें समस्याओं का समाधान करने और यथार्थवादी निर्णय लेने में मदद करता है। हालांकि, उन्हें अपनी व्यावहारिकता को रचनात्मकता और नवाचार के साथ संतुलित करना सीखना चाहिए।

4.   **अपनी संरक्षित प्रकृति को प्रबंधित करें**: मकर राशि के लोग कभी-कभी अत्यधिक संरक्षित हो सकते हैं, जो उनके संबंधों और संचार को प्रभावित कर सकता है। उन्हें अपनी संरक्षित प्रकृति को प्रबंधित करना सीखना चाहिए और अपने विचारों और भावनाओं को अधिक खुलकर साझा करना सीखना चाहिए।

5.   **अपने जीवन में संतुलन बनाएं**: मकर राशि के लोग कभी-कभी अत्यधिक कार्य-केंद्रित हो सकते हैं और अपने जीवन में संतुलन बनाए रखने में कठिनाई महसूस कर सकते हैं। उन्हें अपने काम और व्यक्तिगत जीवन के बीच संतुलन बनाना सीखना चाहिए और अपने स्वास्थ्य और कल्याण पर ध्यान देना चाहिए।

मकर राशि के लिए प्रेम और संबंध

मकर राशि के लोगों के व्यक्तित्व लक्षण उनके प्रेम और संबंधों को भी प्रभावित करते हैं। यहां मकर राशि

के लोगों के प्रेम और संबंधों के बारे में कुछ अंतर्दृष्टि दी गई है:

प्रेम में मकर

1. **प्रतिबद्ध और विश्वसनीय**: मकर राशि के लोग अपने प्रेम संबंधों में अत्यधिक प्रतिबद्ध और विश्वसनीय होते हैं। वे अपने साथी के प्रति वफादार रहते हैं और उनके साथ एक स्थिर और सुरक्षित संबंध बनाना चाहते हैं। उनकी यह प्रतिबद्धता और विश्वसनीयता उनके संबंध में स्थिरता और सुरक्षा लाती है।

2. **धीमी गति से आगे बढ़ना**: मकर राशि के लोग अपने प्रेम संबंधों में धीमी गति से आगे बढ़ते हैं। वे जल्दबाजी नहीं करते और अपने साथी को जानने और समझने के लिए समय लेते हैं। उनकी यह धीमी गति उनके संबंध में गहराई और समझ लाती है।

3. **व्यावहारिक और यथार्थवादी**: मकर राशि के लोग अपने प्रेम संबंधों में अत्यधिक व्यावहारिक और यथार्थवादी होते हैं। वे रोमांटिक भावनाओं से अधिक व्यावहारिक पहलुओं पर ध्यान देते हैं और अपने संबंध में स्थिरता और सुरक्षा चाहते हैं। उनकी यह व्यावहारिकता और यथार्थवादिता उनके संबंध में स्थिरता और सुरक्षा लाती है, लेकिन कभी-कभी यह उनके संबंध में रोमांस और भावना की कमी भी ला सकती है।

4. **संरक्षित और भावनात्मक रूप से अनुपलब्ध**: मकर राशि के लोग कभी-कभी अपने प्रेम संबंधों में संरक्षित और भावनात्मक रूप से अनुपलब्ध हो सकते हैं। वे अपनी भावनाओं को व्यक्त करने में कठिनाई महसूस कर सकते हैं और अपने आप को दूसरों से संरक्षित रखते हैं। उनकी यह संरक्षित और भावनात्मक रूप से अनुपलब्ध प्रकृति उनके संबंध में दूरी और अलगाव ला सकती है।

5. **परंपरावादी और रूढ़िवादी**: मकर राशि के लोग अपने प्रेम संबंधों में अत्यधिक परंपरावादी और रूढ़िवादी होते हैं। वे परंपराओं और मूल्यों को महत्व देते हैं और अपने संबंध में परंपरागत भूमिकाओं और मूल्यों का पालन करना चाहते हैं। उनकी यह परंपरावादी और रूढ़िवादी प्रकृति उनके संबंध में स्थिरता और सुरक्षा लाती है, लेकिन कभी-कभी यह उनके संबंध में अनम्यता और परिवर्तन के प्रति प्रतिरोध भी ला सकती है।

संबंधों में मकर

1. **प्रतिबद्धता और स्थिरता**: मकर राशि के लोग अपने संबंधों में प्रतिबद्धता और स्थिरता को बहुत महत्व देते हैं। वे अपने साथी के प्रति वफादार रहते हैं और उनके साथ एक स्थिर और सुरक्षित संबंध बनाना चाहते हैं।

2.	**सम्मान और आदर**: मकर राशि के लोग अपने संबंधों में सम्मान और आदर को बहुत महत्व देते हैं। वे अपने साथी का सम्मान करते हैं और उनसे भी वही अपेक्षा करते हैं।

3.	**व्यावहारिकता और यथार्थवादिता**: मकर राशि के लोग अपने संबंधों में व्यावहारिकता और यथार्थवादिता को बहुत महत्व देते हैं। वे रोमांटिक भावनाओं से अधिक व्यावहारिक पहलुओं पर ध्यान देते हैं और अपने संबंध में स्थिरता और सुरक्षा चाहते हैं।

4.	**परंपरा और मूल्य**: मकर राशि के लोग अपने संबंधों में परंपरा और मूल्यों को बहुत महत्व देते हैं। वे परंपराओं और मूल्यों को महत्व देते हैं और अपने संबंध में परंपरागत भूमिकाओं और मूल्यों का पालन करना चाहते हैं।

5.	**धैर्य और समझ**: मकर राशि के लोग अपने संबंधों में धैर्य और समझ को बहुत महत्व देते हैं। वे अपने साथी को समझने और उनके साथ धैर्य रखने की कोशिश करते हैं।

संगतता

मकर राशि के लोग कुछ राशियों के साथ अधिक संगत होते हैं, जबकि अन्य के साथ उनकी संगतता कम होती है। यहां मकर राशि की अन्य राशियों के साथ संगतता का एक संक्षिप्त विवरण दिया गया है:

1. **वृषभ और कन्या**: ये दोनों पृथ्वी तत्व की राशियां हैं और मकर के साथ अच्छी तरह से मेल खाती हैं। वे मकर की व्यावहारिकता, यथार्थवादिता और अनुशासन को समझते हैं और सराहना करते हैं।

2. **मीन और वृश्चिक**: ये जल तत्व की राशियां हैं जो मकर के साथ अच्छी तरह से मेल खाती हैं। मीन की संवेदनशीलता और वृश्चिक की गहराई मकर की व्यावहारिकता और अनुशासन के साथ संतुलित हो सकती है।

मध्यम संगतता

1. **कुंभ और तुला**: ये राशियां मकर के साथ मध्यम संगतता रखती हैं। कुंभ की स्वतंत्रता और तुला की संतुलित प्रकृति मकर की अनुशासित और व्यावहारिक प्रकृति के साथ संतुलित हो सकती है, लेकिन कभी-कभी संघर्ष भी हो सकता है।

2. **धनु और मेष**: ये राशियां मकर के साथ मध्यम संगतता रखती हैं। धनु की स्वतंत्रता और मेष की ऊर्जा मकर की अनुशासित और व्यावहारिक प्रकृति के साथ संतुलित हो सकती है, लेकिन कभी-कभी संघर्ष भी हो सकता है।

1. **सिंह और कर्क**: ये राशियां मकर के साथ कम संगतता रखती हैं। सिंह की आत्म-केंद्रितता और कर्क की भावनात्मकता मकर की अनुशासित और व्यावहारिक प्रकृति के साथ संघर्ष कर सकती है।

2. **मिथुन**: मिथुन राशि मकर के साथ सबसे कम संगतता रखती है। मिथुन की अस्थिरता और परिवर्तनशीलता मकर की स्थिरता और अनुशासन के साथ संघर्ष कर सकती है।

मकर राशि के लिए स्वास्थ्य और कल्याण

मकर राशि के लोगों के व्यक्तित्व लक्षण उनके स्वास्थ्य और कल्याण को भी प्रभावित करते हैं। यहां मकर राशि के लोगों के स्वास्थ्य और कल्याण के बारे में कुछ अंतर्दृष्टि दी गई है:

शारीरिक स्वास्थ्य

1. **घुटने और हड्डियां**: ज्योतिष के अनुसार, मकर राशि शरीर के घुटनों और हड्डियों से जुड़ी है। इसका मतलब है कि मकर राशि के लोगों को घुटनों और हड्डियों से संबंधित समस्याएं, जैसे गठिया, ऑस्टियोपोरोसिस, या घुटने की चोटें हो सकती हैं।

2.	**त्वचा और दांत**: मकर राशि के लोगों को अक्सर त्वचा और दांतों से संबंधित समस्याएं हो सकती हैं, जैसे त्वचा की सूखापन, एक्जिमा, या दांतों की समस्याएं।

3.	**पाचन प्रणाली**: मकर राशि के लोगों को अक्सर पाचन प्रणाली से संबंधित समस्याएं हो सकती हैं, जैसे अपच, कब्ज, या पेट की समस्याएं।

4.	**पीठ और रीढ़ की हड्डी**: मकर राशि के लोगों को अक्सर पीठ और रीढ़ की हड्डी से संबंधित समस्याएं हो सकती हैं, जैसे पीठ दर्द, स्कोलियोसिस, या डिस्क की समस्याएं।

5.	**थकान और कमजोरी**: मकर राशि के लोगों को अक्सर थकान और कमजोरी महसूस हो सकती है, विशेष रूप से जब वे अत्यधिक काम कर रहे हों या तनाव में हों।

मानसिक और भावनात्मक स्वास्थ्य

1.	**तनाव और चिंता**: मकर राशि के लोगों की महत्वाकांक्षी और कार्य-केंद्रित प्रकृति उन्हें तनाव और चिंता के प्रति संवेदनशील बना सकती है। वे अपने लक्ष्यों को प्राप्त करने के लिए कड़ी मेहनत करते हैं और अक्सर अपने आप पर बहुत दबाव डालते हैं, जो उन्हें तनाव और चिंता दे सकता है।

2. **अवसाद और निराशा**: मकर राशि के लोगों की निराशावादी प्रकृति उन्हें अवसाद और निराशा के प्रति संवेदनशील बना सकती है। वे अक्सर चीजों के नकारात्मक पहलुओं पर ध्यान केंद्रित करते हैं और अपनी उपलब्धियों की सराहना करने में कठिनाई महसूस कर सकते हैं, जो उन्हें अवसाद और निराशा दे सकता है।

3. **भावनात्मक अवरोध**: मकर राशि के लोगों की संरक्षित और आत्म-नियंत्रित प्रकृति उन्हें भावनात्मक अवरोध का अनुभव करा सकती है। वे अपनी भावनाओं को व्यक्त करने में कठिनाई महसूस कर सकते हैं और अपने आप को दूसरों से संरक्षित रखते हैं, जो उन्हें भावनात्मक अवरोध और अलगाव दे सकता है।

4. **परफेक्शनिज्म और आत्म-आलोचना**: मकर राशि के लोगों की महत्वाकांक्षी और अनुशासित प्रकृति उन्हें परफेक्शनिज्म और आत्म-आलोचना का अनुभव करा सकती है। वे अपने आप से बहुत अधिक अपेक्षा करते हैं और अपनी गलतियों और कमियों के लिए अपने आप की आलोचना करते हैं, जो उन्हें तनाव और चिंता दे सकता है।

5. **नियंत्रण की आवश्यकता**: मकर राशि के लोगों की नियंत्रण की आवश्यकता उन्हें तनाव और चिंता दे सकती है, विशेष रूप से जब चीजें

उनके नियंत्रण से बाहर हों। वे अपने जीवन और परिस्थितियों पर नियंत्रण रखना चाहते हैं और जब वे ऐसा नहीं कर पाते, तो वे तनाव और चिंता महसूस कर सकते हैं।

स्वास्थ्य और कल्याण के लिए सुझाव

1. **नियमित व्यायाम:** मकर राशि के लोगों को नियमित व्यायाम करना चाहिए, विशेष रूप से ऐसे व्यायाम जो घुटनों और हड्डियों को मजबूत करते हैं, जैसे योग, पिलेट्स, या तैराकी।

2. **संतुलित आहार:** मकर राशि के लोगों को एक संतुलित आहार का पालन करना चाहिए, जिसमें सभी आवश्यक पोषक तत्व शामिल हों। उन्हें विशेष रूप से कैल्शियम और विटामिन डी से भरपूर खाद्य पदार्थ खाना चाहिए, जो हड्डियों के स्वास्थ्य के लिए महत्वपूर्ण हैं।

3. **तनाव प्रबंधन:** मकर राशि के लोगों को अपने तनाव और चिंता को प्रबंधित करने के लिए तनाव प्रबंधन तकनीकों का अभ्यास करना चाहिए, जैसे ध्यान, गहरी सांस लेने के व्यायाम, या योग।

4. **आराम और विश्राम:** मकर राशि के लोगों को अपने जीवन में आराम और विश्राम के लिए समय निकालना चाहिए। वे अक्सर अत्यधिक काम करते हैं और अपने आप को थका देते हैं,

इसलिए उन्हें अपने शरीर और मन को आराम देने के लिए समय निकालना चाहिए।

5. **भावनात्मक अभिव्यक्ति**: मकर राशि के लोगों को अपनी भावनाओं को व्यक्त करने और दूसरों के साथ अपने विचारों और भावनाओं को साझा करने का प्रयास करना चाहिए। यह उन्हें भावनात्मक अवरोध और अलगाव से बचने में मदद कर सकता है।

प्रसिद्ध मकर राशि के व्यक्ति

मकर राशि के कई प्रसिद्ध व्यक्ति हैं जिन्होंने विभिन्न क्षेत्रों में अपनी छाप छोड़ी है। यहां कुछ प्रसिद्ध मकर राशि के व्यक्तियों की सूची दी गई है:

अभिनेता और अभिनेत्रियां

1. **जिम कैरी**: कनाडाई-अमेरिकी अभिनेता और कॉमेडियन, जो द ट्रूमैन शो, एटरनल सनशाइन ऑफ द स्पॉटलेस माइंड, और एस लायर लायर जैसी फिल्मों के लिए जाने जाते हैं।

2. **मिशेल ओबामा**: अमेरिकी वकील और लेखिका, जो संयुक्त राज्य अमेरिका की पूर्व प्रथम महिला हैं।

3. **दीपिका पादुकोण**: भारतीय अभिनेत्री, जो पद्मावत, चेन्नई एक्सप्रेस, और बाजीराव मस्तानी जैसी फिल्मों के लिए जानी जाती हैं।

4. **ब्रैडली कूपर**: अमेरिकी अभिनेता और निर्माता, जो सिल्वर लाइनिंग्स प्लेबुक, अमेरिकन स्नाइपर, और ए स्टार इज बॉर्न जैसी फिल्मों के लिए जाने जाते हैं।

5. **केट मिडलटन**: ब्रिटिश रॉयल्टी, जो केम्ब्रिज की डचेस और प्रिंस विलियम की पत्नी हैं।

संगीतकार

1. **एल्विस प्रेस्ली**: अमेरिकी गायक और अभिनेता, जिन्हें "रॉक एंड रोल के राजा" के रूप में जाना जाता है और जो अपने हिट गानों जैसे "हाउंड डॉग", "जेलहाउस रॉक", और "कैन्ट हेल्प फॉलिंग इन लव" के लिए जाने जाते हैं।

2. **डेविड बोवी**: ब्रिटिश गायक, गीतकार और अभिनेता, जो अपने हिट गानों जैसे "स्पेस ओडिटी", "हीरोज", और "लेट्स डांस" के लिए जाने जाते हैं।

3. **ए.आर. रहमान**: भारतीय संगीतकार, गायक और गीतकार, जो अपने फिल्म संगीत के लिए जाने जाते हैं और जिन्होंने स्लमडॉग मिलियनेयर के लिए ऑस्कर जीता है।

4. **मैरी जे. ब्लाइज**: अमेरिकी गायिका, गीतकार और अभिनेत्री, जो अपने हिट गानों जैसे

“फैमिली अफेयर”, “रियल लव”, और “नो मोर ड्रामा” के लिए जानी जाती हैं।

5. **जेनिफर लोपेज**: अमेरिकी गायिका, अभिनेत्री और व्यवसायी, जो अपने हिट गानों जैसे “ऑन द फ्लोर”, “जेनी फ्रॉम द ब्लॉक”, और “वेटिंग फॉर टुनाइट” के लिए जानी जाती हैं।

खिलाड़ी

1. **मोहम्मद सलाह**: मिस्री फुटबॉल खिलाड़ी, जो लिवरपूल और मिस्र राष्ट्रीय टीम के लिए खेलते हैं और दुनिया के सर्वश्रेष्ठ फुटबॉल खिलाड़ियों में से एक माने जाते हैं।

2. **लेब्रोन जेम्स**: अमेरिकी बास्केटबॉल खिलाड़ी, जो लॉस एंजिल्स लेकर्स के लिए खेलते हैं और दुनिया के सर्वश्रेष्ठ बास्केटबॉल खिलाड़ियों में से एक माने जाते हैं।

3. **रोजर फेडरर**: स्विस टेनिस खिलाड़ी, जिन्होंने 20 ग्रैंड स्लैम एकल खिताब जीते हैं और दुनिया के सर्वश्रेष्ठ टेनिस खिलाड़ियों में से एक माने जाते हैं।

4. **विराट कोहली**: भारतीय क्रिकेट खिलाड़ी, जो भारतीय क्रिकेट टीम के पूर्व कप्तान हैं और दुनिया के सर्वश्रेष्ठ बल्लेबाजों में से एक माने जाते हैं।

5. **सेरेना विलियम्स**: अमेरिकी टेनिस खिलाड़ी, जिन्होंने 23 ग्रैंड स्लैम एकल खिताब जीते हैं और दुनिया की सर्वश्रेष्ठ टेनिस खिलाड़ियों में से एक मानी जाती हैं।

राजनेता और नेता

1. **बेंजामिन फ्रैंकलिन**: अमेरिकी राजनेता, लेखक, वैज्ञानिक और आविष्कारक, जो अमेरिकी स्वतंत्रता की घोषणा के हस्ताक्षरकर्ताओं में से एक थे।

2. **मार्टिन लूथर किंग जूनियर**: अमेरिकी नागरिक अधिकार आंदोलन के नेता, जिन्होंने अमेरिका में नस्लीय भेदभाव के खिलाफ अहिंसक विरोध का नेतृत्व किया।

3. **महात्मा गांधी**: भारतीय स्वतंत्रता आंदोलन के नेता, जिन्होंने अहिंसा और सत्याग्रह के सिद्धांतों का प्रचार किया।

4. **अब्राहम लिंकन**: अमेरिकी राजनेता, जो संयुक्त राज्य अमेरिका के 16वें राष्ट्रपति थे और अमेरिकी गृहयुद्ध के दौरान देश का नेतृत्व किया।

5. **मिशेल ओबामा**: अमेरिकी वकील और लेखिका, जो संयुक्त राज्य अमेरिका की पूर्व प्रथम महिला हैं।

मकर राशि के लिए ज्योतिषीय उपाय

मकर राशि के लोगों के लिए कुछ ज्योतिषीय उपाय हैं जो उन्हें अपने जीवन के विभिन्न पहलुओं में सफलता और संतुलन प्राप्त करने में मदद कर सकते हैं। यहां मकर राशि के लोगों के लिए कुछ ज्योतिषीय उपाय दिए गए हैं:

रत्न और उपरत्न

1. **नीलम (Blue Sapphire):** मकर राशि का मुख्य रत्न नीलम है, जो शनि ग्रह से जुड़ा है। नीलम पहनने से मकर राशि के लोगों को अनुशासन, जिम्मेदारी और कड़ी मेहनत में मदद मिल सकती है। यह उन्हें अपने जीवन में सफलता और स्थिरता प्राप्त करने में मदद कर सकता है।

2. **अमेथिस्ट (Amethyst):** अमेथिस्ट मकर राशि के लिए एक उपरत्न है। यह रत्न मकर राशि के लोगों को शांति, संतुलन और आध्यात्मिक जागरूकता प्रदान कर सकता है। यह उन्हें अपने जीवन में शांति और संतुलन प्राप्त करने और अपनी आध्यात्मिक यात्रा में आगे बढ़ने में मदद कर सकता है।

3. **टूरमलीन (Tourmaline):** टूरमलीन भी मकर राशि के लिए एक उपरत्न है। यह रत्न मकर राशि के लोगों को सुरक्षा, शक्ति और आत्मविश्वास प्रदान कर सकता है। यह उन्हें अपने जीवन में

सुरक्षा और स्थिरता प्राप्त करने और अपने आत्मविश्वास को बढ़ाने में मदद कर सकता है।

मंत्र और स्तोत्र

1. **शनि मंत्र:** "ॐ शं शनैश्चराय नमः" या "ॐ प्रां प्रीं प्रौं सः शनये नमः" शनि ग्रह के मंत्र हैं, जो मकर राशि के शासक ग्रह हैं। इन मंत्रों का जाप करने से मकर राशि के लोगों को शनि ग्रह के नकारात्मक प्रभावों से बचने और सकारात्मक प्रभावों को बढ़ाने में मदद मिल सकती है।

2. **शनि स्तोत्र:** शनि स्तोत्र शनि देवता की स्तुति का एक प्राचीन स्तोत्र है। इस स्तोत्र का पाठ करने से मकर राशि के लोगों को शनि ग्रह के नकारात्मक प्रभावों से बचने और सकारात्मक प्रभावों को बढ़ाने में मदद मिल सकती है।

3. **हनुमान चालीसा:** हनुमान चालीसा भगवान हनुमान की स्तुति का एक प्राचीन स्तोत्र है। इस स्तोत्र का पाठ करने से मकर राशि के लोगों को शनि ग्रह के नकारात्मक प्रभावों से बचने और सकारात्मक प्रभावों को बढ़ाने में मदद मिल सकती है।

दान और धार्मिक अनुष्ठान

1. **शनिवार का व्रत:** शनिवार शनि ग्रह का दिन है। शनिवार को व्रत रखने और शनि देवता की पूजा करने से मकर राशि के लोगों को शनि ग्रह के

नकारात्मक प्रभावों से बचने और सकारात्मक प्रभावों को बढ़ाने में मदद मिल सकती है।

2. **काली वस्तुओं का दान**: काला रंग शनि ग्रह का रंग है। काली वस्तुओं जैसे काले कपड़े, काली दाल, या काले तिल का दान करने से मकर राशि के लोगों को शनि ग्रह के नकारात्मक प्रभावों से बचने और सकारात्मक प्रभावों को बढ़ाने में मदद मिल सकती है।

3. **शनि यंत्र की स्थापना**: शनि यंत्र एक धार्मिक प्रतीक है जो शनि ग्रह की शक्ति को आकर्षित करता है। शनि यंत्र की स्थापना करने और उसकी पूजा करने से मकर राशि के लोगों को शनि ग्रह के नकारात्मक प्रभावों से बचने और सकारात्मक प्रभावों को बढ़ाने में मदद मिल सकती है।

वास्तु और फेंगशुई के सुझाव

1. **नीले रंग का उपयोग**: नीला रंग शनि ग्रह का रंग है और मकर राशि के लोगों के लिए शुभ माना जाता है। मकर राशि के लोग अपने घर या कार्यस्थल में नीले रंग का उपयोग कर सकते हैं, जैसे नीली दीवारें, नीला फर्नीचर, या नीले सजावटी सामान।

2. **पश्चिम और दक्षिण-पश्चिम दिशा का महत्व**: पश्चिम और दक्षिण-पश्चिम दिशा शनि ग्रह की

दिशा है। मकर राशि के लोग अपने घर या कार्यस्थल में पश्चिम और दक्षिण-पश्चिम दिशा का विशेष ध्यान रख सकते हैं और इस दिशा में शुभ वस्तुओं को रख सकते हैं।

3. **शनि की तस्वीर या प्रतीक का उपयोग**: मकर राशि के लोग अपने घर या कार्यस्थल में शनि की तस्वीर या प्रतीक का उपयोग कर सकते हैं, जो उन्हें शनि ग्रह की सकारात्मक ऊर्जा प्राप्त करने में मदद कर सकता है।

निष्कर्ष

मकर राशि ज्योतिष चक्र की दसवीं राशि है, जो अनुशासन, जिम्मेदारी और कड़ी मेहनत का प्रतीक है। मकर राशि के लोग अपने अनुशासन, जिम्मेदारी और कड़ी मेहनत के लिए जाने जाते हैं। वे महत्वाकांक्षी, व्यावहारिक और यथार्थवादी होते हैं, और वे अपने जीवन में स्थिरता, सुरक्षा और सफलता को महत्व देते हैं।

मकर राशि के लोगों के व्यक्तित्व लक्षण उन्हें कुछ विशेष करियर और व्यावसायिक क्षेत्रों के लिए अधिक उपयुक्त बनाते हैं, जैसे व्यापार और प्रबंधन, वित्त और लेखा, कानून और न्याय, इंजीनियरिंग और वास्तुकला, और शिक्षा और अनुसंधान। उनके प्रेम और संबंधों में, वे प्रतिबद्ध, विश्वसनीय, व्यावहारिक, यथार्थवादी, और कभी-

कभी संरक्षित और भावनात्मक रूप से अनुपलब्ध होते हैं, और वे अपने संबंधों में प्रतिबद्धता, स्थिरता, सम्मान, व्यावहारिकता, और परंपरा की खोज करते हैं।

मकर राशि के लोगों के स्वास्थ्य और कल्याण के लिए, उन्हें अपने घुटनों और हड्डियों, त्वचा और दांतों, पाचन प्रणाली, पीठ और रीढ़ की हड्डी, और थकान और कमजोरी पर ध्यान देना चाहिए, और उन्हें अपने तनाव और चिंता, अवसाद और निराशा, भावनात्मक अवरोध, परफेक्शनिज्म और आत्म-आलोचना, और नियंत्रण की आवश्यकता को प्रबंधित करना सीखना चाहिए। उनके लिए कुछ ज्योतिषीय उपाय भी हैं, जैसे नीलम पहनना, शनि मंत्रों का जाप करना, और शनिवार का व्रत रखना, जो उन्हें अपने जीवन के विभिन्न पहलुओं में सफलता और संतुलन प्राप्त करने में मदद कर सकते हैं।

अंत में, मकर राशि के लोगों को अपने गुणों का लाभ उठाना चाहिए और अपनी कमजोरियों पर काम करना चाहिए। उन्हें अपने अनुशासन, जिम्मेदारी और कड़ी मेहनत का उपयोग अपने लक्ष्यों को प्राप्त करने के लिए करना चाहिए, लेकिन साथ ही उन्हें अपनी संरक्षित प्रकृति, परंपरावादी दृष्टिकोण, आलोचनात्मक प्रवृत्ति, कार्य-केंद्रित प्रकृति, और नियंत्रण की आवश्यकता को प्रबंधित करना सीखना चाहिए।

अध्याय 13: कुंभ राशि (Aquarius) - 20 जनवरी से 18 फरवरी

कुंभ राशि का परिचय

कुंभ राशि ज्योतिष चक्र की ग्यारहवीं राशि है, जो 20 जनवरी से 18 फरवरी तक चलती है। इस राशि का प्रतीक पानी ढोने वाला है, जो इसके नवाचारी, मानवतावादी और प्रगतिशील स्वभाव का प्रतिनिधित्व करता है। कुंभ राशि वायु तत्व से संबंधित है, जो इसे बौद्धिक, संचारी और सामाजिक बनाता है।

कुंभ राशि एक स्थिर राशि है, जो इसके दृढ़, स्थिर और अडिग स्वभाव को दर्शाता है। कुंभ राशि के शासक ग्रह शनि और उरेनस हैं, जो क्रमशः अनुशासन और नवाचार का प्रतिनिधित्व करते हैं। यह संयोग कुंभ राशि के लोगों को अनुशासित, नवाचारी और प्रगतिशील बनाता है।

कुंभ राशि शीत ऋतु के अंत का प्रतीक है, जब दिन लंबे होने लगते हैं और वसंत ऋतु का आगमन होता है। इसी तरह, कुंभ राशि के लोग परिवर्तन और नवाचार के वाहक होते हैं और वे हमेशा नए विचारों और दृष्टिकोणों की खोज करते हैं। वे मानवतावादी, प्रगतिशील और

स्वतंत्र होते हैं, और वे अपने जीवन में स्वतंत्रता, समानता और नवाचार को महत्व देते हैं।

कुंभ राशि के व्यक्तित्व लक्षण

कुंभ राशि के लोगों का व्यक्तित्व उनके वायु तत्व और स्थिर गुण से गहराई से प्रभावित होता है। यहां कुंभ राशि के कुछ प्रमुख व्यक्तित्व लक्षण दिए गए हैं:

नवाचारी और प्रगतिशील

कुंभ राशि के लोग अपने नवाचारी और प्रगतिशील विचारों के लिए जाने जाते हैं। वे नए विचारों और दृष्टिकोणों की खोज करते हैं और परंपरागत सोच और मान्यताओं को चुनौती देते हैं। उनकी यह नवाचारी और प्रगतिशील प्रकृति उन्हें समाज में परिवर्तन और प्रगति लाने में मदद करती है।

स्वतंत्र और अनोखे

कुंभ राशि के लोग अपनी स्वतंत्रता और अनोखेपन के लिए जाने जाते हैं। वे अपने विचारों और कार्यों में स्वतंत्र होते हैं और वे अपनी अनोखी पहचान और व्यक्तित्व को महत्व देते हैं। उनकी यह स्वतंत्रता और अनोखापन उन्हें अपने जीवन में अपने नियमों के अनुसार जीने और अपनी अनोखी पहचान बनाने में मदद करता है।

मानवतावादी और सामाजिक

कुंभ राशि के लोग अपने मानवतावादी और सामाजिक दृष्टिकोण के लिए जाने जाते हैं। वे मानवता और समाज के कल्याण के लिए चिंतित होते हैं और वे सामाजिक न्याय और समानता के लिए काम करते हैं। उनका यह मानवतावादी और सामाजिक दृष्टिकोण उन्हें समाज में सकारात्मक परिवर्तन लाने और दूसरों की मदद करने में मदद करता है।

बौद्धिक और विश्लेषणात्मक

कुंभ राशि के लोग अपनी बौद्धिकता और विश्लेषणात्मक क्षमताओं के लिए जाने जाते हैं। वे जीवन और दुनिया के बारे में गहराई से सोचते हैं और वे जटिल समस्याओं का विश्लेषण और समाधान करने में सक्षम होते हैं। उनकी यह बौद्धिकता और विश्लेषणात्मक प्रकृति उन्हें नए विचारों और समाधानों की खोज करने में मदद करती है।

दूरदर्शी और भविष्यवादी

कुंभ राशि के लोग अपनी दूरदर्शिता और भविष्यवादी दृष्टिकोण के लिए जाने जाते हैं। वे भविष्य की संभावनाओं और चुनौतियों के बारे में सोचते हैं और वे भविष्य के लिए नए विचारों और समाधानों की खोज करते हैं। उनकी यह दूरदर्शिता और भविष्यवादी प्रकृति उन्हें भविष्य की चुनौतियों का सामना करने और नए अवसरों का लाभ उठाने में मदद करती है।

अलग-थलग और स्वतंत्र

कुंभ राशि के लोग कभी-कभी अलग-थलग और स्वतंत्र हो सकते हैं। वे अपने विचारों और कार्यों में स्वतंत्र होते हैं और वे अक्सर अपने आप में खोए रहते हैं। उनकी यह अलग-थलग और स्वतंत्र प्रकृति उन्हें अपने विचारों और कार्यों में स्वतंत्रता देती है, लेकिन कभी-कभी यह उन्हें दूसरों से अलग-थलग और अकेला भी बना सकती है।

अनिश्चित और अप्रत्याशित

कुंभ राशि के लोग कभी-कभी अनिश्चित और अप्रत्याशित हो सकते हैं। वे अपने विचारों और कार्यों में अप्रत्याशित होते हैं और वे अक्सर अपने निर्णयों और कार्यों में अनिश्चित होते हैं। उनकी यह अनिश्चित और अप्रत्याशित प्रकृति उन्हें नए विचारों और दृष्टिकोणों की खोज करने में मदद करती है, लेकिन कभी-कभी यह उन्हें अस्थिर और अनिर्णायक भी बना सकती है।

विद्रोही और अनुरूप न होने वाले

कुंभ राशि के लोग कभी-कभी विद्रोही और अनुरूप न होने वाले हो सकते हैं। वे परंपरागत सोच और मान्यताओं को चुनौती देते हैं और वे अक्सर समाज के नियमों और मानदंडों के खिलाफ विद्रोह करते हैं। उनकी यह विद्रोही और अनुरूप न होने वाली प्रकृति उन्हें नए विचारों और

दृष्टिकोणों की खोज करने में मदद करती है, लेकिन कभी-कभी यह उन्हें समाज से अलग-थलग और विवादास्पद भी बना सकती है।

कुंभ राशि के गुण और कमजोरियां

हर राशि की तरह, कुंभ राशि के भी अपने विशिष्ट गुण और कमजोरियां हैं। यहां कुंभ राशि के कुछ प्रमुख गुण और कमजोरियां दी गई हैं:

गुण

1. **नवाचार और प्रगतिशीलता:** कुंभ राशि के लोग अत्यधिक नवाचारी और प्रगतिशील होते हैं, जो उन्हें नए विचारों और समाधानों की खोज करने में मदद करता है।

2. **स्वतंत्रता और अनोखापन:** कुंभ राशि के लोग अत्यधिक स्वतंत्र और अनोखे होते हैं, जो उन्हें अपने जीवन में अपने नियमों के अनुसार जीने और अपनी अनोखी पहचान बनाने में मदद करता है।

3. **मानवतावाद और सामाजिक न्याय:** कुंभ राशि के लोग अत्यधिक मानवतावादी और सामाजिक न्याय के प्रति समर्पित होते हैं, जो उन्हें समाज में सकारात्मक परिवर्तन लाने और दूसरों की मदद करने में मदद करता है।

4.   **बौद्धिकता और विश्लेषणात्मकता:** कुंभ राशि के लोग अत्यधिक बौद्धिक और विश्लेषणात्मक होते हैं, जो उन्हें जटिल समस्याओं का विश्लेषण और समाधान करने में मदद करता है।

5.   **दूरदर्शिता और भविष्यवादिता:** कुंभ राशि के लोग अत्यधिक दूरदर्शी और भविष्यवादी होते हैं, जो उन्हें भविष्य की चुनौतियों का सामना करने और नए अवसरों का लाभ उठाने में मदद करता है।

कमजोरियां

1.   **अलग-थलग और अकेलापन:** कुंभ राशि के लोग कभी-कभी अत्यधिक अलग-थलग और अकेले हो सकते हैं, जो उनके संबंधों और सामाजिक जीवन को प्रभावित कर सकता है।

2.   **अनिश्चित और अप्रत्याशित:** कुंभ राशि के लोग कभी-कभी अत्यधिक अनिश्चित और अप्रत्याशित हो सकते हैं, जो उनके निर्णयों और कार्यों को प्रभावित कर सकता है।

3.   **विद्रोही और अनुरूप न होने वाले:** कुंभ राशि के लोग कभी-कभी अत्यधिक विद्रोही और अनुरूप न होने वाले हो सकते हैं, जो उन्हें समाज से अलग-थलग और विवादास्पद बना सकता है।

4.   **भावनात्मक रूप से अनुपलब्ध**: कुंभ राशि के लोग कभी-कभी भावनात्मक रूप से अनुपलब्ध हो सकते हैं, जो उनके संबंधों और भावनात्मक स्वास्थ्य को प्रभावित कर सकता है।

5.   **अति-विश्लेषणात्मक**: कुंभ राशि के लोग कभी-कभी अति-विश्लेषणात्मक हो सकते हैं, जो उन्हें निर्णय लेने और कार्य करने में देरी करा सकता है।

कुंभ राशि के लिए करियर और व्यावसायिक मार्गदर्शन

कुंभ राशि के लोगों के व्यक्तित्व लक्षण उन्हें कुछ विशेष करियर और व्यावसायिक क्षेत्रों के लिए अधिक उपयुक्त बनाते हैं। यहां कुंभ राशि के लोगों के लिए कुछ अनुकूल करियर विकल्प और व्यावसायिक मार्गदर्शन दिया गया है:

अनुकूल करियर विकल्प

1.   **विज्ञान और प्रौद्योगिकी**: कुंभ राशि के लोगों की नवाचारी, प्रगतिशील और बौद्धिक प्रकृति उन्हें वैज्ञानिक, इंजीनियर, या प्रौद्योगिकी विशेषज्ञ के रूप में सफल बना सकती है।

2.   **सामाजिक कार्य और मानवाधिकार**: कुंभ राशि के लोगों की मानवतावादी और सामाजिक न्याय के प्रति समर्पित प्रकृति उन्हें सामाजिक

कार्यकर्ता, मानवाधिकार कार्यकर्ता, या गैर-सरकारी संगठन के कार्यकर्ता के रूप में सफल बना सकती है।

3. **शिक्षा और अनुसंधान:** कुंभ राशि के लोगों की बौद्धिक, विश्लेषणात्मक और नवाचारी प्रकृति उन्हें शिक्षक, प्रोफेसर, या अनुसंधानकर्ता के रूप में सफल बना सकती है।

4. **कला और डिजाइन:** कुंभ राशि के लोगों की अनोखी, नवाचारी और प्रगतिशील प्रकृति उन्हें कलाकार, डिजाइनर, या आर्किटेक्ट के रूप में सफल बना सकती है।

5. **मीडिया और संचार:** कुंभ राशि के लोगों की संचारी, बौद्धिक और प्रगतिशील प्रकृति उन्हें पत्रकार, लेखक, या संचार विशेषज्ञ के रूप में सफल बना सकती है।

व्यावसायिक मार्गदर्शन

1. **अपने नवाचार का लाभ उठाएं:** कुंभ राशि के लोग अत्यधिक नवाचारी होते हैं, जो उन्हें व्यावसायिक दुनिया में मूल्यवान बनाता है। वे अपने नवाचार का उपयोग नए विचारों और समाधानों की खोज करने, समस्याओं का समाधान करने और अपने कार्यक्षेत्र में प्रगति लाने के लिए कर सकते हैं।

2.   **अपनी स्वतंत्रता का उपयोग करें**: कुंभ राशि के लोग अत्यधिक स्वतंत्र होते हैं, जो उन्हें अपने विचारों और कार्यों में स्वतंत्रता देता है। वे अपनी स्वतंत्रता का उपयोग अपने काम में नवाचार लाने, अपने विचारों को स्वतंत्र रूप से व्यक्त करने और अपने कार्यक्षेत्र में अपनी अनोखी पहचान बनाने के लिए कर सकते हैं।

3.   **अपनी बौद्धिकता को संतुलित करें**: कुंभ राशि के लोग अत्यधिक बौद्धिक होते हैं, जो उन्हें जटिल समस्याओं का विश्लेषण और समाधान करने में मदद करता है। हालांकि, उन्हें अपनी बौद्धिकता को भावनात्मकता के साथ संतुलित करना सीखना चाहिए और अति-विश्लेषण से बचना चाहिए।

4.   **अपनी अलग-थलग प्रकृति को प्रबंधित करें**: कुंभ राशि के लोग कभी-कभी अलग-थलग हो सकते हैं, जो उनके संबंधों और सामाजिक जीवन को प्रभावित कर सकता है। उन्हें अपनी अलग-थलग प्रकृति को प्रबंधित करना सीखना चाहिए और दूसरों के साथ संबंध बनाने और बनाए रखने का प्रयास करना चाहिए।

5.   **अपनी विद्रोही प्रकृति को सकारात्मक दिशा में मोड़ें**: कुंभ राशि के लोग कभी-कभी विद्रोही हो सकते हैं, जो उन्हें समाज से अलग-थलग और विवादास्पद बना सकता है। उन्हें अपनी विद्रोही

प्रकृति को सकारात्मक दिशा में मोड़ना सीखना चाहिए और इसका उपयोग सकारात्मक परिवर्तन लाने और नवाचार करने के लिए करना चाहिए।

कुंभ राशि के लिए प्रेम और संबंध

कुंभ राशि के लोगों के व्यक्तित्व लक्षण उनके प्रेम और संबंधों को भी प्रभावित करते हैं। यहां कुंभ राशि के लोगों के प्रेम और संबंधों के बारे में कुछ अंतर्दृष्टि दी गई है:

प्रेम में कुंभ

1. **स्वतंत्र और अबंधित**: कुंभ राशि के लोग अपने प्रेम संबंधों में अत्यधिक स्वतंत्र और अबंधित होते हैं। वे अपने साथी को अपना मालिक नहीं, बल्कि अपना साथी और मित्र मानते हैं। उन्हें अपने व्यक्तिगत स्थान और स्वतंत्रता की आवश्यकता होती है, और वे अपने साथी को भी वही स्वतंत्रता देते हैं।

2. **बौद्धिक और संचारी**: कुंभ राशि के लोग अपने प्रेम संबंधों में अत्यधिक बौद्धिक और संचारी होते हैं। वे अपने साथी के साथ गहरी और अर्थपूर्ण बातचीत करना पसंद करते हैं और उनके साथ विचारों और ज्ञान का आदान-प्रदान करते हैं। उनकी यह बौद्धिकता और संचार उनके संबंध में गहराई और समझ लाती है।

3. **अनोखे और अप्रत्याशित**: कुंभ राशि के लोग अपने प्रेम संबंधों में अत्यधिक अनोखे और अप्रत्याशित होते हैं। वे परंपरागत प्रेम और रोमांस के विचारों से परे सोचते हैं और वे अपने संबंध में नवाचार और अनोखापन लाते हैं। उनकी यह अनोखी और अप्रत्याशित प्रकृति उनके संबंध में रोमांच और उत्साह लाती है।

4. **भावनात्मक रूप से अनुपलब्ध**: कुंभ राशि के लोग कभी-कभी अपने प्रेम संबंधों में भावनात्मक रूप से अनुपलब्ध हो सकते हैं। वे अपनी भावनाओं को व्यक्त करने में कठिनाई महसूस कर सकते हैं और वे अक्सर अपने विचारों और तर्कों पर अधिक ध्यान देते हैं। उनकी यह भावनात्मक अनुपलब्धता उनके संबंध में दूरी और अलगाव ला सकती है।

5. **प्रतिबद्धता से डरना**: कुंभ राशि के लोग कभी-कभी प्रतिबद्धता से डर सकते हैं। वे अपनी स्वतंत्रता को महत्व देते हैं और किसी भी प्रकार के बंधन या सीमा से परेशान होते हैं। इसलिए, उन्हें प्रतिबद्धता के लिए समय और स्थान की आवश्यकता हो सकती है।

संबंधों में कुंभ

1. **स्वतंत्रता और स्थान**: कुंभ राशि के लोग अपने संबंधों में स्वतंत्रता और स्थान को बहुत महत्व देते हैं। वे अपने साथी को अपना मालिक नहीं,

बल्कि अपना साथी और मित्र मानते हैं और उन्हें अपने व्यक्तिगत स्थान और स्वतंत्रता की आवश्यकता होती है।

2. **बौद्धिक संगति**: कुंभ राशि के लोग अपने संबंधों में बौद्धिक संगति को बहुत महत्व देते हैं। वे अपने साथी के साथ गहरी और अर्थपूर्ण बातचीत करना पसंद करते हैं और उनके साथ विचारों और ज्ञान का आदान-प्रदान करना चाहते हैं।

3. **मित्रता और साझेदारी**: कुंभ राशि के लोग अपने संबंधों में मित्रता और साझेदारी को बहुत महत्व देते हैं। वे अपने साथी को अपना मित्र और साझेदार मानते हैं और उनके साथ एक समान और सम्मानजनक संबंध बनाना चाहते हैं।

4. **नवाचार और अनोखापन**: कुंभ राशि के लोग अपने संबंधों में नवाचार और अनोखेपन को बहुत महत्व देते हैं। वे परंपरागत संबंधों के विचारों से परे सोचते हैं और वे अपने संबंध में नवाचार और अनोखापन लाना चाहते हैं।

5. **समानता और स्वतंत्रता**: कुंभ राशि के लोग अपने संबंधों में समानता और स्वतंत्रता को बहुत महत्व देते हैं। वे अपने साथी के साथ एक समान और स्वतंत्र संबंध बनाना चाहते हैं, जहां दोनों पक्ष समान रूप से सम्मानित और स्वतंत्र हों।

संगतता

कुंभ राशि के लोग कुछ राशियों के साथ अधिक संगत होते हैं, जबकि अन्य के साथ उनकी संगतता कम होती है। यहां कुंभ राशि की अन्य राशियों के साथ संगतता का एक संक्षिप्त विवरण दिया गया है:

उच्च संगतता

1.   **मिथुन और तुला:** ये दोनों वायु तत्व की राशियां हैं और कुंभ के साथ अच्छी तरह से मेल खाती हैं। वे कुंभ की बौद्धिकता, संचार और स्वतंत्रता को समझते हैं और सराहना करते हैं।

2.   **मेष और धनु:** ये अग्नि तत्व की राशियां हैं जो कुंभ के साथ अच्छी तरह से मेल खाती हैं। मेष की ऊर्जा और धनु की स्वतंत्रता कुंभ की नवाचारी और प्रगतिशील प्रकृति के साथ संतुलित हो सकती है।

मध्यम संगतता

1.   **सिंह और वृश्चिक:** ये राशियां कुंभ के साथ मध्यम संगतता रखती हैं। सिंह की आत्म-अभिव्यक्ति और वृश्चिक की गहराई कुंभ की स्वतंत्रता और नवाचार के साथ संतुलित हो सकती है, लेकिन कभी-कभी संघर्ष भी हो सकता है।

2.   **मकर और मीन:** ये राशियां कुंभ के साथ मध्यम संगतता रखती हैं। मकर की

अनुशासनात्मकता और मीन की संवेदनशीलता कुंभ की स्वतंत्रता और नवाचार के साथ संतुलित हो सकती है, लेकिन कभी-कभी संघर्ष भी हो सकता है।

निम्न संगतता

1. **वृषभ और कन्या**: ये पृथ्वी तत्व की राशियां हैं जो कुंभ के साथ कम संगतता रखती हैं। वृषभ की स्थिरता और कन्या की व्यावहारिकता कुंभ की स्वतंत्रता और नवाचार के साथ संघर्ष कर सकती है।

2. **कर्क**: कर्क राशि कुंभ के साथ सबसे कम संगतता रखती है। कर्क की भावनात्मकता और सुरक्षात्मकता कुंभ की स्वतंत्रता और बौद्धिकता के साथ संघर्ष कर सकती है।

कुंभ राशि के लिए स्वास्थ्य और कल्याण

कुंभ राशि के लोगों के व्यक्तित्व लक्षण उनके स्वास्थ्य और कल्याण को भी प्रभावित करते हैं। यहां कुंभ राशि के लोगों के स्वास्थ्य और कल्याण के बारे में कुछ अंतर्दृष्टि दी गई है:

शारीरिक स्वास्थ्य

1. **टखने और पैर**: ज्योतिष के अनुसार, कुंभ राशि शरीर के टखनों और पैरों से जुड़ी है। इसका मतलब है कि कुंभ राशि के लोगों को टखनों

और पैरों से संबंधित समस्याएं, जैसे मोच, फ्रैक्चर, या वेरिकोज नसें हो सकती हैं।

2. **रक्त संचार**: कुंभ राशि के लोगों को अक्सर रक्त संचार से संबंधित समस्याएं हो सकती हैं, जैसे उच्च रक्तचाप, निम्न रक्तचाप, या रक्त संचार की अन्य समस्याएं।

3. **तंत्रिका तंत्र**: कुंभ राशि के लोगों को अक्सर तंत्रिका तंत्र से संबंधित समस्याएं हो सकती हैं, जैसे तंत्रिका दर्द, तंत्रिका संबंधी विकार, या तंत्रिका तंत्र की अन्य समस्याएं।

4. **श्वसन प्रणाली**: कुंभ राशि के लोगों को अक्सर श्वसन प्रणाली से संबंधित समस्याएं हो सकती हैं, जैसे अस्थमा, ब्रोंकाइटिस, या श्वसन प्रणाली की अन्य समस्याएं।

5. **अनिद्रा और थकान**: कुंभ राशि के लोगों को अक्सर अनिद्रा और थकान की समस्याएं हो सकती हैं, विशेष रूप से जब वे अत्यधिक सोच रहे हों या तनाव में हों।

मानसिक और भावनात्मक स्वास्थ्य

1. **अति-विश्लेषण और चिंता**: कुंभ राशि के लोगों की बौद्धिक और विश्लेषणात्मक प्रकृति उन्हें अति-विश्लेषण और चिंता के प्रति संवेदनशील बना सकती है। वे अक्सर चीजों के बारे में बहुत

अधिक सोचते हैं और विश्लेषण करते हैं, जो उन्हें चिंता और तनाव दे सकता है।

2. **अलगाव और अकेलापन**: कुंभ राशि के लोगों की अलग-थलग और स्वतंत्र प्रकृति उन्हें अलगाव और अकेलेपन के प्रति संवेदनशील बना सकती है। वे अक्सर अपने आप में खोए रहते हैं और दूसरों से अलग-थलग महसूस कर सकते हैं, जो उन्हें अकेलापन और अलगाव दे सकता है।

3. **भावनात्मक अवरोध**: कुंभ राशि के लोगों की बौद्धिक और तार्किक प्रकृति उन्हें भावनात्मक अवरोध का अनुभव करा सकती है। वे अपनी भावनाओं को व्यक्त करने में कठिनाई महसूस कर सकते हैं और अक्सर अपने विचारों और तर्कों पर अधिक ध्यान देते हैं, जो उन्हें भावनात्मक अवरोध और अलगाव दे सकता है।

4. **अस्थिरता और अनिश्चितता**: कुंभ राशि के लोगों की अनिश्चित और अप्रत्याशित प्रकृति उन्हें अस्थिरता और अनिश्चितता का अनुभव करा सकती है। वे अक्सर अपने निर्णयों और कार्यों में अनिश्चित होते हैं, जो उन्हें तनाव और चिंता दे सकता है।

5. **विद्रोह और अनुरूपता की कमी**: कुंभ राशि के लोगों की विद्रोही और अनुरूप न होने वाली प्रकृति उन्हें समाज से अलग-थलग और विवादास्पद बना सकती है, जो उनके मानसिक और भावनात्मक स्वास्थ्य को प्रभावित कर सकता है।

स्वास्थ्य और कल्याण के लिए सुझाव

1. **नियमित व्यायाम:** कुंभ राशि के लोगों को नियमित व्यायाम करना चाहिए, विशेष रूप से ऐसे व्यायाम जो टखनों और पैरों को मजबूत करते हैं, जैसे चलना, दौड़ना, या योग।

2. **संतुलित आहार:** कुंभ राशि के लोगों को एक संतुलित आहार का पालन करना चाहिए, जिसमें सभी आवश्यक पोषक तत्व शामिल हों। उन्हें विशेष रूप से रक्त संचार और तंत्रिका तंत्र के स्वास्थ्य के लिए पर्याप्त विटामिन बी, ओमेगा-3 फैटी एसिड, और एंटीऑक्सीडेंट्स वाले खाद्य पदार्थ खाना चाहिए।

3. **तनाव प्रबंधन:** कुंभ राशि के लोगों को अपने तनाव और चिंता को प्रबंधित करने के लिए तनाव प्रबंधन तकनीकों का अभ्यास करना चाहिए, जैसे ध्यान, गहरी सांस लेने के व्यायाम, या योग।

4. **सामाजिक संबंध:** कुंभ राशि के लोगों को अपने सामाजिक संबंधों को बनाए रखने और विकसित करने का प्रयास करना चाहिए। वे अक्सर अपने आप में खोए रहते हैं और दूसरों से अलग-थलग महसूस कर सकते हैं, इसलिए उन्हें सामाजिक गतिविधियों में भाग लेने और दूसरों के साथ संबंध बनाने का प्रयास करना चाहिए।

5.   **भावनात्मक अभिव्यक्ति**: कुंभ राशि के लोगों को अपनी भावनाओं को व्यक्त करने और दूसरों के साथ अपने विचारों और भावनाओं को साझा करने का प्रयास करना चाहिए। यह उन्हें भावनात्मक अवरोध और अलगाव से बचने में मदद कर सकता है।

प्रसिद्ध कुंभ राशि के व्यक्ति

कुंभ राशि के कई प्रसिद्ध व्यक्ति हैं जिन्होंने विभिन्न क्षेत्रों में अपनी छाप छोड़ी है। यहां कुछ प्रसिद्ध कुंभ राशि के व्यक्तियों की सूची दी गई है:

अभिनेता और अभिनेत्रियां

1.   **जेनिफर एनिस्टन**: अमेरिकी अभिनेत्री, जो फ्रेंड्स टीवी शो में रेचल ग्रीन की भूमिका के लिए जानी जाती हैं।

2.   **क्रिश्चियन बेल**: ब्रिटिश अभिनेता, जो द डार्क नाइट, अमेरिकन साइको, और द फाइटर जैसी फिल्मों के लिए जाने जाते हैं।

3.   **शाहरुख खान**: भारतीय अभिनेता, जो बॉलीवुड के "किंग खान" के रूप में जाने जाते हैं और दिलवाले दुल्हनिया ले जाएंगे, कुछ कुछ होता है, और चक दे इंडिया जैसी फिल्मों के लिए जाने जाते हैं।

4.   **एम्मा रॉबर्ट्स**: अमेरिकी अभिनेत्री, जो अमेरिकन हॉरर स्टोरी, स्क्रीम क्वीन्स, और वी आर द मिलर्स जैसी फिल्मों और टीवी शो के लिए जानी जाती हैं।

5.   **जॉन ट्रावोल्टा**: अमेरिकी अभिनेता, जो ग्रीस, पल्प फिक्शन, और सैटरडे नाइट फीवर जैसी फिल्मों के लिए जाने जाते हैं।

संगीतकार

1.   **बॉब मार्ले**: जमैकन गायक और गीतकार, जो रेगे संगीत के पायनियर थे और "नो वुमन, नो क्राई", "थ्री लिटिल बर्ड्स", और "वन लव" जैसे हिट गानों के लिए जाने जाते हैं।

2.   **हैरी स्टाइल्स**: ब्रिटिश गायक और गीतकार, जो वन डायरेक्शन बैंड के पूर्व सदस्य हैं और "वाटरमेलन शुगर", "एडोर यू", और "साइन ऑफ द टाइम्स" जैसे हिट गानों के लिए जाने जाते हैं।

3.   **शकीरा**: कोलंबियन गायिका और गीतकार, जो "हिप्स डोंट लाई", "वाका वाका", और "वेनेवर, व्हेरेवर" जैसे हिट गानों के लिए जानी जाती हैं।

4. **जस्टिन टिम्बरलेक**: अमेरिकी गायक, गीतकार और अभिनेता, जो "सेक्सी बैक", "मिरर्स", और "कैन्ट स्टॉप द फीलिंग" जैसे हिट गानों के लिए जाने जाते हैं।

5. **एड शीरन**: ब्रिटिश गायक और गीतकार, जो "शेप ऑफ यू", "परफेक्ट", और "थिंकिंग आउट लाउड" जैसे हिट गानों के लिए जाने जाते हैं।

खिलाड़ी

1. **क्रिस्टियानो रोनाल्डो**: पुर्तगाली फुटबॉल खिलाड़ी, जो रियल मैड्रिड, मैनचेस्टर यूनाइटेड, और पुर्तगाल राष्ट्रीय टीम के लिए खेले हैं और दुनिया के सर्वश्रेष्ठ फुटबॉल खिलाड़ियों में से एक माने जाते हैं।

2. **माइकल जॉर्डन**: अमेरिकी बास्केटबॉल खिलाड़ी, जो शिकागो बुल्स के लिए खेले हैं और दुनिया के सर्वश्रेष्ठ बास्केटबॉल खिलाड़ियों में से एक माने जाते हैं।

3. **रोजर फेडरर**: स्विस टेनिस खिलाड़ी, जिन्होंने 20 ग्रैंड स्लैम एकल खिताब जीते हैं और दुनिया के सर्वश्रेष्ठ टेनिस खिलाड़ियों में से एक माने जाते हैं।

4. **नेमार जूनियर**: ब्राजीलियाई फुटबॉल खिलाड़ी, जो पेरिस सेंट-जर्मेन और ब्राजील राष्ट्रीय

टीम के लिए खेलते हैं और दुनिया के सर्वश्रेष्ठ फुटबॉल खिलाड़ियों में से एक माने जाते हैं।

5. **सेरेना विलियम्स**: अमेरिकी टेनिस खिलाड़ी, जिन्होंने 23 ग्रैंड स्लैम एकल खिताब जीते हैं और दुनिया की सर्वश्रेष्ठ टेनिस खिलाड़ियों में से एक मानी जाती हैं।

राजनेता और नेता

1. **अब्राहम लिंकन**: अमेरिकी राजनेता, जो संयुक्त राज्य अमेरिका के 16वें राष्ट्रपति थे और अमेरिकी गृहयुद्ध के दौरान देश का नेतृत्व किया।

2. **फ्रैंकलिन डी. रूजवेल्ट**: अमेरिकी राजनेता, जो संयुक्त राज्य अमेरिका के 32वें राष्ट्रपति थे और महामंदी और द्वितीय विश्व युद्ध के दौरान देश का नेतृत्व किया।

3. **मोहम्मद अली**: अमेरिकी पेशेवर बॉक्सर, जो तीन बार हैवीवेट चैंपियन रहे हैं और दुनिया के सर्वश्रेष्ठ बॉक्सरों में से एक माने जाते हैं।

4. **चार्ल्स डार्विन**: ब्रिटिश प्राकृतिक इतिहासकार और जीवविज्ञानी, जिन्होंने प्राकृतिक चयन के माध्यम से विकास के सिद्धांत का प्रतिपादन किया।

5. **गैलीलियो गैलीली**: इतालवी खगोलशास्त्री, भौतिकविद् और इंजीनियर, जिन्हें आधुनिक खगोल विज्ञान का जनक माना जाता है।

कुंभ राशि के लिए ज्योतिषीय उपाय

कुंभ राशि के लोगों के लिए कुछ ज्योतिषीय उपाय हैं जो उन्हें अपने जीवन के विभिन्न पहलुओं में सफलता और संतुलन प्राप्त करने में मदद कर सकते हैं। यहां कुंभ राशि के लोगों के लिए कुछ ज्योतिषीय उपाय दिए गए हैं:

रत्न और उपरत्न

1.   **नीलम (Blue Sapphire)**: कुंभ राशि का मुख्य रत्न नीलम है, जो शनि ग्रह से जुड़ा है। नीलम पहनने से कुंभ राशि के लोगों को अनुशासन, जिम्मेदारी और कड़ी मेहनत में मदद मिल सकती है। यह उन्हें अपने जीवन में सफलता और स्थिरता प्राप्त करने में मदद कर सकता है।

2.   **अमेथिस्ट (Amethyst)**: अमेथिस्ट कुंभ राशि के लिए एक उपरत्न है। यह रत्न कुंभ राशि के लोगों को शांति, संतुलन और आध्यात्मिक जागरूकता प्रदान कर सकता है। यह उन्हें अपने जीवन में शांति और संतुलन प्राप्त करने और अपनी आध्यात्मिक यात्रा में आगे बढ़ने में मदद कर सकता है।

3.   **लैपिस लाजुली (Lapis Lazuli)**: लैपिस लाजुली भी कुंभ राशि के लिए एक उपरत्न है। यह रत्न कुंभ राशि के लोगों को बौद्धिक स्पष्टता, संचार और आत्म-अभिव्यक्ति प्रदान कर सकता है। यह

उन्हें अपने विचारों और भावनाओं को स्पष्ट रूप से व्यक्त करने और अपनी बौद्धिक क्षमताओं को बढ़ाने में मदद कर सकता है।

मंत्र और स्तोत्र

1. **शनि मंत्र**: "ॐ शं शनैश्चराय नमः" या "ॐ प्रां प्रीं प्रौं सः शनये नमः" शनि ग्रह के मंत्र हैं, जो कुंभ राशि के शासक ग्रह हैं। इन मंत्रों का जाप करने से कुंभ राशि के लोगों को शनि ग्रह के नकारात्मक प्रभावों से बचने और सकारात्मक प्रभावों को बढ़ाने में मदद मिल सकती है।

2. **शनि स्तोत्र**: शनि स्तोत्र शनि देवता की स्तुति का एक प्राचीन स्तोत्र है। इस स्तोत्र का पाठ करने से कुंभ राशि के लोगों को शनि ग्रह के नकारात्मक प्रभावों से बचने और सकारात्मक प्रभावों को बढ़ाने में मदद मिल सकती है।

3. **हनुमान चालीसा**: हनुमान चालीसा भगवान हनुमान की स्तुति का एक प्राचीन स्तोत्र है। इस स्तोत्र का पाठ करने से कुंभ राशि के लोगों को शनि ग्रह के नकारात्मक प्रभावों से बचने और सकारात्मक प्रभावों को बढ़ाने में मदद मिल सकती है।

दान और धार्मिक अनुष्ठान

1. **शनिवार का व्रत**: शनिवार शनि ग्रह का दिन है। शनिवार को व्रत रखने और शनि देवता की

पूजा करने से कुंभ राशि के लोगों को शनि ग्रह के नकारात्मक प्रभावों से बचने और सकारात्मक प्रभावों को बढ़ाने में मदद मिल सकती है।

2. **काली वस्तुओं का दान**: काला रंग शनि ग्रह का रंग है। काली वस्तुओं जैसे काले कपड़े, काली दाल, या काले तिल का दान करने से कुंभ राशि के लोगों को शनि ग्रह के नकारात्मक प्रभावों से बचने और सकारात्मक प्रभावों को बढ़ाने में मदद मिल सकती है।

3. **शनि यंत्र की स्थापना**: शनि यंत्र एक धार्मिक प्रतीक है जो शनि ग्रह की शक्ति को आकर्षित करता है। शनि यंत्र की स्थापना करने और उसकी पूजा करने से कुंभ राशि के लोगों को शनि ग्रह के नकारात्मक प्रभावों से बचने और सकारात्मक प्रभावों को बढ़ाने में मदद मिल सकती है।

वास्तु और फेंगशुई के सुझाव

1. **नीले रंग का उपयोग**: नीला रंग शनि ग्रह का रंग है और कुंभ राशि के लोगों के लिए शुभ माना जाता है। कुंभ राशि के लोग अपने घर या कार्यस्थल में नीले रंग का उपयोग कर सकते हैं, जैसे नीली दीवारें, नीला फर्नीचर, या नीले सजावटी सामान।

2. **पश्चिम और दक्षिण-पश्चिम दिशा का महत्व**: पश्चिम और दक्षिण-पश्चिम दिशा शनि ग्रह की दिशा है। कुंभ राशि के लोग अपने घर या कार्यस्थल में पश्चिम और दक्षिण-पश्चिम दिशा का विशेष ध्यान रख सकते हैं और इस दिशा में शुभ वस्तुओं को रख सकते हैं।

3. **शनि की तस्वीर या प्रतीक का उपयोग**: कुंभ राशि के लोग अपने घर या कार्यस्थल में शनि की तस्वीर या प्रतीक का उपयोग कर सकते हैं, जो उन्हें शनि ग्रह की सकारात्मक ऊर्जा प्राप्त करने में मदद कर सकता है।

निष्कर्ष

कुंभ राशि ज्योतिष चक्र की ग्यारहवीं राशि है, जो नवाचार, प्रगतिशीलता और स्वतंत्रता का प्रतीक है। कुंभ राशि के लोग अपने नवाचारी, प्रगतिशील और स्वतंत्र विचारों के लिए जाने जाते हैं। वे बौद्धिक, मानवतावादी और अनोखे होते हैं, और वे अपने जीवन में स्वतंत्रता, समानता और नवाचार को महत्व देते हैं।

कुंभ राशि के लोगों के व्यक्तित्व लक्षण उन्हें कुछ विशेष करियर और व्यावसायिक क्षेत्रों के लिए अधिक उपयुक्त बनाते हैं, जैसे विज्ञान और प्रौद्योगिकी, सामाजिक कार्य और मानवाधिकार, शिक्षा और अनुसंधान, कला और

डिजाइन, और मीडिया और संचार। उनके प्रेम और संबंधों में, वे स्वतंत्र, बौद्धिक, अनोखे, कभी-कभी भावनात्मक रूप से अनुपलब्ध, और कभी-कभी प्रतिबद्धता से डरने वाले होते हैं, और वे अपने संबंधों में स्वतंत्रता, बौद्धिक संगति, मित्रता, नवाचार, और समानता की खोज करते हैं।

कुंभ राशि के लोगों के स्वास्थ्य और कल्याण के लिए, उन्हें अपने टखनों और पैरों, रक्त संचार, तंत्रिका तंत्र, श्वसन प्रणाली, और अनिद्रा और थकान पर ध्यान देना चाहिए, और उन्हें अपने अति-विश्लेषण और चिंता, अलगाव और अकेलेपन, भावनात्मक अवरोध, अस्थिरता और अनिश्चितता, और विद्रोह और अनुरूपता की कमी को प्रबंधित करना सीखना चाहिए। उनके लिए कुछ ज्योतिषीय उपाय भी हैं, जैसे नीलम पहनना, शनि मंत्रों का जाप करना, और शनिवार का व्रत रखना, जो उन्हें अपने जीवन के विभिन्न पहलुओं में सफलता और संतुलन प्राप्त करने में मदद कर सकते हैं।

अंत में, कुंभ राशि के लोगों को अपने गुणों का लाभ उठाना चाहिए और अपनी कमजोरियों पर काम करना चाहिए। उन्हें अपने नवाचार, प्रगतिशीलता और स्वतंत्रता का उपयोग अपने लक्ष्यों को प्राप्त करने के लिए करना चाहिए, लेकिन साथ ही उन्हें अपनी अलग-थलग प्रकृति, अनिश्चित और अप्रत्याशित प्रकृति, विद्रोही प्रकृति,

भावनात्मक अनुपलब्धता, और अति-विश्लेषणात्मक प्रकृति को प्रबंधित करना सीखना चाहिए।

•

अध्याय 14: मीन राशि (Pisces) - 19 फरवरी से 20 मार्च

मीन राशि का परिचय

मीन राशि ज्योतिष चक्र की बारहवीं और अंतिम राशि है, जो 19 फरवरी से 20 मार्च तक चलती है। इस राशि का प्रतीक दो मछलियां हैं, जो विपरीत दिशाओं में तैरती हुई दिखाई देती हैं, जो इसके द्वैध स्वभाव और आध्यात्मिक और भौतिक दुनिया के बीच संघर्ष का प्रतिनिधित्व करती हैं। मीन राशि जल तत्व से संबंधित है, जो इसे भावनात्मक, अंतर्ज्ञानी और संवेदनशील बनाता है।

मीन राशि एक परिवर्तनशील राशि है, जो इसके अनुकूलनशील, लचीले और बदलते स्वभाव को दर्शाता है। मीन राशि के शासक ग्रह बृहस्पति और नेपच्यून हैं, जो क्रमशः विस्तार और आध्यात्मिकता का प्रतिनिधित्व करते हैं। यह संयोग मीन राशि के लोगों को आध्यात्मिक, कल्पनाशील और दयालु बनाता है।

मीन राशि वसंत ऋतु के आगमन का प्रतीक है, जब प्रकृति पुनर्जीवित होती है और नए जीवन का आगमन होता है। इसी तरह, मीन राशि के लोग नवीनीकरण, पुनर्जन्म और आध्यात्मिक विकास के वाहक होते हैं। वे अत्यधिक संवेदनशील, कल्पनाशील और अंतर्ज्ञानी होते हैं, और वे अपने जीवन में करुणा, सहानुभूति और आध्यात्मिकता को महत्व देते हैं।

मीन राशि के व्यक्तित्व लक्षण

मीन राशि के लोगों का व्यक्तित्व उनके जल तत्व और परिवर्तनशील गुण से गहराई से प्रभावित होता है। यहां मीन राशि के कुछ प्रमुख व्यक्तित्व लक्षण दिए गए हैं:

संवेदनशील और भावनात्मक

मीन राशि के लोग अत्यधिक संवेदनशील और भावनात्मक होते हैं। वे अपनी और दूसरों की भावनाओं के प्रति अत्यधिक संवेदनशील होते हैं और वे अक्सर दूसरों की भावनाओं और ऊर्जाओं को अवशोषित कर लेते हैं। उनकी यह संवेदनशीलता और भावनात्मकता उन्हें दयालु और सहानुभूतिपूर्ण बनाती है, लेकिन कभी-कभी यह उन्हें भावनात्मक रूप से अभिभूत भी कर सकती है।

कल्पनाशील और रचनात्मक

मीन राशि के लोग अत्यधिक कल्पनाशील और रचनात्मक होते हैं। वे एक समृद्ध आंतरिक जीवन और

कल्पना की दुनिया रखते हैं, और वे अक्सर कला, संगीत, या साहित्य जैसे रचनात्मक क्षेत्रों में अपनी अभिव्यक्ति पाते हैं। उनकी यह कल्पनाशीलता और रचनात्मकता उन्हें अनोखे और नवाचारी विचारों और समाधानों की खोज करने में मदद करती है।

अंतर्ज्ञानी और आध्यात्मिक

मीन राशि के लोग अत्यधिक अंतर्ज्ञानी और आध्यात्मिक होते हैं। वे अक्सर मजबूत अंतर्ज्ञान और आध्यात्मिक जागरूकता रखते हैं, और वे अक्सर आध्यात्मिक या रहस्यमय विषयों में रुचि रखते हैं। उनकी यह अंतर्ज्ञानिता और आध्यात्मिकता उन्हें गहरी अंतर्दृष्टि और समझ प्रदान करती है, और यह उन्हें अपने और दूसरों के जीवन में मार्गदर्शन करने में मदद करती है।

दयालु और सहानुभूतिपूर्ण

मीन राशि के लोग अत्यधिक दयालु और सहानुभूतिपूर्ण होते हैं। वे दूसरों की भावनाओं और जरूरतों के प्रति अत्यधिक संवेदनशील होते हैं, और वे हमेशा दूसरों की मदद करने और उनका समर्थन करने के लिए तैयार रहते हैं। उनकी यह दयालुता और सहानुभूति उन्हें अच्छे दोस्त और साथी बनाती है, और यह उन्हें सामाजिक कार्य या स्वास्थ्य देखभाल जैसे क्षेत्रों में सफल होने में मदद करती है।

अनुकूलनशील और लचीले

मीन राशि के लोग अत्यधिक अनुकूलनशील और लचीले होते हैं। वे आसानी से नई परिस्थितियों और वातावरणों के अनुकूल हो जाते हैं, और वे अक्सर अपने विचारों और दृष्टिकोणों में लचीले होते हैं। उनकी यह अनुकूलनशीलता और लचीलापन उन्हें जीवन की विभिन्न परिस्थितियों और चुनौतियों का सामना करने में मदद करता है।

भावुक और रोमांटिक

मीन राशि के लोग अत्यधिक भावुक और रोमांटिक होते हैं। वे गहरी भावनाओं और रोमांटिक संबंधों की खोज करते हैं, और वे अपने प्रेम और भावनाओं को गहराई से व्यक्त करते हैं। उनकी यह भावुकता और रोमांटिकता उनके संबंधों में गहराई और अर्थ लाती है, लेकिन कभी-कभी यह उन्हें आदर्शवादी और अवास्तविक अपेक्षाएं रखने का कारण भी बन सकती है।

अस्पष्ट और अनिर्णायक

मीन राशि के लोग कभी-कभी अस्पष्ट और अनिर्णायक हो सकते हैं। वे अक्सर अपने विचारों और भावनाओं में अस्पष्ट होते हैं, और उन्हें निर्णय लेने में कठिनाई हो सकती है। उनकी यह अस्पष्टता और अनिर्णायकता उन्हें जीवन में दिशा और स्पष्टता की कमी का अनुभव करा

सकती है, और यह उन्हें अपने लक्ष्यों और उद्देश्यों को प्राप्त करने में बाधा डाल सकती है।

पलायनवादी और आदर्शवादी

मीन राशि के लोग कभी-कभी पलायनवादी और आदर्शवादी हो सकते हैं। वे अक्सर वास्तविकता से बचने और अपनी कल्पना की दुनिया में पलायन करने की प्रवृत्ति रखते हैं, और वे अक्सर आदर्शवादी और अवास्तविक अपेक्षाएं रखते हैं। उनकी यह पलायनवादिता और आदर्शवादिता उन्हें वास्तविकता से अलग-थलग और निराश कर सकती है, और यह उन्हें अपने जीवन में व्यावहारिक और यथार्थवादी होने में बाधा डाल सकती है।

मीन राशि के गुण और कमजोरियां

हर राशि की तरह, मीन राशि के भी अपने विशिष्ट गुण और कमजोरियां हैं। यहां मीन राशि के कुछ प्रमुख गुण और कमजोरियां दी गई हैं:

गुण

1. **संवेदनशीलता और सहानुभूति:** मीन राशि के लोग अत्यधिक संवेदनशील और सहानुभूतिपूर्ण होते हैं, जो उन्हें दूसरों की भावनाओं और जरूरतों को समझने और उनका समर्थन करने में मदद करता है।

2. **कल्पनाशीलता और रचनात्मकता**: मीन राशि के लोग अत्यधिक कल्पनाशील और रचनात्मक होते हैं, जो उन्हें अनोखे और नवाचारी विचारों और समाधानों की खोज करने में मदद करता है।

3. **अंतर्ज्ञानिता और आध्यात्मिकता**: मीन राशि के लोग अत्यधिक अंतर्ज्ञानी और आध्यात्मिक होते हैं, जो उन्हें गहरी अंतर्दृष्टि और समझ प्रदान करता है और उन्हें अपने और दूसरों के जीवन में मार्गदर्शन करने में मदद करता है।

4. **दयालुता और परोपकारिता**: मीन राशि के लोग अत्यधिक दयालु और परोपकारी होते हैं, जो उन्हें दूसरों की मदद करने और उनका समर्थन करने में मदद करता है।

5. **अनुकूलनशीलता और लचीलापन**: मीन राशि के लोग अत्यधिक अनुकूलनशील और लचीले होते हैं, जो उन्हें जीवन की विभिन्न परिस्थितियों और चुनौतियों का सामना करने में मदद करता है।

कमजोरियां

1. **अस्पष्टता और अनिर्णयिकता**: मीन राशि के लोग कभी-कभी अस्पष्ट और अनिर्णायक हो सकते हैं, जो उन्हें जीवन में दिशा और स्पष्टता की कमी का अनुभव करा सकता है और उन्हें अपने लक्ष्यों और उद्देश्यों को प्राप्त करने में बाधा डाल सकता है।

2.	**पलायनवादिता और आदर्शवादिता**: मीन राशि के लोग कभी-कभी पलायनवादी और आदर्शवादी हो सकते हैं, जो उन्हें वास्तविकता से अलग-थलग और निराश कर सकता है और उन्हें अपने जीवन में व्यावहारिक और यथार्थवादी होने में बाधा डाल सकता है।

3.	**भावनात्मक अभिभूतता**: मीन राशि के लोग कभी-कभी भावनात्मक रूप से अभिभूत हो सकते हैं, जो उनके मानसिक और भावनात्मक स्वास्थ्य को प्रभावित कर सकता है और उन्हें अपने जीवन में संतुलन बनाए रखने में बाधा डाल सकता है।

4.	**आत्म-त्याग और सीमाओं की कमी**: मीन राशि के लोग कभी-कभी अत्यधिक आत्म-त्यागी हो सकते हैं और उनमें सीमाओं की कमी हो सकती है, जो उन्हें दूसरों द्वारा शोषित और उपयोग किए जाने के प्रति संवेदनशील बना सकता है।

5.	**अवास्तविक अपेक्षाएं**: मीन राशि के लोग कभी-कभी अवास्तविक अपेक्षाएं रख सकते हैं, जो उन्हें निराशा और असंतोष का अनुभव करा सकता है और उन्हें अपने जीवन में संतुष्टि और खुशी प्राप्त करने में बाधा डाल सकता है।

मीन राशि के लिए करियर और व्यावसायिक मार्गदर्शन

मीन राशि के लोगों के व्यक्तित्व लक्षण उन्हें कुछ विशेष करियर और व्यावसायिक क्षेत्रों के लिए अधिक उपयुक्त बनाते हैं। यहां मीन राशि के लोगों के लिए कुछ अनुकूल करियर विकल्प और व्यावसायिक मार्गदर्शन दिया गया है:

अनुकूल करियर विकल्प

1. **कला और रचनात्मकता:** मीन राशि के लोगों की कल्पनाशीलता और रचनात्मकता उन्हें कलाकार, संगीतकार, लेखक, या डिजाइनर के रूप में सफल बना सकती है।

2. **स्वास्थ्य देखभाल और चिकित्सा:** मीन राशि के लोगों की दयालुता और सहानुभूति उन्हें नर्स, डॉक्टर, थेरेपिस्ट, या काउंसलर के रूप में सफल बना सकती है।

3. **सामाजिक कार्य और परामर्श:** मीन राशि के लोगों की संवेदनशीलता और परोपकारिता उन्हें सामाजिक कार्यकर्ता, परामर्शदाता, या मनोवैज्ञानिक के रूप में सफल बना सकती है।

4. **शिक्षा और प्रशिक्षण:** मीन राशि के लोगों की धैर्य और समझ उन्हें शिक्षक, प्रशिक्षक, या मेंटर के रूप में सफल बना सकती है।

5. **आध्यात्मिकता और धर्म:** मीन राशि के लोगों की आध्यात्मिकता और अंतर्ज्ञानिता उन्हें आध्यात्मिक गुरु, धार्मिक नेता, या ज्योतिषी के रूप में सफल बना सकती है।

व्यावसायिक मार्गदर्शन

1. **अपनी संवेदनशीलता का लाभ उठाएं:**
मीन राशि के लोग अत्यधिक संवेदनशील होते हैं, जो उन्हें दूसरों की भावनाओं और जरूरतों को समझने में मदद करता है। वे अपनी संवेदनशीलता का उपयोग दूसरों के साथ संबंध बनाने, उनकी जरूरतों को समझने और उनका समर्थन करने के लिए कर सकते हैं।

2. **अपनी कल्पनाशीलता का उपयोग करें:**
मीन राशि के लोग अत्यधिक कल्पनाशील होते हैं, जो उन्हें अनोखे और नवाचारी विचारों और समाधानों की खोज करने में मदद करता है। वे अपनी कल्पनाशीलता का उपयोग अपने काम में रचनात्मकता और नवाचार लाने के लिए कर सकते हैं।

3. **अपनी अंतर्ज्ञानिता को संतुलित करें:**
मीन राशि के लोग अत्यधिक अंतर्ज्ञानी होते हैं, जो उन्हें गहरी अंतर्दृष्टि और समझ प्रदान करता है। हालांकि, उन्हें अपनी अंतर्ज्ञानिता को तर्क और विश्लेषण के साथ संतुलित करना सीखना चाहिए

और अपने निर्णयों में दोनों का उपयोग करना चाहिए।

4. **अपनी अस्पष्टता को प्रबंधित करें**: मीन राशि के लोग कभी-कभी अस्पष्ट हो सकते हैं, जो उन्हें जीवन में दिशा और स्पष्टता की कमी का अनुभव करा सकता है। उन्हें अपनी अस्पष्टता को प्रबंधित करना सीखना चाहिए और अपने जीवन और करियर में स्पष्ट लक्ष्य और उद्देश्य निर्धारित करना चाहिए।

5. **अपनी पलायनवादिता को सकारात्मक दिशा में मोड़ें**: मीन राशि के लोग कभी-कभी पलायनवादी हो सकते हैं, जो उन्हें वास्तविकता से अलग-थलग कर सकता है। उन्हें अपनी पलायनवादिता को सकारात्मक दिशा में मोड़ना सीखना चाहिए और इसका उपयोग रचनात्मकता और कल्पनाशीलता के लिए करना चाहिए, न कि वास्तविकता से बचने के लिए।

मीन राशि के लिए प्रेम और संबंध

मीन राशि के लोगों के व्यक्तित्व लक्षण उनके प्रेम और संबंधों को भी प्रभावित करते हैं। यहां मीन राशि के लोगों के प्रेम और संबंधों के बारे में कुछ अंतर्दृष्टि दी गई है:

प्रेम में मीन

1.   **भावुक और रोमांटिक**: मीन राशि के लोग अपने प्रेम संबंधों में अत्यधिक भावुक और रोमांटिक होते हैं। वे गहरी भावनाओं और रोमांटिक संबंधों की खोज करते हैं, और वे अपने प्रेम और भावनाओं को गहराई से व्यक्त करते हैं। उनकी यह भावुकता और रोमांटिकता उनके संबंधों में गहराई और अर्थ लाती है।

2.   **समर्पित और निस्वार्थ**: मीन राशि के लोग अपने प्रेम संबंधों में अत्यधिक समर्पित और निस्वार्थ होते हैं। वे अपने साथी के लिए कुछ भी करने को तैयार रहते हैं, और वे अक्सर अपने साथी की जरूरतों और इच्छाओं को अपनी जरूरतों और इच्छाओं से ऊपर रखते हैं। उनका यह समर्पण और निस्वार्थता उनके संबंधों में गहराई और प्रतिबद्धता लाती है।

3.   **संवेदनशील और समझदार**: मीन राशि के लोग अपने प्रेम संबंधों में अत्यधिक संवेदनशील और समझदार होते हैं। वे अपने साथी की भावनाओं और जरूरतों के प्रति अत्यधिक संवेदनशील होते हैं, और वे अपने साथी को समझने और उसका समर्थन करने का प्रयास करते हैं। उनकी यह संवेदनशीलता और समझ उनके संबंधों में गहराई और समझ लाती है।

4. **आदर्शवादी और अवास्तविक अपेक्षाएं**:

मीन राशि के लोग कभी-कभी अपने प्रेम संबंधों में आदर्शवादी और अवास्तविक अपेक्षाएं रख सकते हैं। वे अक्सर अपने साथी और संबंध से अवास्तविक अपेक्षाएं रखते हैं, जो उन्हें निराशा और असंतोष का अनुभव करा सकती हैं। उनकी यह आदर्शवादिता और अवास्तविक अपेक्षाएं उनके संबंधों में तनाव और निराशा ला सकती हैं।

5. **आत्म-त्याग और सीमाओं की कमी**:

मीन राशि के लोग कभी-कभी अपने प्रेम संबंधों में अत्यधिक आत्म-त्यागी हो सकते हैं और उनमें सीमाओं की कमी हो सकती है। वे अक्सर अपने साथी के लिए अपने आप को त्याग देते हैं और अपनी जरूरतों और इच्छाओं की अनदेखी करते हैं, जो उन्हें शोषित और उपयोग किए जाने के प्रति संवेदनशील बना सकता है। उनका यह आत्म-त्याग और सीमाओं की कमी उनके संबंधों में असंतुलन और असंतोष ला सकती है।

संबंधों में मीन

1. **भावनात्मक गहराई और संबंध**: मीन राशि के लोग अपने संबंधों में भावनात्मक गहराई और संबंध की खोज करते हैं। वे अपने साथी के साथ गहरा और अर्थपूर्ण संबंध बनाना चाहते हैं,

और वे अपने साथी के साथ अपनी भावनाओं और विचारों को साझा करना चाहते हैं।

2. **समर्पण और प्रतिबद्धता**: मीन राशि के लोग अपने संबंधों में समर्पण और प्रतिबद्धता की खोज करते हैं। वे अपने साथी के प्रति समर्पित और प्रतिबद्ध होना चाहते हैं, और वे अपने साथी से भी वही समर्पण और प्रतिबद्धता चाहते हैं।

3. **समझ और स्वीकृति**: मीन राशि के लोग अपने संबंधों में समझ और स्वीकृति की खोज करते हैं। वे अपने साथी से समझे और स्वीकार किए जाना चाहते हैं, और वे अपने साथी को भी समझने और स्वीकार करने का प्रयास करते हैं।

4. **रोमांस और भावुकता**: मीन राशि के लोग अपने संबंधों में रोमांस और भावुकता की खोज करते हैं। वे अपने साथी के साथ रोमांटिक और भावुक क्षण साझा करना चाहते हैं, और वे अपने साथी से भी वही रोमांस और भावुकता चाहते हैं।

5. **आध्यात्मिक संबंध**: मीन राशि के लोग अपने संबंधों में आध्यात्मिक संबंध की खोज करते हैं। वे अपने साथी के साथ आध्यात्मिक संबंध बनाना चाहते हैं, और वे अपने साथी के साथ अपनी आध्यात्मिक यात्रा साझा करना चाहते हैं।

संगतता

मीन राशि के लोग कुछ राशियों के साथ अधिक संगत होते हैं, जबकि अन्य के साथ उनकी संगतता कम होती है। यहां मीन राशि की अन्य राशियों के साथ संगतता का एक संक्षिप्त विवरण दिया गया है:

उच्च संगतता

1. **कर्क और वृश्चिक**: ये दोनों जल तत्व की राशियां हैं और मीन के साथ अच्छी तरह से मेल खाती हैं। वे मीन की संवेदनशीलता, भावनात्मकता और अंतर्ज्ञानिता को समझते हैं और सराहना करते हैं।

2. **वृषभ और मकर**: ये पृथ्वी तत्व की राशियां हैं जो मीन के साथ अच्छी तरह से मेल खाती हैं। वृषभ की स्थिरता और मकर की अनुशासनात्मकता मीन की संवेदनशीलता और कल्पनाशीलता के साथ संतुलित हो सकती है।

मध्यम संगतता

1. **तुला और कुंभ**: ये राशियां मीन के साथ मध्यम संगतता रखती हैं। तुला की सौंदर्यप्रियता और कुंभ की नवाचारिता मीन की कल्पनाशीलता और रचनात्मकता के साथ संतुलित हो सकती है, लेकिन कभी-कभी संघर्ष भी हो सकता है।

2. **मिथुन और धनु**: ये राशियां मीन के साथ मध्यम संगतता रखती हैं। मिथुन की बौद्धिकता और धनु की स्वतंत्रता मीन की संवेदनशीलता और भावनात्मकता के साथ संतुलित हो सकती है, लेकिन कभी-कभी संघर्ष भी हो सकता है।

निम्न संगतता

1. **मेष और सिंह**: ये अग्नि तत्व की राशियां हैं जो मीन के साथ कम संगतता रखती हैं। मेष की आक्रामकता और सिंह की आत्म-केंद्रितता मीन की संवेदनशीलता और भावनात्मकता के साथ संघर्ष कर सकती है।

2. **कन्या**: कन्या राशि मीन के साथ सबसे कम संगतता रखती है। कन्या की आलोचनात्मकता और व्यावहारिकता मीन की संवेदनशीलता और कल्पनाशीलता के साथ संघर्ष कर सकती है।

मीन राशि के लिए स्वास्थ्य और कल्याण

मीन राशि के लोगों के व्यक्तित्व लक्षण उनके स्वास्थ्य और कल्याण को भी प्रभावित करते हैं। यहां मीन राशि के लोगों के स्वास्थ्य और कल्याण के बारे में कुछ अंतर्दृष्टि दी गई है:

शारीरिक स्वास्थ्य

1. **पैर और पंजे**: ज्योतिष के अनुसार, मीन राशि शरीर के पैरों और पंजों से जुड़ी है। इसका

मतलब है कि मीन राशि के लोगों को पैरों और पंजों से संबंधित समस्याएं, जैसे पैरों का दर्द, पैरों की सूजन, या पैरों की अन्य समस्याएं हो सकती हैं।

2.   **प्रतिरक्षा प्रणाली**: मीन राशि के लोगों को अक्सर प्रतिरक्षा प्रणाली से संबंधित समस्याएं हो सकती हैं, जैसे एलर्जी, ऑटोइम्यून विकार, या प्रतिरक्षा प्रणाली की अन्य समस्याएं।

3.   **लिम्फैटिक सिस्टम**: मीन राशि के लोगों को अक्सर लिम्फैटिक सिस्टम से संबंधित समस्याएं हो सकती हैं, जैसे लिम्फ नोड्स की सूजन, लिम्फोमा, या लिम्फैटिक सिस्टम की अन्य समस्याएं।

4.   **नशीली दवाओं और शराब की लत**: मीन राशि के लोगों को अक्सर नशीली दवाओं और शराब की लत की समस्याएं हो सकती हैं, विशेष रूप से जब वे तनाव में हों या भावनात्मक रूप से अभिभूत हों।

5.   **थकान और अनिद्रा**: मीन राशि के लोगों को अक्सर थकान और अनिद्रा की समस्याएं हो सकती हैं, विशेष रूप से जब वे भावनात्मक रूप से अभिभूत हों या तनाव में हों।

मानसिक और भावनात्मक स्वास्थ्य

1.   **भावनात्मक अभिभूतता और अवसाद**: मीन राशि के लोगों की संवेदनशीलता और

भावनात्मकता उन्हें भावनात्मक अभिभूतता और अवसाद के प्रति संवेदनशील बना सकती है। वे अक्सर दूसरों की भावनाओं और ऊर्जाओं को अवशोषित कर लेते हैं, जो उन्हें भावनात्मक रूप से अभिभूत और अवसादग्रस्त कर सकता है।

2. **चिंता और तनाव**: मीन राशि के लोगों की संवेदनशीलता और अस्पष्टता उन्हें चिंता और तनाव के प्रति संवेदनशील बना सकती है। वे अक्सर अपने भविष्य और निर्णयों के बारे में चिंतित होते हैं, जो उन्हें तनाव और चिंता दे सकता है।

3. **पलायनवादिता और आदर्शवादिता**: मीन राशि के लोगों की पलायनवादिता और आदर्शवादिता उन्हें वास्तविकता से अलग-थलग और निराश कर सकती है, जो उनके मानसिक और भावनात्मक स्वास्थ्य को प्रभावित कर सकता है।

4. **आत्म-त्याग और सीमाओं की कमी**: मीन राशि के लोगों का आत्म-त्याग और सीमाओं की कमी उन्हें शोषित और उपयोग किए जाने के प्रति संवेदनशील बना सकता है, जो उनके मानसिक और भावनात्मक स्वास्थ्य को प्रभावित कर सकता है।

5. **अस्पष्टता और अनिर्णायकता**: मीन राशि के लोगों की अस्पष्टता और अनिर्णायकता उन्हें जीवन में दिशा और स्पष्टता की कमी का अनुभव

करा सकती है, जो उनके मानसिक और भावनात्मक स्वास्थ्य को प्रभावित कर सकता है।

स्वास्थ्य और कल्याण के लिए सुझाव

1. **नियमित व्यायाम**: मीन राशि के लोगों को नियमित व्यायाम करना चाहिए, विशेष रूप से ऐसे व्यायाम जो पैरों और पंजों को मजबूत करते हैं, जैसे चलना, दौड़ना, या योग।

2. **संतुलित आहार**: मीन राशि के लोगों को एक संतुलित आहार का पालन करना चाहिए, जिसमें सभी आवश्यक पोषक तत्व शामिल हों। उन्हें विशेष रूप से प्रतिरक्षा प्रणाली और लिम्फैटिक सिस्टम के स्वास्थ्य के लिए पर्याप्त विटामिन सी, विटामिन डी, और एंटीऑक्सीडेंट्स वाले खाद्य पदार्थ खाना चाहिए।

3. **तनाव प्रबंधन**: मीन राशि के लोगों को अपने तनाव और चिंता को प्रबंधित करने के लिए तनाव प्रबंधन तकनीकों का अभ्यास करना चाहिए, जैसे ध्यान, गहरी सांस लेने के व्यायाम, या योग।

4. **सीमाएं निर्धारित करना**: मीन राशि के लोगों को अपने जीवन में स्पष्ट सीमाएं निर्धारित करना सीखना चाहिए और अपनी जरूरतों और इच्छाओं को प्राथमिकता देना सीखना चाहिए। यह

उन्हें शोषित और उपयोग किए जाने से बचने में मदद कर सकता है।

5. **आत्म-देखभाल**: मीन राशि के लोगों को अपनी आत्म-देखभाल पर ध्यान देना चाहिए और अपने शारीरिक, मानसिक और भावनात्मक स्वास्थ्य की देखभाल करना चाहिए। यह उन्हें भावनात्मक अभिभूतता और अवसाद से बचने में मदद कर सकता है।

प्रसिद्ध मीन राशि के व्यक्ति

मीन राशि के कई प्रसिद्ध व्यक्ति हैं जिन्होंने विभिन्न क्षेत्रों में अपनी छाप छोड़ी है। यहां कुछ प्रसिद्ध मीन राशि के व्यक्तियों की सूची दी गई है:

अभिनेता और अभिनेत्रियां

1. **रिहाना**: बारबेडियन गायिका, अभिनेत्री और व्यवसायी, जो "अम्ब्रेला", "डायमंड्स", और "वर्क" जैसे हिट गानों के लिए जानी जाती हैं।

2. **डेनियल क्रेग**: ब्रिटिश अभिनेता, जो जेम्स बॉन्ड फिल्मों में जेम्स बॉन्ड की भूमिका के लिए जाने जाते हैं।

3. **जेसिका बील**: अमेरिकी अभिनेत्री, जो "द सिनर", "7th हेवन", और "टोटल रिकॉल" जैसी फिल्मों और टीवी शो के लिए जानी जाती हैं।

4. **ब्रूस विलिस**: अमेरिकी अभिनेता, जो "डाई हार्ड", "पल्प फिक्शन", और "द सिक्स्थ सेंस" जैसी फिल्मों के लिए जाने जाते हैं।

5. **एवा मेंडेस**: अमेरिकी अभिनेत्री, जो "ट्रेनिंग डे", "हिच", और "द प्लेस बियॉन्ड द पाइन्स" जैसी फिल्मों के लिए जानी जाती हैं।

संगीतकार

1. **जस्टिन बीबर**: कनाडाई गायक और गीतकार, जो "बेबी", "सॉरी", और "लव योरसेल्फ" जैसे हिट गानों के लिए जाने जाते हैं।

2. **जॉन लेजेंड**: अमेरिकी गायक, गीतकार और पियानोवादक, जो "ऑल ऑफ मी", "ऑर्डिनरी पीपल", और "ग्लोरी" जैसे हिट गानों के लिए जाने जाते हैं।

3. **कार्डी बी**: अमेरिकी रैपर, जो "बोडक येलो", "आई लाइक इट", और "वैप" जैसे हिट गानों के लिए जानी जाती हैं।

4. **क्रिस मार्टिन**: ब्रिटिश गायक, गीतकार और कोल्डप्ले बैंड के लीड वोकलिस्ट, जो "येलो", "विवा ला विदा", और "फिक्स यू" जैसे हिट गानों के लिए जाने जाते हैं।

5. **एडम लेवीन**: अमेरिकी गायक, गीतकार और मारून 5 बैंड के लीड वोकलिस्ट, जो "शुगर", "मूव्स लाइक जैगर", और "गर्ल्स लाइक यू" जैसे हिट गानों के लिए जाने जाते हैं।

खिलाड़ी

1. **स्टीफ करी**: अमेरिकी बास्केटबॉल खिलाड़ी, जो गोल्डन स्टेट वॉरियर्स के लिए खेलते हैं और दुनिया के सर्वश्रेष्ठ बास्केटबॉल खिलाड़ियों में से एक माने जाते हैं।

2. **शाकिल ओ'नील**: अमेरिकी पूर्व बास्केटबॉल खिलाड़ी, जो लॉस एंजिल्स लेकर्स और माइआमी हीट के लिए खेले हैं और दुनिया के सर्वश्रेष्ठ बास्केटबॉल खिलाड़ियों में से एक माने जाते हैं।

3. **सिमोन बाइल्स**: अमेरिकी जिमनास्ट, जिन्होंने ओलंपिक और विश्व चैंपियनशिप में कई पदक जीते हैं और दुनिया की सर्वश्रेष्ठ जिमनास्ट मानी जाती हैं।

4. **डिरक नोविट्स्की**: जर्मन पूर्व बास्केटबॉल खिलाड़ी, जो डलास मावेरिक्स के लिए खेले हैं और दुनिया के सर्वश्रेष्ठ बास्केटबॉल खिलाड़ियों में से एक माने जाते हैं।

5.   **रोजर फेडरर**: स्विस टेनिस खिलाड़ी, जिन्होंने 20 ग्रैंड स्लैम एकल खिताब जीते हैं और दुनिया के सर्वश्रेष्ठ टेनिस खिलाड़ियों में से एक माने जाते हैं।

राजनेता और नेता

1.   **अल्बर्ट आइंस्टाइन**: जर्मन-अमेरिकी भौतिक विज्ञानी, जिन्होंने सापेक्षता के सिद्धांत का प्रतिपादन किया और दुनिया के सबसे प्रसिद्ध वैज्ञानिकों में से एक माने जाते हैं।

2.   **जॉर्ज वाशिंगटन**: अमेरिकी राजनेता और सैन्य नेता, जो संयुक्त राज्य अमेरिका के पहले राष्ट्रपति थे और अमेरिकी क्रांति के दौरान कॉन्टिनेंटल आर्मी का नेतृत्व किया।

3.   **एंड्रयू जैक्सन**: अमेरिकी राजनेता और सैन्य नेता, जो संयुक्त राज्य अमेरिका के सातवें राष्ट्रपति थे और 1812 के युद्ध के दौरान अमेरिकी सेना का नेतृत्व किया।

4.   **स्टीव जॉब्स**: अमेरिकी व्यवसायी, औद्योगिक डिजाइनर और मीडिया मोगुल, जो एप्पल इंक के सह-संस्थापक, अध्यक्ष और सीईओ थे।

5.   **मदर टेरेसा**: अल्बानियाई-भारतीय रोमन कैथोलिक नन और मिशनरी, जिन्होंने कोलकाता में मिशनरीज ऑफ चैरिटी की स्थापना की और गरीबों,

बीमारों और अनाथों की सेवा के लिए अपना जीवन समर्पित किया।

मीन राशि के लिए ज्योतिषीय उपाय

मीन राशि के लोगों के लिए कुछ ज्योतिषीय उपाय हैं जो उन्हें अपने जीवन के विभिन्न पहलुओं में सफलता और संतुलन प्राप्त करने में मदद कर सकते हैं। यहां मीन राशि के लोगों के लिए कुछ ज्योतिषीय उपाय दिए गए हैं:

रत्न और उपरत्न

1.   **पुखराज (Yellow Sapphire):** मीन राशि का मुख्य रत्न पुखराज है, जो बृहस्पति ग्रह से जुड़ा है। पुखराज पहनने से मीन राशि के लोगों को ज्ञान, समृद्धि और सौभाग्य में मदद मिल सकती है। यह उन्हें अपने जीवन में सफलता और समृद्धि प्राप्त करने में मदद कर सकता है।

2.   **अमेथिस्ट (Amethyst):** अमेथिस्ट मीन राशि के लिए एक उपरत्न है। यह रत्न मीन राशि के लोगों को शांति, संतुलन और आध्यात्मिक जागरूकता प्रदान कर सकता है। यह उन्हें अपने जीवन में शांति और संतुलन प्राप्त करने और अपनी आध्यात्मिक यात्रा में आगे बढ़ने में मदद कर सकता है।

3.   **एक्वामरीन (Aquamarine):** एक्वामरीन भी मीन राशि के लिए एक उपरत्न है। यह रत्न मीन

राशि के लोगों को शांति, शुद्धता और स्पष्टता प्रदान कर सकता है। यह उन्हें अपने जीवन में स्पष्टता और दिशा प्राप्त करने और अपनी अस्पष्टता और अनिर्णायकता को दूर करने में मदद कर सकता है।

मंत्र और स्तोत्र

1.   **बृहस्पति मंत्र**: "ॐ ग्रां ग्रीं ग्रौं सः गुरवे नमः" या "ॐ बृहस्पतये नमः" बृहस्पति ग्रह के मंत्र हैं, जो मीन राशि के शासक ग्रह हैं। इन मंत्रों का जाप करने से मीन राशि के लोगों को बृहस्पति ग्रह के नकारात्मक प्रभावों से बचने और सकारात्मक प्रभावों को बढ़ाने में मदद मिल सकती है।

2.   **बृहस्पति स्तोत्र**: बृहस्पति स्तोत्र बृहस्पति देवता की स्तुति का एक प्राचीन स्तोत्र है। इस स्तोत्र का पाठ करने से मीन राशि के लोगों को बृहस्पति ग्रह के नकारात्मक प्रभावों से बचने और सकारात्मक प्रभावों को बढ़ाने में मदद मिल सकती है।

3.   **नेपच्यून मंत्र**: "ॐ नमो भगवते वरुणाय" नेपच्यून ग्रह का मंत्र है, जो मीन राशि का एक और शासक ग्रह है। इस मंत्र का जाप करने से मीन राशि के लोगों को नेपच्यून ग्रह के नकारात्मक प्रभावों से बचने और सकारात्मक प्रभावों को बढ़ाने में मदद मिल सकती है।

दान और धार्मिक अनुष्ठान

1. **गुरुवार का व्रत**: गुरुवार बृहस्पति ग्रह का दिन है। गुरुवार को व्रत रखने और बृहस्पति देवता की पूजा करने से मीन राशि के लोगों को बृहस्पति ग्रह के नकारात्मक प्रभावों से बचने और सकारात्मक प्रभावों को बढ़ाने में मदद मिल सकती है।

2. **पीली वस्तुओं का दान**: पीला रंग बृहस्पति ग्रह का रंग है। पीली वस्तुओं जैसे पीले कपड़े, पीली मिठाई, या पीले फूल का दान करने से मीन राशि के लोगों को बृहस्पति ग्रह के नकारात्मक प्रभावों से बचने और सकारात्मक प्रभावों को बढ़ाने में मदद मिल सकती है।

3. **बृहस्पति यंत्र की स्थापना**: बृहस्पति यंत्र एक धार्मिक प्रतीक है जो बृहस्पति ग्रह की शक्ति को आकर्षित करता है। बृहस्पति यंत्र की स्थापना करने और उसकी पूजा करने से मीन राशि के लोगों को बृहस्पति ग्रह के नकारात्मक प्रभावों से बचने और सकारात्मक प्रभावों को बढ़ाने में मदद मिल सकती है।

वास्तु और फेंगशुई के सुझाव

1. **पीले रंग का उपयोग**: पीला रंग बृहस्पति ग्रह का रंग है और मीन राशि के लोगों के लिए शुभ माना जाता है। मीन राशि के लोग अपने घर या कार्यस्थल में पीले रंग का उपयोग कर

सकते हैं, जैसे पीली दीवारें, पीला फर्नीचर, या पीले सजावटी सामान।

2.   **उत्तर-पूर्व और पूर्व दिशा का महत्व:** उत्तर-पूर्व और पूर्व दिशा बृहस्पति ग्रह की दिशा है। मीन राशि के लोग अपने घर या कार्यस्थल में उत्तर-पूर्व और पूर्व दिशा का विशेष ध्यान रख सकते हैं और इस दिशा में शुभ वस्तुओं को रख सकते हैं।

3.   **बृहस्पति की तस्वीर या प्रतीक का उपयोग:** मीन राशि के लोग अपने घर या कार्यस्थल में बृहस्पति की तस्वीर या प्रतीक का उपयोग कर सकते हैं, जो उन्हें बृहस्पति ग्रह की सकारात्मक ऊर्जा प्राप्त करने में मदद कर सकता है।

निष्कर्ष

मीन राशि ज्योतिष चक्र की बारहवीं और अंतिम राशि है, जो संवेदनशीलता, कल्पनाशीलता और आध्यात्मिकता का प्रतीक है। मीन राशि के लोग अपनी संवेदनशीलता, कल्पनाशीलता और आध्यात्मिकता के लिए जाने जाते हैं। वे दयालु, सहानुभूतिपूर्ण और अंतर्ज्ञानी होते हैं, और वे अपने जीवन में करुणा, सहानुभूति और आध्यात्मिकता को महत्व देते हैं।

मीन राशि के लोगों के व्यक्तित्व लक्षण उन्हें कुछ विशेष करियर और व्यावसायिक क्षेत्रों के लिए अधिक उपयुक्त बनाते हैं, जैसे कला और रचनात्मकता, स्वास्थ्य

देखभाल और चिकित्सा, सामाजिक कार्य और परामर्श, शिक्षा और प्रशिक्षण, और आध्यात्मिकता और धर्म। उनके प्रेम और संबंधों में, वे भावुक, समर्पित, संवेदनशील, कभी-कभी आदर्शवादी और आत्म-त्यागी होते हैं, और वे अपने संबंधों में भावनात्मक गहराई, समर्पण, समझ, रोमांस, और आध्यात्मिक संबंध की खोज करते हैं।

मीन राशि के लोगों के स्वास्थ्य और कल्याण के लिए, उन्हें अपने पैरों और पंजों, प्रतिरक्षा प्रणाली, लिम्फैटिक सिस्टम, नशीली दवाओं और शराब की लत, और थकान और अनिद्रा पर ध्यान देना चाहिए, और उन्हें अपनी भावनात्मक अभिभूतता और अवसाद, चिंता और तनाव, पलायनवादिता और आदर्शवादिता, आत्म-त्याग और सीमाओं की कमी, और अस्पष्टता और अनिर्णयिकता को प्रबंधित करना सीखना चाहिए। उनके लिए कुछ ज्योतिषीय उपाय भी हैं, जैसे पुखराज पहनना, बृहस्पति मंत्रों का जाप करना, और गुरुवार का व्रत रखना, जो उन्हें अपने जीवन के विभिन्न पहलुओं में सफलता और संतुलन प्राप्त करने में मदद कर सकते हैं।

अंत में, मीन राशि के लोगों को अपने गुणों का लाभ उठाना चाहिए और अपनी कमजोरियों पर काम करना चाहिए। उन्हें अपनी संवेदनशीलता, कल्पनाशीलता और आध्यात्मिकता का उपयोग अपने लक्ष्यों को प्राप्त करने के लिए करना चाहिए, लेकिन साथ ही उन्हें अपनी अस्पष्टता,

पलायनवादिता, आत्म-त्याग, और भावनात्मक अभिभूतता
को प्रबंधित करना सीखना चाहिए।

●

अध्याय 15: ज्योतिष में ग्रहों का महत्व

ग्रहों का परिचय

ज्योतिष शास्त्र में ग्रहों का विशेष महत्व है। ग्रह न केवल आकाश में चमकने वाले पिंड हैं, बल्कि वे मानव जीवन के विभिन्न पहलुओं को प्रभावित करने वाली शक्तियों का प्रतिनिधित्व करते हैं। प्राचीन भारतीय ज्योतिष में नौ ग्रहों (नवग्रह) का विशेष स्थान है, जिनमें सूर्य, चंद्रमा, मंगल, बुध, बृहस्पति, शुक्र, शनि, राहु और केतु शामिल हैं। इनमें से राहु और केतु छायाग्रह हैं, जो वास्तविक ग्रह नहीं हैं, बल्कि चंद्र नोड्स (चंद्र पात) हैं।

प्रत्येक ग्रह का अपना विशिष्ट स्वभाव, गुण और प्रभाव होता है, और ये ग्रह जन्म कुंडली में अपनी स्थिति के अनुसार व्यक्ति के जीवन के विभिन्न पहलुओं को प्रभावित करते हैं। इस अध्याय में, हम इन नौ ग्रहों के बारे में विस्तार से जानेंगे, उनके गुण, प्रभाव और ज्योतिष में उनके महत्व के बारे में समझेंगे।

सूर्य (Sun)

सूर्य हमारे सौरमंडल का केंद्र है और ज्योतिष में इसे ग्रहों का राजा माना जाता है। सूर्य आत्मा, आत्मविश्वास, शक्ति, प्राधिकार, पिता और सरकार का प्रतिनिधित्व करता है।

सूर्य के मूल तत्व

- **तत्व**: अग्नि
- **लिंग**: पुरुष
- **स्वभाव**: सात्विक
- **दिशा**: पूर्व
- **रंग**: सुनहरा, नारंगी, लाल
- **धातु**: सोना
- **रत्न**: माणिक (रूबी)
- **दिन**: रविवार
- **स्वामित्व राशि**: सिंह
- **उच्च राशि**: मेष
- **नीच राशि**: तुला

सूर्य का प्रभाव

सूर्य व्यक्ति के आत्मसम्मान, आत्मविश्वास, महत्वाकांक्षा, नेतृत्व क्षमता और पिता से संबंधों को प्रभावित करता है। एक मजबूत और अनुकूल स्थिति में सूर्य व्यक्ति को

आत्मविश्वासी, महत्वाकांक्षी, नेतृत्वकारी और सम्मानित बनाता है। वहीं, कमजोर या प्रतिकूल स्थिति में सूर्य अहंकार, अधिकारवादिता, आत्म-केंद्रितता और पिता से खराब संबंधों का कारण बन सकता है।

सूर्य से संबंधित व्यवसाय और करियर

सूर्य से संबंधित व्यवसाय और करियर में राजनीति, सरकारी सेवा, प्रशासन, नेतृत्व पद, सोने का व्यापार, ज्वैलरी, आभूषण निर्माण, धातु उद्योग, बिजली और ऊर्जा क्षेत्र, और चिकित्सा क्षेत्र (विशेष रूप से हृदय रोग विशेषज्ञ) शामिल हैं।

सूर्य के ज्योतिषीय उपाय

1. **रत्न:** माणिक (रूबी) धारण करना
2. **मंत्र:** "ॐ सूर्याय नमः" या "ॐ हां हीं हौं सः सूर्याय नमः"
3. **दान:** गेहूं, गुड़, ताम्बा, सोना, लाल वस्त्र
4. **व्रत:** रविवार का व्रत
5. **पूजा:** सूर्य देव की पूजा, सूर्य नमस्कार

चंद्रमा (Moon)

चंद्रमा पृथ्वी का एकमात्र प्राकृतिक उपग्रह है और ज्योतिष में इसे मन, भावनाओं और माता का प्रतिनिधित्व

करने वाला माना जाता है। चंद्रमा मन की शांति, भावनात्मक स्थिरता और मातृ संबंधों को प्रभावित करता है।

चंद्रमा के मूल तत्व

- **तत्व:** जल
- **लिंग:** स्त्री
- **स्वभाव:** सात्विक
- **दिशा:** उत्तर-पश्चिम
- **रंग:** सफेद, क्रीम
- **धातु:** चांदी
- **रत्न:** मोती
- **दिन:** सोमवार
- **स्वामित्व राशि:** कर्क
- **उच्च राशि:** वृषभ
- **नीच राशि:** वृश्चिक

चंद्रमा का प्रभाव

चंद्रमा व्यक्ति के मन, भावनाओं, कल्पनाशीलता, अंतर्ज्ञान, माता से संबंधों और घरेलू जीवन को प्रभावित करता है। एक मजबूत और अनुकूल स्थिति में चंद्रमा व्यक्ति को भावनात्मक रूप से स्थिर, संवेदनशील, कल्पनाशील और माता से अच्छे संबंध वाला बनाता है।

वहीं, कमजोर या प्रतिकूल स्थिति में चंद्रमा भावनात्मक अस्थिरता, अनिद्रा, चिंता, अवसाद और माता से खराब संबंधों का कारण बन सकता है।

चंद्रमा से संबंधित व्यवसाय और करियर

चंद्रमा से संबंधित व्यवसाय और करियर में जल से संबंधित व्यवसाय, नौकायन, मत्स्य पालन, डेयरी उद्योग, खाद्य उद्योग, होटल और रेस्तरां, चांदी का व्यापार, मनोविज्ञान, परामर्श, नर्सिंग, और महिलाओं से संबंधित उत्पादों का व्यापार शामिल हैं।

चंद्रमा के ज्योतिषीय उपाय

1.	**रत्न:** मोती धारण करना

2.	**मंत्र:** "ॐ चंद्राय नमः" या "ॐ श्रां श्रीं श्रौं सः चंद्रमसे नमः"

3.	**दान:** चावल, दूध, चांदी, सफेद वस्त्र

4.	**व्रत:** सोमवार का व्रत

5.	**पूजा:** शिव और पार्वती की पूजा

मंगल (Mars)

मंगल सौरमंडल का चौथा ग्रह है और ज्योतिष में इसे ऊर्जा, साहस, शक्ति और भाइयों का प्रतिनिधित्व करने

वाला माना जाता है। मंगल युद्ध, संघर्ष, प्रतिस्पर्धा और शारीरिक शक्ति का कारक है।

मंगल के मूल तत्व

- **तत्व:** अग्नि
- **लिंग:** पुरुष
- **स्वभाव:** तामसिक
- **दिशा:** दक्षिण
- **रंग:** लाल
- **धातु:** तांबा
- **रत्न:** मूंगा (रेड कोरल)
- **दिन:** मंगलवार
- **स्वामित्व राशि:** मेष और वृश्चिक
- **उच्च राशि:** मकर
- **नीच राशि:** कर्क

मंगल का प्रभाव

मंगल व्यक्ति की ऊर्जा, साहस, आत्मविश्वास, प्रतिस्पर्धात्मकता, भाइयों से संबंधों और संपत्ति को प्रभावित करता है। एक मजबूत और अनुकूल स्थिति में मंगल व्यक्ति को ऊर्जावान, साहसी, आत्मविश्वासी, प्रतिस्पर्धी और भाइयों से अच्छे संबंध वाला बनाता है। वहीं, कमजोर या प्रतिकूल स्थिति में मंगल आक्रामकता,

क्रोध, हिंसा, दुर्घटनाओं और भाइयों से खराब संबंधों का कारण बन सकता है।

मंगल से संबंधित व्यवसाय और करियर

मंगल से संबंधित व्यवसाय और करियर में सेना, पुलिस, सुरक्षा सेवाएं, खेल, इंजीनियरिंग, यांत्रिकी, धातु उद्योग, शस्त्र निर्माण, अग्निशमन सेवा, सर्जरी, और संपत्ति से संबंधित व्यवसाय शामिल हैं।

मंगल के ज्योतिषीय उपाय

1.   **रत्न**: मूंगा (रेड कोरल) धारण करना

2.   **मंत्र**: "ॐ भौमाय नमः" या "ॐ क्रां क्रीं क्रौं सः भौमाय नमः"

3.   **दान**: मसूर की दाल, गुड़, तांबा, लाल वस्त्र

4.   **व्रत**: मंगलवार का व्रत

5.   **पूजा**: हनुमान जी और कार्तिकेय की पूजा

बुध (Mercury)

बुध सौरमंडल का सबसे छोटा और सूर्य के सबसे नजदीक का ग्रह है। ज्योतिष में बुध को बुद्धि, संचार, व्यापार और शिक्षा का प्रतिनिधित्व करने वाला माना जाता है।

बुध के मूल तत्व

- **तत्व:** पृथ्वी
- **लिंग:** नपुंसक (तटस्थ)
- **स्वभाव:** राजसिक
- **दिशा:** उत्तर
- **रंग:** हरा
- **धातु:** मिश्र धातु
- **रत्न:** पन्ना (एमरल्ड)
- **दिन:** बुधवार
- **स्वामित्व राशि:** मिथुन और कन्या
- **उच्च राशि:** कन्या
- **नीच राशि:** मीन

बुध का प्रभाव

बुध व्यक्ति की बुद्धि, तर्क, विश्लेषण, संचार, लेखन, शिक्षा और व्यापार को प्रभावित करता है। एक मजबूत और अनुकूल स्थिति में बुध व्यक्ति को बुद्धिमान, तार्किक, विश्लेषणात्मक, अच्छा संचारक और व्यापार में सफल बनाता है। वहीं, कमजोर या प्रतिकूल स्थिति में बुध भ्रम, संचार में कठिनाई, तर्क की कमी, और शिक्षा और व्यापार में समस्याओं का कारण बन सकता है।

बुध से संबंधित व्यवसाय और करियर

बुध से संबंधित व्यवसाय और करियर में लेखन, पत्रकारिता, प्रकाशन, अनुवाद, शिक्षा, अध्यापन, लेखाकार, वकील, व्यापार, विपणन, संचार, सॉफ्टवेयर, आईटी, और परामर्श शामिल हैं।

बुध के ज्योतिषीय उपाय

1. **रत्न**: पन्ना (एमरल्ड) धारण करना
2. **मंत्र**: "ॐ बुधाय नमः" या "ॐ ब्रां ब्रीं ब्रौं सः बुधाय नमः"
3. **दान**: हरी मूंग, हरी सब्जियां, हरे वस्त्र
4. **व्रत**: बुधवार का व्रत
5. **पूजा**: विष्णु और विष्णु के अवतारों की पूजा

बृहस्पति (Jupiter)

बृहस्पति सौरमंडल का सबसे बड़ा ग्रह है और ज्योतिष में इसे ज्ञान, धर्म, संतान और गुरु का प्रतिनिधित्व करने वाला माना जाता है। बृहस्पति को ग्रहों का गुरु और सौभाग्य का कारक माना जाता है।

बृहस्पति के मूल तत्व

- **तत्व**: आकाश

- **लिंग**: पुरुष
- **स्वभाव**: सात्विक
- **दिशा**: उत्तर-पूर्व
- **रंग**: पीला, सुनहरा
- **धातु**: सोना
- **रत्न**: पुखराज (येलो सैफायर)
- **दिन**: गुरुवार (बृहस्पतिवार)
- **स्वामित्व राशि**: धनु और मीन
- **उच्च राशि**: कर्क
- **नीच राशि**: मकर

बृहस्पति का प्रभाव

बृहस्पति व्यक्ति के ज्ञान, धर्म, दर्शन, शिक्षा, संतान, विवाह, धन और सौभाग्य को प्रभावित करता है। एक मजबूत और अनुकूल स्थिति में बृहस्पति व्यक्ति को ज्ञानी, धार्मिक, नैतिक, शिक्षित, संतान से सुखी, धनवान और सौभाग्यशाली बनाता है। वहीं, कमजोर या प्रतिकूल स्थिति में बृहस्पति ज्ञान की कमी, अधार्मिकता, संतान से संबंधित समस्याएं, वित्तीय समस्याएं और दुर्भाग्य का कारण बन सकता है।

बृहस्पति से संबंधित व्यवसाय और करियर

बृहस्पति से संबंधित व्यवसाय और करियर में शिक्षा, अध्यापन, धार्मिक कार्य, पुरोहित, ज्योतिष, न्यायाधीश, वकील, बैंकिंग, वित्त, परामर्श, और प्रकाशन शामिल हैं।

बृहस्पति के ज्योतिषीय उपाय

1. **रत्न**: पुखराज (येलो सैफायर) धारण करना

2. **मंत्र**: "ॐ बृहस्पतये नमः" या "ॐ ग्रां ग्रीं ग्रौं सः गुरवे नमः"

3. **दान**: चना, हल्दी, सोना, पीले वस्त्र

4. **व्रत**: गुरुवार का व्रत

5. **पूजा**: विष्णु और दत्तात्रेय की पूजा

शुक्र (Venus)

शुक्र पृथ्वी के आकार का ग्रह है और ज्योतिष में इसे प्रेम, सौंदर्य, कला, संगीत, विवाह और भौतिक सुख का प्रतिनिधित्व करने वाला माना जाता है। शुक्र को ग्रहों का मंत्री और सुख-समृद्धि का कारक माना जाता है।

शुक्र के मूल तत्व

- **तत्व**: जल
- **लिंग**: स्त्री

- **स्वभाव**: राजसिक
- **दिशा**: दक्षिण-पूर्व
- **रंग**: सफेद, हल्का नीला
- **धातु**: चांदी
- **रत्न**: हीरा (डायमंड)
- **दिन**: शुक्रवार
- **स्वामित्व राशि**: वृषभ और तुला
- **उच्च राशि**: मीन
- **नीच राशि**: कन्या

शुक्र का प्रभाव

शुक्र व्यक्ति के प्रेम, विवाह, यौन जीवन, सौंदर्य, कला, संगीत, भौतिक सुख, वाहन और धन को प्रभावित करता है। एक मजबूत और अनुकूल स्थिति में शुक्र व्यक्ति को प्रेम में सफल, सुखी विवाह, कलात्मक, सुंदर, भौतिक सुख से परिपूर्ण और धनवान बनाता है। वहीं, कमजोर या प्रतिकूल स्थिति में शुक्र प्रेम और विवाह में समस्याएं, कला और सौंदर्य की कमी, भौतिक सुख की कमी और वित्तीय समस्याओं का कारण बन सकता है।

शुक्र से संबंधित व्यवसाय और करियर

शुक्र से संबंधित व्यवसाय और करियर में कला, संगीत, नृत्य, अभिनय, फैशन, सौंदर्य प्रसाधन, आभूषण, होटल, रेस्तरां, वाहन, लक्जरी उत्पाद, और विवाह से संबंधित व्यवसाय शामिल हैं।

शुक्र के ज्योतिषीय उपाय

1. **रत्न**: हीरा (डायमंड) धारण करना
2. **मंत्र**: "ॐ शुक्राय नमः" या "ॐ द्रां द्रीं द्रौं सः शुक्राय नमः"
3. **दान**: चावल, दही, चांदी, सफेद वस्त्र
4. **व्रत**: शुक्रवार का व्रत
5. **पूजा**: लक्ष्मी और पार्वती की पूजा

शनि (Saturn)

शनि सौरमंडल का दूसरा सबसे बड़ा ग्रह है और ज्योतिष में इसे कर्म, अनुशासन, कठिनाई और लंबी उम्र का प्रतिनिधित्व करने वाला माना जाता है। शनि को न्याय का देवता और कर्मफल का कारक माना जाता है।

शनि के मूल तत्व

- **तत्व**: वायु
- **लिंग**: नपुंसक (तटस्थ)

- **स्वभाव**: तामसिक
- **दिशा**: पश्चिम
- **रंग**: नीला, काला
- **धातु**: लोहा
- **रत्न**: नीलम (ब्लू सैफायर)
- **दिन**: शनिवार
- **स्वामित्व राशि**: मकर और कुंभ
- **उच्च राशि**: तुला
- **नीच राशि**: मेष

शनि का प्रभाव

शनि व्यक्ति के कर्म, अनुशासन, जिम्मेदारी, कठिनाई, देरी, बाधा, लंबी उम्र और वृद्धावस्था को प्रभावित करता है। एक मजबूत और अनुकूल स्थिति में शनि व्यक्ति को अनुशासित, जिम्मेदार, कर्मठ, धैर्यवान और लंबी उम्र वाला बनाता है। वहीं, कमजोर या प्रतिकूल स्थिति में शनि कठिनाई, देरी, बाधा, अवसाद, भय और दुर्भाग्य का कारण बन सकता है।

शनि से संबंधित व्यवसाय और करियर

शनि से संबंधित व्यवसाय और करियर में खनन, तेल, गैस, कोयला, लोहा, स्टील, मशीनरी, निर्माण, रियल

एस्टेट, कृषि, श्रमिक, सेवक, जेल, अस्पताल, और मृत्यु से संबंधित व्यवसाय शामिल हैं।

शनि के ज्योतिषीय उपाय

1. **रत्न**: नीलम (ब्लू सैफायर) धारण करना
2. **मंत्र**: "ॐ शनैश्चराय नमः" या "ॐ प्रां प्रीं प्रौं सः शनये नमः"
3. **दान**: काली उड़द, तिल, लोहा, काले वस्त्र
4. **व्रत**: शनिवार का व्रत
5. **पूजा**: हनुमान जी और शनिदेव की पूजा

राहु (Rahu)

राहु एक छायाग्रह है, जो वास्तविक ग्रह नहीं है, बल्कि चंद्र नोड (चंद्र पात) का उत्तरी बिंदु है। ज्योतिष में राहु को भ्रम, माया, अतृप्त इच्छाओं और विदेशी प्रभावों का प्रतिनिधित्व करने वाला माना जाता है।

राहु के मूल तत्व

- **तत्व**: वायु
- **लिंग**: पुरुष
- **स्वभाव**: तामसिक
- **दिशा**: दक्षिण-पश्चिम

- रंग: धूमिल, नीला
- धातु: मिश्र धातु
- रत्न: गोमेद (हेसोनाइट)
- दिन: शनिवार
- स्वामित्व राशि: कुंभ (सह-स्वामी)
- उच्च राशि: वृषभ
- नीच राशि: वृश्चिक

राहु का प्रभाव

राहु व्यक्ति की अतृप्त इच्छाओं, भ्रम, माया, विदेशी प्रभावों, अलौकिक शक्तियों और अचानक परिवर्तनों को प्रभावित करता है। एक मजबूत और अनुकूल स्थिति में राहु व्यक्ति को महत्वाकांक्षी, सफल, विदेशी संपर्कों से लाभ, और अलौकिक शक्तियों से युक्त बनाता है। वहीं, कमजोर या प्रतिकूल स्थिति में राहु भ्रम, धोखा, अतृप्त इच्छाओं, नशे की लत, और मानसिक विकारों का कारण बन सकता है।

राहु से संबंधित व्यवसाय और करियर

राहु से संबंधित व्यवसाय और करियर में विदेशी व्यापार, आयात-निर्यात, विदेशी भाषा, अनुवाद, जादू, तंत्र-मंत्र, ज्योतिष, अलौकिक विज्ञान, और नशीली दवाओं से संबंधित व्यवसाय शामिल हैं।

राहु के ज्योतिषीय उपाय

1. **रत्न:** गोमेद (हेसोनाइट) धारण करना
2. **मंत्र:** "ॐ राहवे नमः" या "ॐ भ्रां भ्रीं भ्रौं सः राहवे नमः"
3. **दान:** काली उड़द, तिल, काले वस्त्र
4. **व्रत:** शनिवार का व्रत
5. **पूजा:** दुर्गा और काली की पूजा

केतु (Ketu)

केतु भी एक छायाग्रह है, जो वास्तविक ग्रह नहीं है, बल्कि चंद्र नोड (चंद्र पात) का दक्षिणी बिंदु है। ज्योतिष में केतु को मोक्ष, आध्यात्मिकता, त्याग और अलगाव का प्रतिनिधित्व करने वाला माना जाता है।

केतु के मूल तत्व

- **तत्व:** अग्नि
- **लिंग:** नपुंसक (तटस्थ)
- **स्वभाव:** तामसिक
- **दिशा:** दक्षिण-पश्चिम
- **रंग:** धूमिल, भूरा
- **धातु:** मिश्र धातु
- **रत्न:** लहसुनिया (कैट्स आई)

- **दिन:** मंगलवार
- **स्वामित्व राशि:** वृश्चिक (सह-स्वामी)
- **उच्च राशि:** वृश्चिक
- **नीच राशि:** वृषभ

केतु का प्रभाव

केतु व्यक्ति की आध्यात्मिकता, मोक्ष, त्याग, अलगाव, अलौकिक शक्तियों और अचानक नुकसान को प्रभावित करता है। एक मजबूत और अनुकूल स्थिति में केतु व्यक्ति को आध्यात्मिक, त्यागी, ज्ञानी, और अलौकिक शक्तियों से युक्त बनाता है। वहीं, कमजोर या प्रतिकूल स्थिति में केतु अलगाव, अकेलापन, भ्रम, मानसिक विकार, और अचानक नुकसान का कारण बन सकता है।

केतु से संबंधित व्यवसाय और करियर

केतु से संबंधित व्यवसाय और करियर में आध्यात्मिकता, योग, ध्यान, ज्योतिष, अलौकिक विज्ञान, चिकित्सा (विशेष रूप से वैकल्पिक चिकित्सा), अनुसंधान, और गुप्त विज्ञान शामिल हैं।

केतु के ज्योतिषीय उपाय

1. **रत्न:** लहसुनिया (कैट्स आई) धारण करना

2.	**मंत्र**: "ॐ केतवे नमः" या "ॐ स्त्रां स्त्रीं स्त्रौं सः केतवे नमः"

3.	**दान**: काली उड़द, तिल, काले वस्त्र

4.	**व्रत**: मंगलवार का व्रत

5.	**पूजा**: गणेश और कार्तिकेय की पूजा

ग्रहों की युति और दृष्टि

ज्योतिष में ग्रहों की युति (संयोग) और दृष्टि (पहलू) का विशेष महत्व है। ये ग्रहों के बीच संबंधों को दर्शाति हैं और व्यक्ति के जीवन के विभिन्न पहलुओं को प्रभावित करते हैं।

ग्रहों की युति (Conjunction)

जब दो या अधिक ग्रह एक ही राशि या भाव में स्थित होते हैं, तो उन्हें युति या संयोग में होना कहा जाता है। युति में ग्रह एक-दूसरे के गुणों और प्रभावों को मिश्रित करते हैं, जिससे उनका संयुक्त प्रभाव बनता है।

उदाहरण के लिए, सूर्य और बुध की युति व्यक्ति को बुद्धिमान, तार्किक और नेतृत्व क्षमता से युक्त बना सकती है, जबकि शनि और मंगल की युति व्यक्ति को कठोर, अनुशासित, लेकिन क्रोधी और हठी भी बना सकती है।

ग्रहों की दृष्टि (Aspect)

ग्रहों की दृष्टि या पहलू तब होता है जब एक ग्रह दूसरे ग्रह को देखता है या प्रभावित करता है, भले ही वे एक ही राशि या भाव में न हों। ज्योतिष में विभिन्न प्रकार की दृष्टियां होती हैं, जैसे:

1. **पूर्ण दृष्टि (Full Aspect)**: जब एक ग्रह दूसरे ग्रह को पूरी तरह से देखता है।

2. **त्रिकोण दृष्टि (Trine Aspect)**: जब दो ग्रह एक-दूसरे से 120 डिग्री के कोण पर होते हैं।

3. **चतुर्थ दृष्टि (Square Aspect)**: जब दो ग्रह एक-दूसरे से 90 डिग्री के कोण पर होते हैं।

4. **षष्ठ दृष्टि (Sextile Aspect)**: जब दो ग्रह एक-दूसरे से 60 डिग्री के कोण पर होते हैं।

5. **विपरीत दृष्टि (Opposition Aspect)**: जब दो ग्रह एक-दूसरे से 180 डिग्री के कोण पर होते हैं।

ग्रहों की दृष्टि उनके प्रभावों को बढ़ा या घटा सकती है, और व्यक्ति के जीवन के विभिन्न पहलुओं को प्रभावित कर सकती है।

ग्रहों की मित्रता और शत्रुता

ज्योतिष में ग्रहों के बीच मित्रता और शत्रुता का भी विशेष महत्व है। ये संबंध ग्रहों के प्रभावों को बढ़ा या घटा सकते हैं और व्यक्ति के जीवन के विभिन्न पहलुओं को प्रभावित कर सकते हैं।

ग्रहों की मित्रता (Friendship)

ग्रहों के बीच मित्रता तब होती है जब दो ग्रह एक-दूसरे के अनुकूल होते हैं और एक-दूसरे के प्रभावों को बढ़ाते हैं। मित्र ग्रह एक-दूसरे के साथ अच्छी तरह से काम करते हैं और एक-दूसरे के अच्छे प्रभावों को बढ़ाते हैं।

उदाहरण के लिए: - सूर्य के मित्र: चंद्रमा, मंगल, बृहस्पति - चंद्रमा के मित्र: सूर्य, बुध - मंगल के मित्र: सूर्य, चंद्रमा, बृहस्पति - बुध के मित्र: सूर्य, शुक्र - बृहस्पति के मित्र: सूर्य, चंद्रमा, मंगल - शुक्र के मित्र: बुध, शनि - शनि के मित्र: बुध, शुक्र

ग्रहों की शत्रुता (Enmity)

ग्रहों के बीच शत्रुता तब होती है जब दो ग्रह एक-दूसरे के प्रतिकूल होते हैं और एक-दूसरे के प्रभावों को कम करते हैं। शत्रु ग्रह एक-दूसरे के साथ अच्छी तरह से

काम नहीं करते हैं और एक-दूसरे के अच्छे प्रभावों को कम करते हैं।

उदाहरण के लिए: - सूर्य के शत्रु: शनि, शुक्र - चंद्रमा के शत्रु: कोई नहीं - मंगल के शत्रु: बुध - बुध के शत्रु: चंद्रमा - बृहस्पति के शत्रु: बुध, शुक्र - शुक्र के शत्रु: सूर्य, चंद्रमा - शनि के शत्रु: सूर्य, चंद्रमा, मंगल

ग्रहों के उपाय और रत्न

ज्योतिष में ग्रहों के प्रतिकूल प्रभावों को कम करने और अनुकूल प्रभावों को बढ़ाने के लिए विभिन्न उपाय और रत्न सुझाए जाते हैं। ये उपाय और रत्न व्यक्ति के जीवन के विभिन्न पहलुओं को सुधारने में मदद कर सकते हैं।

ग्रहों के रत्न

प्रत्येक ग्रह का एक विशिष्ट रत्न होता है, जिसे धारण करने से उस ग्रह के अनुकूल प्रभाव बढ़ते हैं और प्रतिकूल प्रभाव कम होते हैं:

1. **सूर्य:** माणिक (रूबी)
2. **चंद्रमा:** मोती
3. **मंगल:** मूंगा (रेड कोरल)
4. **बुध:** पन्ना (एमरल्ड)
5. **बृहस्पति:** पुखराज (येलो सैफायर)

6. **शुक्र**: हीरा (डायमंड)

7. **शनि**: नीलम (ब्लू सैफायर)

8. **राहु**: गोमेद (हेसोनाइट)

9. **केतु**: लहसुनिया (कैट्स आई)

ग्रहों के उपाय

ग्रहों के प्रतिकूल प्रभावों को कम करने और अनुकूल प्रभावों को बढ़ाने के लिए विभिन्न उपाय किए जा सकते हैं, जैसे:

1. **मंत्र जप**: प्रत्येक ग्रह का एक विशिष्ट मंत्र होता है, जिसका जाप करने से उस ग्रह के अनुकूल प्रभाव बढ़ते हैं और प्रतिकूल प्रभाव कम होते हैं।

2. **व्रत**: प्रत्येक ग्रह का एक विशिष्ट दिन होता है, जिस दिन व्रत रखने से उस ग्रह के अनुकूल प्रभाव बढ़ते हैं और प्रतिकूल प्रभाव कम होते हैं।

3. **दान**: प्रत्येक ग्रह से संबंधित विशिष्ट वस्तुओं का दान करने से उस ग्रह के अनुकूल प्रभाव बढ़ते हैं और प्रतिकूल प्रभाव कम होते हैं।

4. **पूजा**: प्रत्येक ग्रह से संबंधित देवताओं की पूजा करने से उस ग्रह के अनुकूल प्रभाव बढ़ते हैं और प्रतिकूल प्रभाव कम होते हैं।

5.   **यंत्र**: प्रत्येक ग्रह का एक विशिष्ट यंत्र
होता है, जिसे स्थापित करने और पूजा करने से
उस ग्रह के अनुकूल प्रभाव बढ़ते हैं और प्रतिकूल
प्रभाव कम होते हैं।

निष्कर्ष

ज्योतिष में ग्रहों का विशेष महत्व है, और वे व्यक्ति
के जीवन के विभिन्न पहलुओं को प्रभावित करते हैं।
प्रत्येक ग्रह का अपना विशिष्ट स्वभाव, गुण और प्रभाव
होता है, और ये ग्रह जन्म कुंडली में अपनी स्थिति के
अनुसार व्यक्ति के जीवन के विभिन्न पहलुओं को प्रभावित
करते हैं।

ग्रहों के प्रतिकूल प्रभावों को कम करने और अनुकूल
प्रभावों को बढ़ाने के लिए विभिन्न उपाय और रत्न सुझाए
जाते हैं, जो व्यक्ति के जीवन के विभिन्न पहलुओं को
सुधारने में मदद कर सकते हैं। इन उपायों और रत्नों का
उपयोग करके, व्यक्ति अपने जीवन में सकारात्मक
परिवर्तन ला सकता है और अपने लक्ष्यों को प्राप्त कर
सकता है।

ज्योतिष एक प्राचीन विज्ञान है, जो हमें अपने जीवन
के विभिन्न पहलुओं को समझने और उन्हें सुधारने में
मदद करता है। ग्रहों का ज्ञान हमें अपने जीवन के
विभिन्न पहलुओं को समझने और उन्हें सुधारने में मदद
करता है, और हमें अपने जीवन में सकारात्मक परिवर्तन
लाने और अपने लक्ष्यों को प्राप्त करने में मदद करता है।

अध्याय 16: दशाएँ और योग

दशाओं का परिचय

ज्योतिष शास्त्र में दशाओं का विशेष महत्व है। दशा एक समय अवधि होती है जिसमें किसी विशेष ग्रह का प्रभाव व्यक्ति के जीवन पर अधिक होता है। दशाओं के माध्यम से ज्योतिषी यह अनुमान लगा सकते हैं कि व्यक्ति के जीवन में किस समय कौन से ग्रह का प्रभाव अधिक होगा और उसके अनुसार व्यक्ति के जीवन में क्या परिवर्तन हो सकते हैं।

भारतीय ज्योतिष में कई प्रकार की दशा पद्धतियाँ हैं, जैसे विंशोत्तरी दशा, अष्टोत्तरी दशा, योगिनी दशा, कालचक्र दशा, आदि। इनमें से विंशोत्तरी दशा सबसे अधिक प्रचलित और उपयोग में आने वाली दशा पद्धति है। इस अध्याय में, हम विंशोत्तरी दशा और अन्य महत्वपूर्ण दशा पद्धतियों के बारे में विस्तार से जानेंगे, साथ ही ज्योतिष में महत्वपूर्ण योगों के बारे में भी जानकारी प्राप्त करेंगे।

विंशोत्तरी दशा

विंशोत्तरी दशा भारतीय ज्योतिष की सबसे प्रचलित और व्यापक रूप से उपयोग की जाने वाली दशा पद्धति

है। इस पद्धति में नौ ग्रहों (सूर्य, चंद्रमा, मंगल, राहु, बृहस्पति, शनि, बुध, केतु और शुक्र) की दशाएँ होती हैं, जिनकी कुल अवधि 120 वर्ष होती है।

विंशोत्तरी दशा की अवधि

प्रत्येक ग्रह की दशा की अवधि निम्नलिखित है:

1. **सूर्य**: 6 वर्ष
2. **चंद्रमा**: 10 वर्ष
3. **मंगल**: 7 वर्ष
4. **राहु**: 18 वर्ष
5. **बृहस्पति**: 16 वर्ष
6. **शनि**: 19 वर्ष
7. **बुध**: 17 वर्ष
8. **केतु**: 7 वर्ष
9. **शुक्र**: 20 वर्ष

इन सभी ग्रहों की दशाओं की कुल अवधि 120 वर्ष होती है।

विंशोत्तरी दशा की गणना

विंशोत्तरी दशा की गणना जन्म के समय चंद्रमा की नक्षत्र स्थिति के आधार पर की जाती है। भारतीय ज्योतिष में 27 नक्षत्र हैं, और प्रत्येक नक्षत्र का एक स्वामी ग्रह

होता है। जन्म के समय चंद्रमा जिस नक्षत्र में होता है, उस नक्षत्र के स्वामी ग्रह की दशा जन्म के समय चल रही होती है।

उदाहरण के लिए, यदि जन्म के समय चंद्रमा अश्विनी नक्षत्र में है, तो केतु की दशा चल रही होगी, क्योंकि अश्विनी नक्षत्र का स्वामी केतु है। इसी प्रकार, यदि जन्म के समय चंद्रमा भरणी नक्षत्र में है, तो शुक्र की दशा चल रही होगी, क्योंकि भरणी नक्षत्र का स्वामी शुक्र है।

जन्म के समय चंद्रमा जिस नक्षत्र में होता है, उस नक्षत्र में चंद्रमा की स्थिति के आधार पर दशा की शेष अवधि की गणना की जाती है। इसके बाद, ग्रहों की दशाएँ क्रमशः आती हैं, जिनका क्रम केतु, शुक्र, सूर्य, चंद्रमा, मंगल, राहु, बृहस्पति, शनि और बुध होता है।

अंतर्दशा

प्रत्येक महादशा में नौ अंतर्दशाएँ होती हैं, जो क्रमशः महादशा के स्वामी ग्रह से शुरू होकर विंशोत्तरी क्रम में आगे बढ़ती हैं। अंतर्दशा की अवधि महादशा की अवधि के अनुपात में होती है।

उदाहरण के लिए, सूर्य की महादशा 6 वर्ष की होती है। इसमें सूर्य की अंतर्दशा 6 × 6 ÷ 120 = 0.3 वर्ष या लगभग 3 महीने 18 दिन की होगी। इसी प्रकार, सूर्य

महादशा में चंद्रमा की अंतर्दशा 6 × 10 ÷ 120 = 0.5 वर्ष या 6 महीने की होगी, और इसी तरह अन्य ग्रहों की अंतर्दशाएँ भी होंगी।

प्रत्यंतर्दशा

अंतर्दशा के भीतर भी नौ प्रत्यंतर्दशाएँ होती हैं, जो क्रमशः अंतर्दशा के स्वामी ग्रह से शुरू होकर विंशोत्तरी क्रम में आगे बढ़ती हैं। प्रत्यंतर्दशा की अवधि अंतर्दशा की अवधि के अनुपात में होती है।

इस प्रकार, विंशोत्तरी दशा पद्धति में महादशा, अंतर्दशा, प्रत्यंतर्दशा, और इसी तरह आगे भी सूक्ष्म दशाएँ होती हैं, जिनके माध्यम से ज्योतिषी व्यक्ति के जीवन में होने वाली घटनाओं का सटीक समय निर्धारित कर सकते हैं।

अष्टोत्तरी दशा

अष्टोत्तरी दशा भारतीय ज्योतिष की एक अन्य महत्वपूर्ण दशा पद्धति है, जिसका उपयोग मुख्य रूप से चंद्र कुंडली में किया जाता है। इस पद्धति में आठ ग्रहों (सूर्य, चंद्रमा, मंगल, बुध, बृहस्पति, शुक्र, शनि और राहु) की दशाएँ होती हैं, जिनकी कुल अवधि 108 वर्ष होती है।

अष्टोत्तरी दशा की अवधि

प्रत्येक ग्रह की दशा की अवधि निम्नलिखित है:

1. **सूर्य:** 6 वर्ष

2. **चंद्रमा:** 15 वर्ष

3. **मंगल:** 8 वर्ष

4. **बुध:** 17 वर्ष

5. **बृहस्पति:** 19 वर्ष

6. **शुक्र:** 21 वर्ष

7. **शनि:** 10 वर्ष

8. **राहु:** 12 वर्ष

इन सभी ग्रहों की दशाओं की कुल अवधि 108 वर्ष होती है।

अष्टोत्तरी दशा की गणना

अष्टोत्तरी दशा की गणना भी जन्म के समय चंद्रमा की नक्षत्र स्थिति के आधार पर की जाती है। इस पद्धति में, 27 नक्षत्रों को तीन श्रेणियों में विभाजित किया गया है:

1. **चर नक्षत्र:** अश्विनी, मघा, मूल, पूर्वाषाढ़ा, पूर्वाभाद्रपद, पूर्वाफाल्गुनी, पुनर्वसु, पुष्य, रेवती

2. **स्थिर नक्षत्र:** भरणी, चित्रा, धनिष्ठा, हस्त, कृत्तिका, मृगशिरा, रोहिणी, श्रवण, स्वाति

3.	**उभय नक्षत्र**: अनुराधा, आर्द्रा, आश्लेषा, जेष्ठा, उत्तराषाढ़ा, उत्तराभाद्रपद, उत्तराफाल्गुनी, विशाखा, शतभिषा

जन्म के समय चंद्रमा जिस श्रेणी के नक्षत्र में होता है, उस श्रेणी के अनुसार दशाओं का क्रम निर्धारित होता है:

- **चर नक्षत्र**: सूर्य, चंद्रमा, मंगल, राहु, बृहस्पति, शनि, बुध, शुक्र
- **स्थिर नक्षत्र**: चंद्रमा, शनि, बृहस्पति, बुध, सूर्य, मंगल, राहु, शुक्र
- **उभय नक्षत्र**: मंगल, राहु, बृहस्पति, शनि, बुध, शुक्र, सूर्य, चंद्रमा

जन्म के समय चंद्रमा जिस नक्षत्र में होता है, उस नक्षत्र में चंद्रमा की स्थिति के आधार पर दशा की शेष अवधि की गणना की जाती है। इसके बाद, ग्रहों की दशाएँ उपरोक्त क्रम में आती हैं।

योगिनी दशा

योगिनी दशा भारतीय ज्योतिष की एक अन्य महत्वपूर्ण दशा पद्धति है, जिसका उपयोग मुख्य रूप से मुहूर्त और प्रश्न कुंडली में किया जाता है। इस पद्धति में आठ योगिनियों (मंगला, पिंगला, धान्या, भ्रामरी, भद्रिका, उल्का,

सिद्धा और संकटा) की दशाएँ होती हैं, जिनकी कुल अवधि 36 वर्ष होती है।

योगिनी दशा की अवधि

प्रत्येक योगिनी की दशा की अवधि निम्नलिखित है:

1. **मंगला:** 1 वर्ष
2. **पिंगला:** 2 वर्ष
3. **धान्या:** 3 वर्ष
4. **भ्रामरी:** 4 वर्ष
5. **भद्रिका:** 5 वर्ष
6. **उल्का:** 6 वर्ष
7. **सिद्धा:** 7 वर्ष
8. **संकटा:** 8 वर्ष

इन सभी योगिनियों की दशाओं की कुल अवधि 36 वर्ष होती है।

योगिनी दशा की गणना

योगिनी दशा की गणना जन्म के समय चंद्रमा की नक्षत्र स्थिति के आधार पर की जाती है। प्रत्येक नक्षत्र की एक योगिनी होती है, और जन्म के समय चंद्रमा जिस नक्षत्र में होता है, उस नक्षत्र की योगिनी की दशा जन्म के समय चल रही होती है।

नक्षत्र और योगिनी का संबंध निम्नलिखित है:

1. **मंगला**: अश्विनी, आर्द्रा, पुनर्वसु
2. **पिंगला**: भरणी, पुष्य, आश्लेषा
3. **धान्या**: कृत्तिका, मघा, पूर्वाफाल्गुनी
4. **भ्रामरी**: रोहिणी, उत्तराफाल्गुनी, हस्त
5. **भद्रिका**: मृगशिरा, चित्रा, स्वाति
6. **उल्का**: आर्द्रा, विशाखा, अनुराधा
7. **सिद्धा**: पुनर्वसु, ज्येष्ठा, मूल
8. **संकटा**: पुष्य, पूर्वाषाढ़ा, उत्तराषाढ़ा, श्रवण, धनिष्ठा, शतभिषा, पूर्वाभाद्रपद, उत्तराभाद्रपद, रेवती

जन्म के समय चंद्रमा जिस नक्षत्र में होता है, उस नक्षत्र की योगिनी की दशा जन्म के समय चल रही होती है। इसके बाद, योगिनियों की दशाएँ क्रमशः मंगला, पिंगला, धान्या, भ्रामरी, भद्रिका, उल्का, सिद्धा और संकटा के क्रम में आती हैं।

कालचक्र दशा

कालचक्र दशा भारतीय ज्योतिष की एक अन्य महत्वपूर्ण दशा पद्धति है, जिसका उपयोग मुख्य रूप से राजयोग और राजनीतिक भविष्यवाणियों के लिए किया जाता है। इस पद्धति में सूर्य, चंद्रमा, मंगल, बुध,

बृहस्पति, शुक्र और शनि की दशाएँ होती हैं, जिनकी अवधि राशि के अनुसार अलग-अलग होती है।

कालचक्र दशा की गणना जन्म लग्न और जन्म राशि के आधार पर की जाती है। इस पद्धति में, प्रत्येक राशि को तीन भागों में विभाजित किया जाता है, जिन्हें पक्ष कहा जाता है। प्रत्येक पक्ष का एक स्वामी ग्रह होता है, और जन्म के समय लग्न जिस पक्ष में होता है, उस पक्ष के स्वामी ग्रह की दशा जन्म के समय चल रही होती है।

चर दशा

चर दशा भारतीय ज्योतिष की एक अन्य महत्वपूर्ण दशा पद्धति है, जिसका उपयोग मुख्य रूप से जीवन की महत्वपूर्ण घटनाओं के समय की भविष्यवाणी के लिए किया जाता है। इस पद्धति में, लग्न और बारह भावों के स्वामी ग्रहों की दशाएँ होती हैं, जिनकी अवधि भाव के आकार और ग्रह की स्थिति के अनुसार अलग-अलग होती है।

चर दशा की गणना जन्म लग्न और बारह भावों के आधार पर की जाती है। इस पद्धति में, प्रत्येक भाव का एक स्वामी ग्रह होता है, और जन्म के समय लग्न जिस भाव में होता है, उस भाव के स्वामी ग्रह की दशा जन्म के समय चल रही होती है। इसके बाद, भावों के स्वामी ग्रहों की दशाएँ क्रमशः आती हैं।

ज्योतिष में योग

ज्योतिष में योग का अर्थ है दो या अधिक ग्रहों का संयोग या विशेष संबंध, जो व्यक्ति के जीवन में विशेष परिणाम लाता है। योग व्यक्ति के जीवन में सफलता, धन, सम्मान, शक्ति, विवाह, संतान, शिक्षा, आदि के संबंध में महत्वपूर्ण भूमिका निभाते हैं।

भारतीय ज्योतिष में अनेक प्रकार के योग हैं, जिनमें से कुछ प्रमुख योग निम्नलिखित हैं:

राजयोग

राजयोग वे योग हैं जो व्यक्ति को राजा के समान सम्मान, शक्ति, प्रतिष्ठा और धन प्रदान करते हैं। राजयोग के कारण व्यक्ति समाज में उच्च पद प्राप्त करता है और सफलता प्राप्त करता है।

कुछ प्रमुख राजयोग निम्नलिखित हैं:

1.   **चंद्र-मंगल योग**: जब चंद्रमा और मंगल एक साथ होते हैं या एक-दूसरे को देखते हैं।

2.   **गज केसरी योग**: जब बृहस्पति केंद्र (1, 4, 7, 10) में और चंद्रमा केंद्र या त्रिकोण (1, 5, 9) में होता है।

3.	**अमला योग**: जब केंद्र (1, 4, 7, 10) के स्वामी त्रिकोण (1, 5, 9) में या त्रिकोण के स्वामी केंद्र में होते हैं।

4.	**महापुरुष योग**: जब कोई ग्रह अपनी उच्च राशि, स्वराशि या मित्र राशि में होता है और केंद्र (1, 4, 7, 10) में स्थित होता है।

5.	**पंच महापुरुष योग**: रुचक योग (मंगल), भद्र योग (बुध), हंस योग (बृहस्पति), माला योग (शुक्र), और शश योग (शनि) के संयोग से बनता है।

6.	**नीच भंग राजयोग**: जब कोई ग्रह अपनी नीच राशि में होता है, लेकिन उसका नीच भंग हो जाता है, अर्थत उसकी नीचता समाप्त हो जाती है।

धनयोग

धनयोग वे योग हैं जो व्यक्ति को धन, संपत्ति और भौतिक सुख प्रदान करते हैं। धनयोग के कारण व्यक्ति आर्थिक रूप से समृद्ध होता है और भौतिक सुख-सुविधाओं का आनंद लेता है।

कुछ प्रमुख धनयोग निम्नलिखित हैं:

1.	**लक्ष्मी योग**: जब नवम भाव का स्वामी केंद्र (1, 4, 7, 10) में होता है।

2. **धन योग**: जब द्वितीय भाव का स्वामी लग्न या पंचम भाव में होता है।

3. **सरस्वती योग**: जब बृहस्पति, शुक्र और बुध केंद्र (1, 4, 7, 10) या त्रिकोण (1, 5, 9) में होते हैं।

4. **चंद्र-बृहस्पति योग**: जब चंद्रमा और बृहस्पति एक साथ होते हैं या एक-दूसरे को देखते हैं।

5. **शुक्र-बृहस्पति योग**: जब शुक्र और बृहस्पति एक साथ होते हैं या एक-दूसरे को देखते हैं।

विवाह योग

विवाह योग वे योग हैं जो व्यक्ति के विवाह, दांपत्य जीवन और जीवनसाथी के संबंध में महत्वपूर्ण भूमिका निभाते हैं। विवाह योग के कारण व्यक्ति का विवाह सुखद होता है और जीवनसाथी के साथ अच्छे संबंध होते हैं।

कुछ प्रमुख विवाह योग निम्नलिखित हैं:

1. **शुभ विवाह योग**: जब सप्तम भाव का स्वामी शुभ ग्रहों (बुध, बृहस्पति, शुक्र) के साथ होता है या उनसे दृष्ट होता है।

2. **कल्याण योग**: जब सप्तम भाव का स्वामी लग्न, पंचम या नवम भाव में होता है।

3. **माहेश्वरी योग**: जब सप्तम भाव में शुक्र होता है और सप्तम भाव का स्वामी शुभ स्थिति में होता है।

4. **अनुराधा योग**: जब सप्तम भाव में बृहस्पति होता है और सप्तम भाव का स्वामी शुभ स्थिति में होता है।

संतान योग

संतान योग वे योग हैं जो व्यक्ति की संतान, उनकी संख्या, गुण और उनके साथ संबंधों के संबंध में महत्वपूर्ण भूमिका निभाते हैं। संतान योग के कारण व्यक्ति को संतान सुख प्राप्त होता है और संतान से अच्छे संबंध होते हैं।

कुछ प्रमुख संतान योग निम्नलिखित हैं:

1. **पुत्र योग**: जब पंचम भाव का स्वामी शुभ ग्रहों (बुध, बृहस्पति, शुक्र) के साथ होता है या उनसे दृष्ट होता है।

2. **सुपुत्र योग**: जब पंचम भाव में बृहस्पति होता है और पंचम भाव का स्वामी शुभ स्थिति में होता है।

3. **संतान सुख योग**: जब पंचम भाव का स्वामी लग्न, नवम या एकादश भाव में होता है।

शिक्षा योग

शिक्षा योग वे योग हैं जो व्यक्ति की शिक्षा, ज्ञान और बुद्धि के संबंध में महत्वपूर्ण भूमिका निभाते हैं। शिक्षा योग के कारण व्यक्ति शिक्षित, ज्ञानी और बुद्धिमान होता है।

कुछ प्रमुख शिक्षा योग निम्नलिखित हैं:

1. **सरस्वती योग**: जब बृहस्पति, शुक्र और बुध केंद्र (1, 4, 7, 10) या त्रिकोण (1, 5, 9) में होते हैं।

2. **बुध-बृहस्पति योग**: जब बुध और बृहस्पति एक साथ होते हैं या एक-दूसरे को देखते हैं।

3. **विद्या योग**: जब पंचम भाव का स्वामी केंद्र (1, 4, 7, 10) में होता है।

4. **ज्ञान योग**: जब नवम भाव का स्वामी लग्न, पंचम या एकादश भाव में होता है।

कर्म योग

कर्म योग वे योग हैं जो व्यक्ति के कर्म, व्यवसाय और करियर के संबंध में महत्वपूर्ण भूमिका निभाते हैं। कर्म योग के कारण व्यक्ति अपने कर्म में सफल होता है और अच्छा करियर बनाता है।

कुछ प्रमुख कर्म योग निम्नलिखित हैं:

1.	**कर्म प्रभाव योग**: जब दशम भाव का स्वामी केंद्र (1, 4, 7, 10) या त्रिकोण (1, 5, 9) में होता है।

2.	**अमला योग**: जब दशम भाव में कोई शुभ ग्रह (बुध, बृहस्पति, शुक्र) होता है और दशम भाव का स्वामी शुभ स्थिति में होता है।

3.	**राजयोग**: जब दशम भाव का स्वामी लग्न, पंचम या नवम भाव में होता है।

4.	**कर्माधिपति योग**: जब दशम भाव का स्वामी बलवान होता है और शुभ ग्रहों से युक्त या दृष्ट होता है।

आयु योग

आयु योग वे योग हैं जो व्यक्ति की आयु और स्वास्थ्य के संबंध में महत्वपूर्ण भूमिका निभाते हैं। आयु योग के कारण व्यक्ति दीर्घायु होता है और अच्छे स्वास्थ्य का आनंद लेता है।

कुछ प्रमुख आयु योग निम्नलिखित हैं:

1.	**दीर्घायु योग**: जब अष्टम भाव का स्वामी केंद्र (1, 4, 7, 10) या त्रिकोण (1, 5, 9) में होता है।

2. **आयुष्मान योग**: जब लग्नेश और अष्टमेश एक साथ होते हैं या एक-दूसरे को देखते हैं।

3. **शतायु योग**: जब अष्टम भाव में कोई शुभ ग्रह (बुध, बृहस्पति, शुक्र) होता है और अष्टम भाव का स्वामी शुभ स्थिति में होता है।

अशुभ योग

अशुभ योग वे योग हैं जो व्यक्ति के जीवन में कष्ट, दुःख, बाधा और समस्याएँ लाते हैं। अशुभ योग के कारण व्यक्ति को जीवन में विभिन्न प्रकार की समस्याओं का सामना करना पड़ता है।

कुछ प्रमुख अशुभ योग निम्नलिखित हैं:

1. **केमद्रुम योग**: जब चंद्रमा के दोनों ओर कोई ग्रह नहीं होता है।

2. **शकट योग**: जब चंद्रमा पहले और सातवें भाव में होता है।

3. **दरिद्र योग**: जब लग्नेश और धनेश कमजोर होते हैं और अशुभ ग्रहों से पीड़ित होते हैं।

4. **दुर्योग**: जब छठे, आठवें और बारहवें भाव के स्वामी केंद्र (1, 4, 7, 10) में होते हैं।

5. **अंगारक योग**: जब मंगल और राहु एक साथ होते हैं या एक-दूसरे को देखते हैं।

6. **कालसर्प योग**: जब सभी ग्रह राहु और केतु के बीच होते हैं।

7. **पितृ दोष**: जब सूर्य और शनि एक साथ होते हैं या एक-दूसरे को देखते हैं।

8. **मातृ दोष**: जब चंद्रमा और राहु एक साथ होते हैं या एक-दूसरे को देखते हैं।

निष्कर्ष

ज्योतिष में दशाओं और योगों का विशेष महत्व है। दशाएँ व्यक्ति के जीवन में विभिन्न समय अवधियों में विभिन्न ग्रहों के प्रभाव को दर्शाती हैं, जबकि योग ग्रहों के विशेष संयोग या संबंध हैं जो व्यक्ति के जीवन में विशेष परिणाम लाते हैं।

विंशोत्तरी दशा, अष्टोत्तरी दशा, योगिनी दशा, कालचक्र दशा और चर दशा जैसी विभिन्न दशा पद्धतियों का उपयोग करके, ज्योतिषी व्यक्ति के जीवन में होने वाली घटनाओं का समय निर्धारित कर सकते हैं और उनके प्रभावों की भविष्यवाणी कर सकते हैं।

इसी प्रकार, राजयोग, धनयोग, विवाह योग, संतान योग, शिक्षा योग, कर्म योग, आयु योग और अशुभ योग जैसे विभिन्न योगों का अध्ययन करके, ज्योतिषी व्यक्ति के जीवन के विभिन्न पहलुओं के बारे में महत्वपूर्ण जानकारी प्राप्त कर सकते हैं और उनके प्रभावों की भविष्यवाणी कर सकते हैं।

दशाओं और योगों का ज्ञान ज्योतिष का एक महत्वपूर्ण हिस्सा है, और इनका सही अध्ययन और विश्लेषण करके, ज्योतिषी व्यक्ति के जीवन के विभिन्न पहलुओं के बारे में सटीक भविष्यवाणी कर सकते हैं और उन्हें उचित मार्गदर्शन प्रदान कर सकते हैं।

अध्याय 17: ज्योतिष उपाय और सुझाव

ज्योतिषीय उपायों का महत्व

ज्योतिष शास्त्र में उपायों का विशेष महत्व है। ज्योतिषीय उपाय वे साधन हैं जिनके माध्यम से हम ग्रहों के प्रतिकूल प्रभावों को कम कर सकते हैं और अनुकूल प्रभावों को बढ़ा सकते हैं। ये उपाय हमारे जीवन में आने वाली बाधाओं और समस्याओं को दूर करने में सहायता करते हैं और हमें सकारात्मक ऊर्जा और सफलता प्रदान करते हैं।

ज्योतिषीय उपाय विभिन्न प्रकार के होते हैं, जैसे मंत्र जप, पूजा-पाठ, दान, व्रत, रत्न धारण, यंत्र स्थापना, आदि। इन उपायों का चयन व्यक्ति की जन्म कुंडली, ग्रहों की स्थिति, दशा और अंतर्दशा के आधार पर किया जाता है। सही उपाय का चयन और उसका सही तरीके से पालन करने से व्यक्ति अपने जीवन में सकारात्मक परिवर्तन ला सकता है और अपने लक्ष्यों को प्राप्त कर सकता है। इस अध्याय में, हम विभिन्न प्रकार के ज्योतिषीय उपायों के बारे में विस्तार से जानेंगे और यह भी समझेंगे कि इन उपायों का उपयोग कैसे किया जा सकता है।

रत्न और उपरत्न

रत्न ज्योतिषीय उपायों में सबसे प्रभावशाली और शक्तिशाली माने जाते हैं। प्रत्येक ग्रह का एक विशिष्ट रत्न होता है, जिसे धारण करने से उस ग्रह के अनुकूल प्रभाव बढ़ते हैं और प्रतिकूल प्रभाव कम होते हैं।

नवग्रह रत्न

नौ ग्रहों के लिए निम्नलिखित रत्न निर्धारित हैं:

1. **सूर्य**: माणिक (रूबी)
2. **चंद्रमा**: मोती
3. **मंगल**: मूंगा (रेड कोरल)
4. **बुध**: पन्ना (एमरल्ड)
5. **बृहस्पति**: पुखराज (येलो सैफायर)
6. **शुक्र**: हीरा (डायमंड)
7. **शनि**: नीलम (ब्लू सैफायर)
8. **राहु**: गोमेद (हेसोनाइट)
9. **केतु**: लहसुनिया (कैट्स आई)

रत्न धारण करने के नियम

रत्न धारण करते समय निम्नलिखित नियमों का पालन करना चाहिए:

1.	**रत्न का चयन**: रत्न का चयन जन्म कुंडली, ग्रहों की स्थिति, दशा और अंतर्दशा के आधार पर किया जाना चाहिए। किसी भी रत्न को बिना ज्योतिषीय परामर्श के धारण नहीं करना चाहिए।

2.	**रत्न की शुद्धता**: रत्न शुद्ध और दोषरहित होना चाहिए। दोषयुक्त रत्न धारण करने से लाभ के बजाय हानि हो सकती है।

3.	**रत्न का वजन**: रत्न का वजन व्यक्ति के शरीर के वजन के अनुसार होना चाहिए। सामान्यतः, प्रति 12 किलोग्राम शरीर वजन के लिए 1 रत्ती (0.12 ग्राम) रत्न का वजन उचित माना जाता है।

4.	**धातु**: रत्न को उचित धातु में जड़वाना चाहिए। सूर्य, मंगल और बृहस्पति के रत्न सोने में, चंद्रमा और शुक्र के रत्न चांदी में, बुध के रत्न पंचधातु में, और शनि, राहु और केतु के रत्न पंचलोह में जड़वाने चाहिए।

5.	**अंगुली**: रत्न को उचित अंगुली में धारण करना चाहिए। सूर्य का रत्न अनामिका (चौथी) अंगुली में, चंद्रमा का रत्न कनिष्ठिका (छोटी) अंगुली में, मंगल का रत्न अनामिका अंगुली में, बुध का रत्न कनिष्ठिका अंगुली में, बृहस्पति का रत्न तर्जनी (पहली) अंगुली में, शुक्र का रत्न मध्यमा (मध्य)

अंगुली में, और शनि, राहु और केतु के रत्न मध्यमा अंगुली में धारण करने चाहिए।

6. **दिशा**: रत्न धारण करते समय उचित दिशा की ओर मुंह करके बैठना चाहिए। सूर्य का रत्न पूर्व दिशा की ओर, चंद्रमा का रत्न उत्तर-पश्चिम दिशा की ओर, मंगल का रत्न दक्षिण दिशा की ओर, बुध का रत्न उत्तर दिशा की ओर, बृहस्पति का रत्न उत्तर-पूर्व दिशा की ओर, शुक्र का रत्न दक्षिण-पूर्व दिशा की ओर, शनि का रत्न पश्चिम दिशा की ओर, राहु का रत्न दक्षिण-पश्चिम दिशा की ओर, और केतु का रत्न दक्षिण-पश्चिम दिशा की ओर मुंह करके धारण करना चाहिए।

7. **समय**: रत्न धारण करने का सबसे उपयुक्त समय शुक्ल पक्ष का होता है, विशेष रूप से पूर्णिमा के दिन। रत्न को सुबह के समय, सूर्योदय के बाद धारण करना चाहिए।

8. **मंत्र**: रत्न धारण करते समय संबंधित ग्रह के मंत्र का जाप करना चाहिए।

उपरत्न

यदि मुख्य रत्न धारण करना संभव न हो, तो उसके स्थान पर उपरत्न धारण किया जा सकता है। उपरत्न मुख्य

रत्न के समान प्रभाव रखते हैं, लेकिन उनकी शक्ति कम होती है।

नौ ग्रहों के लिए निम्नलिखित उपरत्न निर्धारित हैं:

1. **सूर्य**: लाल स्फटिक, लाल जिरकॉन
2. **चंद्रमा**: चंद्रकांत मणि, सफेद स्फटिक
3. **मंगल**: लाल स्फटिक, लाल जिरकॉन
4. **बुध**: जेड, पेरिडोट
5. **बृहस्पति**: टोपाज, सिट्रीन
6. **शुक्र**: जिरकॉन, सफेद स्फटिक
7. **शनि**: अमेथिस्ट, लैपिस लाजुली
8. **राहु**: गार्नेट, अमेथिस्ट
9. **केतु**: टूरमलाइन, टाइगर आई

मंत्र जप

मंत्र जप ज्योतिषीय उपायों में सबसे सरल और प्रभावशाली माना जाता है। मंत्र शब्दों का एक समूह होता है, जिसका जाप करने से विशेष ऊर्जा उत्पन्न होती है और ग्रहों के प्रभाव को नियंत्रित किया जा सकता है।

नवग्रह मंत्र

नौ ग्रहों के लिए निम्नलिखित मंत्र निर्धारित हैं:

1. **सूर्य मंत्र**: "ॐ सूर्याय नमः" या "ॐ हां हीं हौं सः सूर्याय नमः"

2. **चंद्रमा मंत्र**: "ॐ चंद्राय नमः" या "ॐ श्रां श्रीं श्रौं सः चंद्रमसे नमः"

3. **मंगल मंत्र**: "ॐ भौमाय नमः" या "ॐ क्रां क्रीं क्रौं सः भौमाय नमः"

4. **बुध मंत्र**: "ॐ बुधाय नमः" या "ॐ ब्रां ब्रीं ब्रौं सः बुधाय नमः"

5. **बृहस्पति मंत्र**: "ॐ बृहस्पतये नमः" या "ॐ ग्रां ग्रीं ग्रौं सः गुरवे नमः"

6. **शुक्र मंत्र**: "ॐ शुक्राय नमः" या "ॐ द्रां द्रीं द्रौं सः शुक्राय नमः"

7. **शनि मंत्र**: "ॐ शनैश्चराय नमः" या "ॐ प्रां प्रीं प्रौं सः शनये नमः"

8. **राहु मंत्र**: "ॐ राहवे नमः" या "ॐ भ्रां भ्रीं भ्रौं सः राहवे नमः"

9. **केतु मंत्र**: "ॐ केतवे नमः" या "ॐ स्त्रां स्त्रीं स्त्रौं सः केतवे नमः"

मंत्र जप के नियम

मंत्र जप करते समय निम्नलिखित नियमों का पालन करना चाहिए:

1. **शुद्धता**: मंत्र जप करने से पहले स्नान करके शुद्ध हो जाना चाहिए। शुद्ध और साफ वस्त्र पहनने चाहिए।

2. **आसन**: मंत्र जप के लिए कुश, ऊन या कपास के आसन पर बैठना चाहिए। आसन पूर्व या उत्तर दिशा की ओर होना चाहिए।

3. **समय**: मंत्र जप का सबसे उपयुक्त समय ब्रह्म मुहूर्त (सूर्योदय से पहले का समय) होता है। इसके अलावा, संध्या काल (सूर्योदय और सूर्यास्त के समय) भी मंत्र जप के लिए शुभ माना जाता है।

4. **संख्या**: मंत्र जप की संख्या ग्रह के अनुसार निर्धारित होती है। सामान्यतः, सूर्य के लिए 7000, चंद्रमा के लिए 11000, मंगल के लिए 10000, बुध के लिए 9000, बृहस्पति के लिए 19000, शुक्र के लिए 16000, शनि के लिए 23000, राहु के लिए 18000, और केतु के लिए 17000 मंत्र जप करने की सलाह दी जाती है।

5. **माला**: मंत्र जप के लिए रुद्राक्ष, स्फटिक, तुलसी या चंदन की माला का उपयोग करना चाहिए। माला में 108 मनके होने चाहिए।

6. **विधि**: मंत्र जप करते समय माला को मध्यमा और अनामिका अंगुलियों से पकड़ना चाहिए। अंगूठे से मनके को आगे बढ़ाना चाहिए। मेरु (मुख्य

मनका) को पार नहीं करना चाहिए, बल्कि वापस लौटना चाहिए।

7.   **ध्यान**: मंत्र जप करते समय मन को एकाग्र रखना चाहिए और संबंधित ग्रह का ध्यान करना चाहिए।

दान

दान ज्योतिषीय उपायों में एक महत्वपूर्ण स्थान रखता है। दान करने से ग्रहों के प्रतिकूल प्रभाव कम होते हैं और अनुकूल प्रभाव बढ़ते हैं। प्रत्येक ग्रह के लिए विशिष्ट वस्तुओं का दान निर्धारित है।

नवग्रह दान

नौ ग्रहों के लिए निम्नलिखित वस्तुओं का दान निर्धारित है:

1.   **सूर्य**: गेहूं, गुड़, ताम्बा, सोना, लाल वस्त्र, गाय

2.   **चंद्रमा**: चावल, दूध, चांदी, सफेद वस्त्र, मोती

3.   **मंगल**: मसूर की दाल, गुड़, तांबा, लाल वस्त्र, मूंगा

4.   **बुध**: हरी मूंग, हरी सब्जियां, हरे वस्त्र, पन्ना

5.   **बृहस्पति**: चना, हल्दी, सोना, पीले वस्त्र, पुखराज

6.   **शुक्र**: चावल, दही, चांदी, सफेद वस्त्र, हीरा

7.   **शनि**: काली उड़द, तिल, लोहा, काले वस्त्र, नीलम

8.   **राहु**: काली उड़द, तिल, काले वस्त्र, गोमेद

9.   **केतु**: काली उड़द, तिल, काले वस्त्र, लहसुनिया

दान के नियम

दान करते समय निम्नलिखित नियमों का पालन करना चाहिए:

1.   **पात्रता**: दान योग्य व्यक्ति को ही देना चाहिए। ब्राह्मण, साधु-संत, गरीब, जरूरतमंद, विद्वान, और धार्मिक व्यक्ति दान के पात्र होते हैं।

2.   **समय**: दान का सबसे उपयुक्त समय सुबह का होता है, विशेष रूप से सूर्योदय के समय। ग्रहण, संक्रांति, अमावस्या, पूर्णिमा, और अन्य शुभ तिथियों पर दान करना विशेष फलदायी होता है।

3.   **मन**: दान करते समय मन में दया, करुणा और सहानुभूति का भाव होना चाहिए। दान प्रदर्शन या अहंकार के लिए नहीं, बल्कि सेवा और परोपकार के भाव से करना चाहिए।

4.   **विधि**: दान करते समय संबंधित ग्रह के मंत्र का जाप करना चाहिए और उस ग्रह के अनुकूल प्रभाव की कामना करनी चाहिए।

5.   **मात्रा**: दान की मात्रा व्यक्ति की आर्थिक स्थिति के अनुसार होनी चाहिए। दान में कंजूसी नहीं करनी चाहिए, लेकिन अपनी क्षमता से अधिक दान भी नहीं करना चाहिए।

व्रत

व्रत ज्योतिषीय उपायों में एक महत्वपूर्ण स्थान रखता है। व्रत रखने से शरीर और मन शुद्ध होते हैं, और ग्रहों के प्रतिकूल प्रभाव कम होते हैं। प्रत्येक ग्रह के लिए एक विशिष्ट दिन का व्रत निर्धारित है।

नवग्रह व्रत

नौ ग्रहों के लिए निम्नलिखित दिनों का व्रत निर्धारित है:

1.   **सूर्य**: रविवार

2.   **चंद्रमा**: सोमवार

3.   **मंगल**: मंगलवार

4.   **बुध**: बुधवार

5. **बृहस्पति**: गुरुवार (बृहस्पतिवार)

6. **शुक्र**: शुक्रवार

7. **शनि**: शनिवार

8. **राहु**: शनिवार

9. **केतु**: मंगलवार

व्रत के नियम

व्रत रखते समय निम्नलिखित नियमों का पालन करना चाहिए:

1. **संकल्प**: व्रत शुरू करने से पहले संकल्प लेना चाहिए, अर्थात व्रत का उद्देश्य और अवधि निर्धारित करनी चाहिए।

2. **शुद्धता**: व्रत के दिन सुबह जल्दी उठकर स्नान करना चाहिए और शुद्ध वस्त्र पहनने चाहिए।

3. **आहार**: व्रत के दिन सात्विक आहार लेना चाहिए। मांस, मछली, अंडा, प्याज, लहसुन, और अन्य तामसिक आहार से बचना चाहिए। कुछ व्रतों में केवल फल और दूध का सेवन किया जाता है, जबकि कुछ में पूरे दिन उपवास रखा जाता है।

4. **पूजा**: व्रत के दिन संबंधित ग्रह की पूजा करनी चाहिए और उसके मंत्र का जाप करना चाहिए।

5. **नियम**: व्रत के दिन ब्रह्मचर्य का पालन करना चाहिए, क्रोध, लोभ, मोह, और अहंकार से बचना चाहिए, और सत्य, अहिंसा, और दया का पालन करना चाहिए।

6. **उद्यापन**: व्रत की समाप्ति पर उद्यापन करना चाहिए, अर्थात संबंधित ग्रह की पूजा करके दान-दक्षिणा देनी चाहिए।

पूजा-पाठ

पूजा-पाठ ज्योतिषीय उपायों में एक महत्वपूर्ण स्थान रखता है। पूजा-पाठ करने से ग्रहों के प्रतिकूल प्रभाव कम होते हैं और अनुकूल प्रभाव बढ़ते हैं। प्रत्येक ग्रह के लिए विशिष्ट देवताओं की पूजा निर्धारित है।

नवग्रह पूजा

नौ ग्रहों के लिए निम्नलिखित देवताओं की पूजा निर्धारित है:

1. **सूर्य**: सूर्य देव
2. **चंद्रमा**: शिव और पार्वती
3. **मंगल**: हनुमान जी और कार्तिकेय
4. **बुध**: विष्णु और विष्णु के अवतार
5. **बृहस्पति**: विष्णु और दत्तात्रेय

6.   **शुक्र**: लक्ष्मी और पार्वती

7.   **शनि**: हनुमान जी और शनिदेव

8.   **राहु**: दुर्गा और काली

9.   **केतु**: गणेश और कार्तिकेय

पूजा-पाठ के नियम

पूजा-पाठ करते समय निम्नलिखित नियमों का पालन करना चाहिए:

1.   **शुद्धता**: पूजा-पाठ करने से पहले स्नान करके शुद्ध हो जाना चाहिए। शुद्ध और साफ वस्त्र पहनने चाहिए।

2.   **आसन**: पूजा-पाठ के लिए कुश, ऊन या कपास के आसन पर बैठना चाहिए। आसन पूर्व या उत्तर दिशा की ओर होना चाहिए।

3.   **समय**: पूजा-पाठ का सबसे उपयुक्त समय ब्रह्म मुहूर्त (सूर्योदय से पहले का समय) होता है। इसके अलावा, संध्या काल (सूर्योदय और सूर्यास्त के समय) भी पूजा-पाठ के लिए शुभ माना जाता है।

4.   **सामग्री**: पूजा-पाठ के लिए आवश्यक सामग्री जैसे फूल, अक्षत (चावल), रोली, चंदन, धूप, दीप, नैवेद्य (भोग), आदि तैयार रखनी चाहिए।

5. **विधि**: पूजा-पाठ की विधि शास्त्रों के अनुसार होनी चाहिए। संबंधित देवता का आह्वान, पंचोपचार पूजा (गंध, पुष्प, धूप, दीप, नैवेद्य), अष्टोत्तर शतनामावली या सहस्रनामावली का पाठ, आरती, और प्रणाम करना चाहिए।

6. **मंत्र**: पूजा-पाठ के दौरान संबंधित ग्रह के मंत्र का जाप करना चाहिए।

7. **भाव**: पूजा-पाठ करते समय मन में भक्ति, श्रद्धा और समर्पण का भाव होना चाहिए।

यंत्र

यंत्र ज्योतिषीय उपायों में एक महत्वपूर्ण स्थान रखता है। यंत्र एक ज्यामितीय आकृति होती है, जिसमें विशेष मंत्र और चिह्न होते हैं। यंत्र की स्थापना और पूजा करने से ग्रहों के प्रतिकूल प्रभाव कम होते हैं और अनुकूल प्रभाव बढ़ते हैं।

नवग्रह यंत्र

नौ ग्रहों के लिए निम्नलिखित यंत्र निर्धारित हैं:

1. **सूर्य यंत्र**: सूर्य के प्रतिकूल प्रभावों को कम करने और अनुकूल प्रभावों को बढ़ाने के लिए

2. **चंद्र यंत्र**: चंद्रमा के प्रतिकूल प्रभावों को कम करने और अनुकूल प्रभावों को बढ़ाने के लिए

3. **मंगल यंत्र**: मंगल के प्रतिकूल प्रभावों को कम करने और अनुकूल प्रभावों को बढ़ाने के लिए

4. **बुध यंत्र**: बुध के प्रतिकूल प्रभावों को कम करने और अनुकूल प्रभावों को बढ़ाने के लिए

5. **बृहस्पति यंत्र**: बृहस्पति के प्रतिकूल प्रभावों को कम करने और अनुकूल प्रभावों को बढ़ाने के लिए

6. **शुक्र यंत्र**: शुक्र के प्रतिकूल प्रभावों को कम करने और अनुकूल प्रभावों को बढ़ाने के लिए

7. **शनि यंत्र**: शनि के प्रतिकूल प्रभावों को कम करने और अनुकूल प्रभावों को बढ़ाने के लिए

8. **राहु यंत्र**: राहु के प्रतिकूल प्रभावों को कम करने और अनुकूल प्रभावों को बढ़ाने के लिए

9. **केतु यंत्र**: केतु के प्रतिकूल प्रभावों को कम करने और अनुकूल प्रभावों को बढ़ाने के लिए

यंत्र स्थापना के नियम

यंत्र स्थापना करते समय निम्नलिखित नियमों का पालन करना चाहिए:

1. **शुद्धता**: यंत्र स्थापना करने से पहले स्नान करके शुद्ध हो जाना चाहिए। शुद्ध और साफ वस्त्र पहनने चाहिए।

2. **समय**: यंत्र स्थापना का सबसे उपयुक्त समय शुक्ल पक्ष का होता है, विशेष रूप से पूर्णिमा

के दिन। यंत्र को सुबह के समय, सूर्योदय के बाद स्थापित करना चाहिए।

3. **स्थान**: यंत्र को शुद्ध और पवित्र स्थान पर स्थापित करना चाहिए। यंत्र को पूजा स्थल, कार्यालय, या घर के मुख्य द्वार पर स्थापित किया जा सकता है।

4. **धातु**: यंत्र को उचित धातु में बनवाना चाहिए। सूर्य, मंगल और बृहस्पति के यंत्र सोने में, चंद्रमा और शुक्र के यंत्र चांदी में, बुध के यंत्र पंचधातु में, और शनि, राहु और केतु के यंत्र पंचलोह में बनवाने चाहिए।

5. **प्राण-प्रतिष्ठा**: यंत्र की स्थापना के बाद उसकी प्राण-प्रतिष्ठा करनी चाहिए, अर्थात यंत्र में प्राण (जीवन) स्थापित करना चाहिए। इसके लिए संबंधित ग्रह के मंत्र का जाप करना चाहिए और यंत्र पर जल, अक्षत, और पुष्प चढ़ाने चाहिए।

6. **पूजा**: यंत्र की नियमित रूप से पूजा करनी चाहिए। पूजा में धूप, दीप, नैवेद्य, और पुष्प चढ़ाने चाहिए और संबंधित ग्रह के मंत्र का जाप करना चाहिए।

7. **विसर्जन**: यदि यंत्र क्षतिग्रस्त हो जाए या उसकी शक्ति कम हो जाए, तो उसका विसर्जन

करना चाहिए। विसर्जन के लिए यंत्र को नदी, तालाब, या समुद्र में विसर्जित करना चाहिए।

वास्तु उपाय

वास्तु शास्त्र भारतीय ज्योतिष का एक महत्वपूर्ण अंग है, जो घर, कार्यालय, और अन्य भवनों के निर्माण और सजावट के नियमों से संबंधित है। वास्तु के अनुसार निर्मित और सजाए गए भवन में रहने से व्यक्ति के जीवन में सकारात्मक ऊर्जा का प्रवाह होता है और ग्रहों के प्रतिकूल प्रभाव कम होते हैं।

वास्तु के मूल सिद्धांत

वास्तु शास्त्र के कुछ मूल सिद्धांत निम्नलिखित हैं:

1. **दिशाएँ**: वास्तु शास्त्र में आठ दिशाओं (पूर्व, पश्चिम, उत्तर, दक्षिण, उत्तर-पूर्व, उत्तर-पश्चिम, दक्षिण-पूर्व, दक्षिण-पश्चिम) का विशेष महत्व है। प्रत्येक दिशा का एक स्वामी देवता होता है और उस दिशा में विशेष प्रकार के कक्ष और वस्तुएँ रखने की सलाह दी जाती है।

2. **पंच तत्व**: वास्तु शास्त्र पंच तत्वों (पृथ्वी, जल, अग्नि, वायु, आकाश) पर आधारित है। इन तत्वों का संतुलन भवन में होना चाहिए।

3. **वास्तु पुरुष**: वास्तु शास्त्र में भवन को वास्तु पुरुष के रूप में देखा जाता है, जिसका सिर

उत्तर-पूर्व में, पैर दक्षिण-पश्चिम में, हाथ उत्तर-पश्चिम और दक्षिण-पूर्व में, और मध्य भाग में नाभि होती है।

वास्तु उपाय

वास्तु दोषों को दूर करने के लिए निम्नलिखित उपाय किए जा सकते हैं:

1.   **रंग**: भवन के विभिन्न हिस्सों में उचित रंगों का उपयोग करना चाहिए। पूर्व और उत्तर दिशा में हल्के रंग (सफेद, हल्का नीला, हल्का हरा), दक्षिण और पश्चिम दिशा में गहरे रंग (लाल, नारंगी, पीला), और मध्य भाग में तटस्थ रंग (बेज, क्रीम) का उपयोग करना चाहिए।

2.   **दर्पण**: दक्षिण और पश्चिम दिशा में दर्पण लगाने से नकारात्मक ऊर्जा को प्रतिबिंबित किया जा सकता है और उसे भवन से बाहर निकाला जा सकता है।

3.   **क्रिस्टल**: क्रिस्टल (स्फटिक) का उपयोग करके भवन में सकारात्मक ऊर्जा का प्रवाह बढ़ाया जा सकता है। क्रिस्टल को मुख्य द्वार, खिड़कियों, और कोनों पर लटकाया जा सकता है।

4.   **पौधे**: भवन में उचित स्थानों पर पौधे लगाने से सकारात्मक ऊर्जा का प्रवाह बढ़ता है और

वातावरण शुद्ध होता है। पूर्व और उत्तर दिशा में फूलदार पौधे, दक्षिण और पश्चिम दिशा में कांटेदार पौधे, और मध्य भाग में बड़े पत्तों वाले पौधे लगाने चाहिए।

5. **यंत्र**: भवन के विभिन्न हिस्सों में उचित यंत्र स्थापित करके वास्तु दोषों को दूर किया जा सकता है। कुबेर यंत्र, श्री यंत्र, और वास्तु यंत्र सबसे प्रभावशाली माने जाते हैं।

6. **फेंग शुई**: फेंग शुई चीनी वास्तु शास्त्र है, जिसका उपयोग भारतीय वास्तु शास्त्र के साथ किया जा सकता है। फेंग शुई के अनुसार, भवन में चाइनीज कॉइन्स, लकी बैम्बू, लाफिंग बुद्धा, और ड्रैगन की मूर्तियाँ रखने से सकारात्मक ऊर्जा का प्रवाह बढ़ता है।

विशिष्ट समस्याओं के लिए उपाय

ज्योतिष में विभिन्न प्रकार की समस्याओं के लिए विशिष्ट उपाय सुझाए जाते हैं। इन उपायों का पालन करके व्यक्ति अपने जीवन में आने वाली बाधाओं और समस्याओं को दूर कर सकता है और सकारात्मक परिवर्तन ला सकता है।

स्वास्थ्य संबंधी समस्याओं के लिए उपाय

1. **सूर्य नमस्कार:** सूर्य नमस्कार करने से शारीरिक और मानसिक स्वास्थ्य में सुधार होता है और सूर्य ग्रह के प्रतिकूल प्रभाव कम होते हैं।

2. **जल दान:** प्रतिदिन सुबह पक्षियों और जानवरों को जल दान करने से स्वास्थ्य संबंधी समस्याएँ दूर होती हैं और चंद्रमा के प्रतिकूल प्रभाव कम होते हैं।

3. **तुलसी सेवन:** तुलसी के पत्तों का सेवन करने से श्वसन संबंधी रोग दूर होते हैं और शनि के प्रतिकूल प्रभाव कम होते हैं।

4. **गोमूत्र सेवन:** गोमूत्र का सेवन करने से विभिन्न प्रकार के रोग दूर होते हैं और ग्रहों के प्रतिकूल प्रभाव कम होते हैं।

5. **आयुर्वेदिक उपचार:** आयुर्वेदिक उपचार करवाने से शारीरिक और मानसिक स्वास्थ्य में सुधार होता है और ग्रहों के प्रतिकूल प्रभाव कम होते हैं।

आर्थिक समस्याओं के लिए उपाय

1. **लक्ष्मी पूजा:** प्रतिदिन लक्ष्मी जी की पूजा करने से आर्थिक समस्याएँ दूर होती हैं और धन की प्राप्ति होती है।

2. **कुबेर यंत्र:** कुबेर यंत्र की स्थापना और पूजा करने से धन की प्राप्ति होती है और आर्थिक समस्याएँ दूर होती हैं।

3.   **गणेश पूजा**: प्रतिदिन गणेश जी की पूजा करने से बुद्धि और धन की प्राप्ति होती है और आर्थिक समस्याएँ दूर होती हैं।

4.   **पीपल के पेड़ की पूजा**: शनिवार को पीपल के पेड़ की पूजा करने और उसके नीचे दीपक जलाने से शनि के प्रतिकूल प्रभाव कम होते हैं और आर्थिक समस्याएँ दूर होती हैं।

5.   **दक्षिणावर्ती शंख**: घर या कार्यालय में दक्षिणावर्ती शंख रखने से धन की प्राप्ति होती है और आर्थिक समस्याएँ दूर होती हैं।

विवाह संबंधी समस्याओं के लिए उपाय

1.   **शिव-पार्वती पूजा**: प्रतिदिन शिव और पार्वती की पूजा करने से विवाह संबंधी समस्याएँ दूर होती हैं और अच्छे जीवनसाथी की प्राप्ति होती है।

2.   **कन्या दान**: कन्या दान करने से विवाह संबंधी समस्याएँ दूर होती हैं और अच्छे जीवनसाथी की प्राप्ति होती है।

3.   **शुक्र मंत्र जप**: शुक्र मंत्र का जाप करने से विवाह संबंधी समस्याएँ दूर होती हैं और अच्छे जीवनसाथी की प्राप्ति होती है।

4.   **गौरी-शंकर यंत्र**: गौरी-शंकर यंत्र की स्थापना और पूजा करने से विवाह संबंधी समस्याएँ दूर होती हैं और दांपत्य जीवन में सुख-शांति बनी रहती है।

5.   **सोलह सोमवार व्रत:** सोलह सोमवार का व्रत रखने से विवाह संबंधी समस्याएँ दूर होती हैं और अच्छे जीवनसाथी की प्राप्ति होती है।

संतान संबंधी समस्याओं के लिए उपाय

1.   **संतान गोपाल पूजा:** प्रतिदिन संतान गोपाल की पूजा करने से संतान संबंधी समस्याएँ दूर होती हैं और संतान की प्राप्ति होती है।

2.   **पीपल के पेड़ की परिक्रमा:** पूर्णिमा के दिन पीपल के पेड़ की 108 बार परिक्रमा करने से संतान संबंधी समस्याएँ दूर होती हैं और संतान की प्राप्ति होती है।

3.   **बृहस्पति मंत्र जप:** बृहस्पति मंत्र का जाप करने से संतान संबंधी समस्याएँ दूर होती हैं और संतान की प्राप्ति होती है।

4.   **शिव लिंग पूजा:** प्रतिदिन शिव लिंग की पूजा करने और उस पर जल चढ़ाने से संतान संबंधी समस्याएँ दूर होती हैं और संतान की प्राप्ति होती है।

5.   **दत्तात्रेय पूजा:** प्रतिदिन दत्तात्रेय की पूजा करने से संतान संबंधी समस्याएँ दूर होती हैं और संतान की प्राप्ति होती है।

करियर संबंधी समस्याओं के लिए उपाय

1.   **हनुमान पूजा:** प्रतिदिन हनुमान जी की पूजा करने और हनुमान चालीसा का पाठ करने से

करियर संबंधी समस्याएँ दूर होती हैं और नौकरी या व्यवसाय में सफलता मिलती है।

2. **सूर्य नमस्कार:** प्रतिदिन सूर्य नमस्कार करने से आत्मविश्वास बढ़ता है और करियर संबंधी समस्याएँ दूर होती हैं।

3. **बुध मंत्र जप:** बुध मंत्र का जाप करने से बुद्धि और संचार क्षमता बढ़ती है और करियर संबंधी समस्याएँ दूर होती हैं।

4. **सरस्वती पूजा:** प्रतिदिन सरस्वती जी की पूजा करने से ज्ञान और बुद्धि की प्राप्ति होती है और करियर संबंधी समस्याएँ दूर होती हैं।

5. **कार्य स्थल पर यंत्र:** कार्य स्थल पर कुबेर यंत्र, श्री यंत्र, या सरस्वती यंत्र स्थापित करने से करियर संबंधी समस्याएँ दूर होती हैं और नौकरी या व्यवसाय में सफलता मिलती है।

निष्कर्ष

ज्योतिषीय उपाय हमारे जीवन में आने वाली बाधाओं और समस्याओं को दूर करने में सहायता करते हैं और हमें सकारात्मक ऊर्जा और सफलता प्रदान करते हैं। रत्न धारण, मंत्र जप, दान, व्रत, पूजा-पाठ, यंत्र स्थापना, और वास्तु उपाय जैसे विभिन्न प्रकार के ज्योतिषीय उपायों का उपयोग करके, हम ग्रहों के प्रतिकूल प्रभावों को कम कर सकते हैं और अनुकूल प्रभावों को बढ़ा सकते हैं।

हालांकि, यह ध्यान रखना महत्वपूर्ण है कि ज्योतिषीय उपाय केवल सहायक होते हैं, और हमें अपने कर्मों और प्रयासों पर भी ध्यान देना चाहिए। ज्योतिषीय उपायों के साथ-साथ, हमें अपने जीवन में सकारात्मक परिवर्तन लाने के लिए अपने विचारों, शब्दों, और कर्मों पर भी ध्यान देना चाहिए।

इसके अलावा, ज्योतिषीय उपायों का चयन और उनका पालन एक योग्य और अनुभवी ज्योतिषी के मार्गदर्शन में करना चाहिए। बिना उचित ज्ञान और मार्गदर्शन के ज्योतिषीय उपायों का पालन करने से कभी-कभी नकारात्मक परिणाम भी हो सकते हैं।

अंत में, हमें यह समझना चाहिए कि ज्योतिष और ज्योतिषीय उपाय हमारे जीवन को नियंत्रित नहीं करते, बल्कि हमें अपने जीवन को बेहतर बनाने में मदद करते हैं। हमारा भविष्य हमारे हाथों में है, और हम अपने विचारों, शब्दों, और कर्मों से अपने भविष्य को आकार दे सकते हैं।

●

अध्याय 18: ज्योतिष में भविष्यवाणी तकनीकें

भविष्यवाणी का महत्व

ज्योतिष शास्त्र का मुख्य उद्देश्य भविष्य की घटनाओं का पूर्वानुमान लगाना है। भविष्यवाणी के माध्यम से, हम अपने जीवन में आने वाली चुनौतियों और अवसरों के बारे में जान सकते हैं और उनके अनुसार अपनी योजनाएँ बना सकते हैं। ज्योतिष में भविष्यवाणी विभिन्न तकनीकों और पद्धतियों के माध्यम से की जाती है, जिनमें जन्म कुंडली विश्लेषण, दशा-अंतर्दशा विश्लेषण, गोचर विश्लेषण, प्रश्न कुंडली, और वार्षिक कुंडली शामिल हैं।

इस अध्याय में, हम इन विभिन्न भविष्यवाणी तकनीकों के बारे में विस्तार से जानेंगे और यह भी समझेंगे कि इन तकनीकों का उपयोग कैसे किया जा सकता है।

जन्म कुंडली विश्लेषण

जन्म कुंडली (जन्मपत्री या होरोस्कोप) व्यक्ति के जन्म के समय आकाश में ग्रहों की स्थिति का चित्रण है। जन्म कुंडली व्यक्ति के व्यक्तित्व, स्वभाव, और भविष्य के बारे में महत्वपूर्ण जानकारी प्रदान करती है।

जन्म कुंडली के प्रमुख तत्व

जन्म कुंडली के प्रमुख तत्व निम्नलिखित हैं:

1.   **लग्न**: लग्न जन्म के समय पूर्वी क्षितिज पर उदित होने वाली राशि है। लग्न व्यक्ति के व्यक्तित्व, स्वभाव, और शारीरिक बनावट को दर्शाता है।

2.   **भाव**: कुंडली में 12 भाव होते हैं, जो जीवन के विभिन्न पहलुओं को दर्शाते हैं। प्रथम भाव (लग्न) व्यक्तित्व, द्वितीय भाव धन, तृतीय भाव भाई-बहन, चतुर्थ भाव माता और घर, पंचम भाव संतान और शिक्षा, षष्ठ भाव रोग और शत्रु, सप्तम भाव विवाह और साझेदारी, अष्टम भाव आयु और मृत्यु, नवम भाव भाग्य और धर्म, दशम भाव कर्म और व्यवसाय, एकादश भाव लाभ और इच्छाएँ, और द्वादश भाव व्यय और मोक्ष को दर्शाता है।

3.   **ग्रह**: कुंडली में 9 ग्रह होते हैं - सूर्य, चंद्रमा, मंगल, बुध, बृहस्पति, शुक्र, शनि, राहु, और केतु। प्रत्येक ग्रह का अपना विशेष महत्व और प्रभाव होता है।

4.   **राशि**: कुंडली में 12 राशियाँ होती हैं - मेष, वृषभ, मिथुन, कर्क, सिंह, कन्या, तुला, वृश्चिक, धनु, मकर, कुंभ, और मीन। प्रत्येक राशि का अपना विशेष स्वभाव और प्रभाव होता है।

5.   **नक्षत्र**: कुंडली में 27 नक्षत्र होते हैं, जो चंद्रमा की स्थिति को और अधिक सूक्ष्मता से दर्शाते हैं। प्रत्येक नक्षत्र का अपना विशेष स्वभाव और प्रभाव होता है।

जन्म कुंडली विश्लेषण की विधि

जन्म कुंडली का विश्लेषण निम्नलिखित चरणों में किया जाता है:

1.   **लग्न का निर्धारण**: सबसे पहले, व्यक्ति के जन्म के समय लग्न का निर्धारण किया जाता है। लग्न व्यक्ति के व्यक्तित्व और स्वभाव को दर्शाता है।

2.   **ग्रहों की स्थिति**: फिर, विभिन्न भावों में ग्रहों की स्थिति का निर्धारण किया जाता है। ग्रहों की स्थिति से व्यक्ति के जीवन के विभिन्न पहलुओं के बारे में जानकारी मिलती है।

3.   **ग्रहों के योग**: फिर, विभिन्न ग्रहों के बीच बनने वाले योगों का निर्धारण किया जाता है। योग विशेष परिस्थितियों या घटनाओं को दर्शाते हैं।

4.   **दशा-अंतर्दशा**: फिर, व्यक्ति की वर्तमान और भविष्य की दशा-अंतर्दशा का निर्धारण किया जाता है। दशा-अंतर्दशा से व्यक्ति के जीवन में होने वाली घटनाओं के समय का पता चलता है।

5.   **गोचर**: अंत में, वर्तमान और भविष्य के गोचर का विश्लेषण किया जाता है। गोचर से व्यक्ति

के जीवन में होने वाली तात्कालिक घटनाओं का पता चलता है।

जन्म कुंडली विश्लेषण के लाभ

जन्म कुंडली विश्लेषण के निम्नलिखित लाभ हैं:

1. **व्यक्तित्व का ज्ञान:** जन्म कुंडली से व्यक्ति के व्यक्तित्व, स्वभाव, और प्रवृत्तियों के बारे में जानकारी मिलती है।

2. **करियर मार्गदर्शन:** जन्म कुंडली से व्यक्ति के लिए उपयुक्त करियर और व्यवसाय के बारे में जानकारी मिलती है।

3. **विवाह और संबंध:** जन्म कुंडली से व्यक्ति के विवाह और संबंधों के बारे में जानकारी मिलती है।

4. **स्वास्थ्य:** जन्म कुंडली से व्यक्ति के स्वास्थ्य और संभावित रोगों के बारे में जानकारी मिलती है।

5. **भविष्य की घटनाएँ:** जन्म कुंडली से व्यक्ति के जीवन में होने वाली भविष्य की घटनाओं के बारे में जानकारी मिलती है।

दशा-अंतर्दशा विश्लेषण

दशा-अंतर्दशा विश्लेषण ज्योतिष में भविष्यवाणी की एक महत्वपूर्ण तकनीक है। दशा-अंतर्दशा से व्यक्ति के

जीवन में होने वाली घटनाओं के समय का पता चलता है।

विभिन्न दशा प्रणालियाँ

ज्योतिष में विभिन्न दशा प्रणालियाँ हैं, जिनमें से कुछ प्रमुख निम्नलिखित हैं:

1. **विंशोत्तरी दशा**: यह सबसे प्रचलित दशा प्रणाली है, जिसमें 9 ग्रहों की दशा होती है। इसकी कुल अवधि 120 वर्ष है।

2. **अष्टोत्तरी दशा**: इसमें 8 ग्रहों (राहु को छोड़कर) की दशा होती है। इसकी कुल अवधि 108 वर्ष है।

3. **योगिनी दशा**: इसमें 8 योगिनियों की दशा होती है। इसकी कुल अवधि 36 वर्ष है।

4. **कालचक्र दशा**: इसमें 12 राशियों की दशा होती है। इसकी अवधि राशि के अनुसार भिन्न-भिन्न होती है।

विंशोत्तरी दशा

विंशोत्तरी दशा सबसे प्रचलित दशा प्रणाली है। इसमें 9 ग्रहों की दशा होती है, जिनकी अवधि निम्नलिखित है:

1. **सूर्य**: 6 वर्ष

2.   **चंद्रमा**: 10 वर्ष

3.   **मंगल**: 7 वर्ष

4.   **राहु**: 18 वर्ष.

5.   **बृहस्पति**: 16 वर्ष

6.   **शनि**: 19 वर्ष

7.   **बुध**: 17 वर्ष

8.   **केतु**: 7 वर्ष

9.   **शुक्र**: 20 वर्ष

कुल अवधि: 120 वर्ष

दशा-अंतर्दशा विश्लेषण की विधि

दशा-अंतर्दशा का विश्लेषण निम्नलिखित चरणों में किया जाता है:

1.   **जन्म नक्षत्र का निर्धारण**: सबसे पहले, व्यक्ति के जन्म के समय चंद्रमा के नक्षत्र का निर्धारण किया जाता है।

2.   **महादशा का निर्धारण**: फिर, जन्म नक्षत्र के आधार पर महादशा का निर्धारण किया जाता है। जन्म नक्षत्र के स्वामी ग्रह की महादशा जन्म के समय चल रही होती है।

3. **महादशा में बीते समय का निर्धारण**: फिर, जन्म के समय महादशा में बीते समय का निर्धारण किया जाता है।

4. **अंतर्दशा का निर्धारण**: फिर, महादशा के अंतर्गत चलने वाली अंतर्दशाओं का निर्धारण किया जाता है।

5. **प्रत्यंतर्दशा का निर्धारण**: अंत में, अंतर्दशा के अंतर्गत चलने वाली प्रत्यंतर्दशाओं का निर्धारण किया जाता है।

दशा-अंतर्दशा विश्लेषण के लाभ

दशा-अंतर्दशा विश्लेषण के निम्नलिखित लाभ हैं:

1. **घटनाओं का समय**: दशा-अंतर्दशा से व्यक्ति के जीवन में होने वाली घटनाओं के समय का पता चलता है।

2. **अच्छे और बुरे समय**: दशा-अंतर्दशा से व्यक्ति के जीवन में आने वाले अच्छे और बुरे समय का पता चलता है।

3. **उपाय का समय**: दशा-अंतर्दशा से उपाय करने के उचित समय का पता चलता है।

4. **योजना बनाना**: दशा-अंतर्दशा के आधार पर व्यक्ति अपने जीवन की योजना बना सकता है।

5. **समस्याओं से बचाव**: दशा-अंतर्दशा के आधार पर व्यक्ति आने वाली समस्याओं से बच सकता है या उनके प्रभाव को कम कर सकता है।

गोचर विश्लेषण

गोचर विश्लेषण ज्योतिष में भविष्यवाणी की एक महत्वपूर्ण तकनीक है। गोचर का अर्थ है ग्रहों की वर्तमान स्थिति। गोचर से व्यक्ति के जीवन में होने वाली तात्कालिक घटनाओं का पता चलता है।

गोचर के प्रमुख सिद्धांत

गोचर के कुछ प्रमुख सिद्धांत निम्नलिखित हैं:

1. **अष्टक वर्ग**: अष्टक वर्ग गोचर विश्लेषण का एक महत्वपूर्ण सिद्धांत है। इसमें प्रत्येक ग्रह के लिए एक अष्टक वर्ग बनाया जाता है, जिसमें 12 राशियों में 8 ग्रहों (राहु और केतु को छोड़कर) के शुभ और अशुभ बिंदुओं का निर्धारण किया जाता है।

2. **सर्वाष्टक वर्ग**: सर्वाष्टक वर्ग सभी 8 ग्रहों के अष्टक वर्ग का योग है। इससे किसी भी राशि में गोचर करने वाले ग्रह का समग्र प्रभाव पता चलता है।

3. **त्रिपद्य रेखा**: त्रिपद्य रेखा गोचर विश्लेषण का एक और महत्वपूर्ण सिद्धांत है। इसमें जन्म

कुंडली के लग्न से 1, 5, और 9 भाव; 2, 6, और 10 भाव; 3, 7, और 11 भाव; और 4, 8, और 12 भाव को एक साथ देखा जाता है।

4. **वेध**: वेध का अर्थ है एक ग्रह द्वारा दूसरे ग्रह या भाव पर डाला गया प्रभाव। गोचर में, ग्रह अपने से 7वें स्थान पर पूर्ण वेध डालते हैं।

विभिन्न ग्रहों का गोचर

विभिन्न ग्रहों का गोचर और उनका प्रभाव निम्नलिखित है:

1. **सूर्य का गोचर**: सूर्य प्रत्येक राशि में लगभग 1 महीने तक रहता है। सूर्य का गोचर व्यक्ति के आत्मविश्वास, स्वास्थ्य, और करियर पर प्रभाव डालता है।

2. **चंद्रमा का गोचर**: चंद्रमा प्रत्येक राशि में लगभग 2.25 दिन तक रहता है। चंद्रमा का गोचर व्यक्ति के मन, भावनाओं, और घरेलू जीवन पर प्रभाव डालता है।

3. **मंगल का गोचर**: मंगल प्रत्येक राशि में लगभग 45 दिन तक रहता है। मंगल का गोचर व्यक्ति के साहस, ऊर्जा, और संघर्ष पर प्रभाव डालता है।

4. **बुध का गोचर**: बुध प्रत्येक राशि में लगभग 1 महीने तक रहता है। बुध का गोचर व्यक्ति की बुद्धि, संचार, और व्यापार पर प्रभाव डालता है।

5. **बृहस्पति का गोचर**: बृहस्पति प्रत्येक राशि में लगभग 1 वर्ष तक रहता है। बृहस्पति का गोचर व्यक्ति के ज्ञान, धर्म, और भाग्य पर प्रभाव डालता है।

6. **शुक्र का गोचर**: शुक्र प्रत्येक राशि में लगभग 1 महीने तक रहता है। शुक्र का गोचर व्यक्ति के प्रेम, विवाह, और कला पर प्रभाव डालता है।

7. **शनि का गोचर**: शनि प्रत्येक राशि में लगभग 2.5 वर्ष तक रहता है। शनि का गोचर व्यक्ति के कर्म, अनुशासन, और चुनौतियों पर प्रभाव डालता है।

8. **राहु और केतु का गोचर**: राहु और केतु प्रत्येक राशि में लगभग 1.5 वर्ष तक रहते हैं। राहु और केतु का गोचर व्यक्ति के आध्यात्मिक विकास, मोक्ष, और अज्ञात चीजों पर प्रभाव डालता है।

गोचर विश्लेषण की विधि

गोचर का विश्लेषण निम्नलिखित चरणों में किया जाता है:

1. **वर्तमान ग्रह स्थिति**: सबसे पहले, वर्तमान समय में ग्रहों की स्थिति का निर्धारण किया जाता है।

2. **जन्म कुंडली से तुलना**: फिर, वर्तमान ग्रह स्थिति की तुलना जन्म कुंडली से की जाती है।

3. **अष्टक वर्ग विश्लेषण**: फिर, अष्टक वर्ग के आधार पर ग्रहों के गोचर का विश्लेषण किया जाता है।

4. **त्रिपद्य रेखा विश्लेषण**: फिर, त्रिपद्य रेखा के आधार पर ग्रहों के गोचर का विश्लेषण किया जाता है।

5. **वेध विश्लेषण**: अंत में, ग्रहों के वेध का विश्लेषण किया जाता है।

गोचर विश्लेषण के लाभ

गोचर विश्लेषण के निम्नलिखित लाभ हैं:

1. **तात्कालिक घटनाएँ**: गोचर से व्यक्ति के जीवन में होने वाली तात्कालिक घटनाओं का पता चलता है।

2.   **दैनिक जीवन**: गोचर से व्यक्ति के दैनिक जीवन पर पड़ने वाले प्रभावों का पता चलता है।

3.   **उपाय का समय**: गोचर से उपाय करने के उचित समय का पता चलता है।

4.   **योजना बनाना**: गोचर के आधार पर व्यक्ति अपने दैनिक जीवन की योजना बना सकता है।

5.   **समस्याओं से बचाव**: गोचर के आधार पर व्यक्ति आने वाली समस्याओं से बच सकता है या उनके प्रभाव को कम कर सकता है।

प्रश्न कुंडली

प्रश्न कुंडली (होरारी) ज्योतिष में भविष्यवाणी की एक महत्वपूर्ण तकनीक है। प्रश्न कुंडली में, प्रश्न पूछने के समय आकाश में ग्रहों की स्थिति के आधार पर प्रश्न का उत्तर दिया जाता है।

प्रश्न कुंडली के प्रमुख सिद्धांत

प्रश्न कुंडली के कुछ प्रमुख सिद्धांत निम्नलिखित हैं:

1.   **प्रश्नकर्ता**: प्रश्न कुंडली में, प्रश्नकर्ता को लग्न से देखा जाता है।

2.   **प्रश्न का विषय**: प्रश्न के विषय को संबंधित भाव से देखा जाता है। उदाहरण के लिए,

विवाह से संबंधित प्रश्न को 7वें भाव से, करियर से संबंधित प्रश्न को 10वें भाव से, और धन से संबंधित प्रश्न को 2रे भाव से देखा जाता है।

3.   **कारक ग्रह**: प्रश्न के विषय से संबंधित कारक ग्रह को भी देखा जाता है। उदाहरण के लिए, विवाह के लिए शुक्र, करियर के लिए सूर्य और शनि, और धन के लिए बृहस्पति और शुक्र कारक ग्रह हैं।

4.   **लग्न की स्थिति**: प्रश्न कुंडली में, लग्न की स्थिति प्रश्न के उत्तर को प्रभावित करती है। यदि लग्न में शुभ ग्रह हैं या लग्न पर शुभ ग्रहों की दृष्टि है, तो प्रश्न का उत्तर सकारात्मक होता है।

5.   **चंद्रमा की स्थिति**: प्रश्न कुंडली में, चंद्रमा की स्थिति भी प्रश्न के उत्तर को प्रभावित करती है। चंद्रमा प्रश्नकर्ता के मन को दर्शाता है।

प्रश्न कुंडली विश्लेषण की विधि

प्रश्न कुंडली का विश्लेषण निम्नलिखित चरणों में किया जाता है:

1.   **प्रश्न का निर्धारण**: सबसे पहले, प्रश्न का स्पष्ट निर्धारण किया जाता है।

2. **प्रश्न कुंडली का निर्माण**: फिर, प्रश्न पूछने के समय आकाश में ग्रहों की स्थिति के आधार पर प्रश्न कुंडली का निर्माण किया जाता है।

3. **लग्न और प्रश्न भाव का विश्लेषण**: फिर, लग्न और प्रश्न से संबंधित भाव का विश्लेषण किया जाता है।

4. **कारक ग्रह का विश्लेषण**: फिर, प्रश्न से संबंधित कारक ग्रह का विश्लेषण किया जाता है।

5. **चंद्रमा का विश्लेषण**: अंत में, चंद्रमा की स्थिति का विश्लेषण किया जाता है।

प्रश्न कुंडली के प्रकार

प्रश्न कुंडली के कुछ प्रमुख प्रकार निम्नलिखित हैं:

1. **विवाह प्रश्न**: इसमें विवाह से संबंधित प्रश्नों का उत्तर दिया जाता है, जैसे विवाह कब होगा, विवाह किससे होगा, विवाह सफल होगा या नहीं, आदि।

2. **करियर प्रश्न**: इसमें करियर से संबंधित प्रश्नों का उत्तर दिया जाता है, जैसे नौकरी मिलेगी या नहीं, नौकरी कब मिलेगी, करियर में सफलता मिलेगी या नहीं, आदि।

3. **धन प्रश्न**: इसमें धन से संबंधित प्रश्नों का उत्तर दिया जाता है, जैसे धन की प्राप्ति होगी या

नहीं, धन कब प्राप्त होगा, धन कहाँ से प्राप्त होगा, आदि।

4. **स्वास्थ्य प्रश्न**: इसमें स्वास्थ्य से संबंधित प्रश्नों का उत्तर दिया जाता है, जैसे रोग का निदान क्या है, रोग ठीक होगा या नहीं, रोग कब ठीक होगा, आदि।

5. **यात्रा प्रश्न**: इसमें यात्रा से संबंधित प्रश्नों का उत्तर दिया जाता है, जैसे यात्रा सफल होगी या नहीं, यात्रा में कोई समस्या आएगी या नहीं, यात्रा कब करनी चाहिए, आदि।

प्रश्न कुंडली के लाभ

प्रश्न कुंडली के निम्नलिखित लाभ हैं:

1. **तत्काल उत्तर**: प्रश्न कुंडली से प्रश्न का तत्काल उत्तर मिलता है।

2. **जन्म विवरण की आवश्यकता नहीं**: प्रश्न कुंडली में जन्म तिथि, समय, और स्थान की आवश्यकता नहीं होती है।

3. **विशिष्ट प्रश्न**: प्रश्न कुंडली से विशिष्ट प्रश्नों का उत्तर मिलता है।

4. **निर्णय लेने में सहायता**: प्रश्न कुंडली से निर्णय लेने में सहायता मिलती है।

5.   **भविष्य की योजना:** प्रश्न कुंडली से भविष्य की योजना बनाने में सहायता मिलती है।

वार्षिक कुंडली

वार्षिक कुंडली (वर्षफल या सोलर रिटर्न) ज्योतिष में भविष्यवाणी की एक महत्वपूर्ण तकनीक है। वार्षिक कुंडली में, व्यक्ति के जन्मदिन पर सूर्य के जन्म राशि पर वापस आने के समय आकाश में ग्रहों की स्थिति के आधार पर आगामी वर्ष की भविष्यवाणी की जाती है।

वार्षिक कुंडली के प्रमुख सिद्धांत

वार्षिक कुंडली के कुछ प्रमुख सिद्धांत निम्नलिखित हैं:

1.   **सूर्य की स्थिति:** वार्षिक कुंडली में, सूर्य जन्म राशि पर वापस आता है। यह समय व्यक्ति के जन्मदिन के लगभग होता है।

2.   **लग्न:** वार्षिक कुंडली में, लग्न वर्ष के लिए व्यक्ति के व्यक्तित्व और स्वभाव को दर्शाता है।

3.   **भाव:** वार्षिक कुंडली में, 12 भाव वर्ष के लिए जीवन के विभिन्न पहलुओं को दर्शाते हैं।

4.   **ग्रह:** वार्षिक कुंडली में, ग्रह वर्ष के लिए विभिन्न प्रभावों को दर्शाते हैं।

5.   **मुंथा:** मुंथा वार्षिक कुंडली का एक विशेष बिंदु है, जो वर्ष के लिए भाग्य और सफलता को दर्शाता है।

वार्षिक कुंडली विश्लेषण की विधि

वार्षिक कुंडली का विश्लेषण निम्नलिखित चरणों में किया जाता है:

1. **वार्षिक कुंडली का निर्माण**: सबसे पहले, व्यक्ति के जन्मदिन पर सूर्य के जन्म राशि पर वापस आने के समय आकाश में ग्रहों की स्थिति के आधार पर वार्षिक कुंडली का निर्माण किया जाता है।

2. **लग्न का विश्लेषण**: फिर, वार्षिक कुंडली के लग्न का विश्लेषण किया जाता है।

3. **भावों का विश्लेषण**: फिर, वार्षिक कुंडली के विभिन्न भावों का विश्लेषण किया जाता है।

4. **ग्रहों का विश्लेषण**: फिर, वार्षिक कुंडली में ग्रहों की स्थिति का विश्लेषण किया जाता है।

5. **मुंथा का विश्लेषण**: अंत में, वार्षिक कुंडली में मुंथा की स्थिति का विश्लेषण किया जाता है।

वार्षिक कुंडली के लाभ

वार्षिक कुंडली के निम्नलिखित लाभ हैं:

1. **वार्षिक भविष्यवाणी**: वार्षिक कुंडली से आगामी वर्ष की भविष्यवाणी की जा सकती है।

2. **विशिष्ट समय**: वार्षिक कुंडली से विशिष्ट समय पर होने वाली घटनाओं का पता चलता है।

3. **वार्षिक योजना**: वार्षिक कुंडली के आधार पर व्यक्ति अपने वर्ष की योजना बना सकता है।

4. **समस्याओं से बचाव**: वार्षिक कुंडली के आधार पर व्यक्ति आने वाली समस्याओं से बच सकता है या उनके प्रभाव को कम कर सकता है।

5. **अवसरों का लाभ**: वार्षिक कुंडली के आधार पर व्यक्ति आने वाले अवसरों का लाभ उठा सकता है।

नक्षत्र विश्लेषण

नक्षत्र विश्लेषण ज्योतिष में भविष्यवाणी की एक महत्वपूर्ण तकनीक है। नक्षत्र चंद्रमा की स्थिति को और अधिक सूक्ष्मता से दर्शाते हैं और व्यक्ति के व्यक्तित्व, स्वभाव, और भविष्य के बारे में महत्वपूर्ण जानकारी प्रदान करते हैं।

27 नक्षत्र

ज्योतिष में 27 नक्षत्र हैं, जो निम्नलिखित हैं:

1. **अश्विनी**: मेष राशि में 0° से 13°20'

2. **भरणी**: मेष राशि में 13°20' से 26°40'

3.   **कृत्तिका**: मेष राशि में 26°40' से 30° और वृषभ राशि में 0° से 10°

4.   **रोहिणी**: वृषभ राशि में 10° से 23°20'

5.   **मृगशिरा**: वृषभ राशि में 23°20' से 30° और मिथुन राशि में 0° से 6°40'

6.   **आर्द्रा**: मिथुन राशि में 6°40' से 20°

7.   **पुनर्वसु**: मिथुन राशि में 20° से 30° और कर्क राशि में 0° से 3°20'

8.   **पुष्य**: कर्क राशि में 3°20' से 16°40'

9.   **आश्लेषा**: कर्क राशि में 16°40' से 30°

10.   **मघा**: सिंह राशि में 0° से 13°20'

11.   **पूर्वा फाल्गुनी**: सिंह राशि में 13°20' से 26°40'

12.   **उत्तरा फाल्गुनी**: सिंह राशि में 26°40' से 30° और कन्या राशि में 0° से 10°

13.   **हस्त**: कन्या राशि में 10° से 23°20'

14.   **चित्रा**: कन्या राशि में 23°20' से 30° और तुला राशि में 0° से 6°40'

15.   **स्वाति**: तुला राशि में 6°40' से 20°

16.   **विशाखा**: तुला राशि में 20° से 30° और वृश्चिक राशि में 0° से 3°20'

17. **अनुराधा**: वृश्चिक राशि में 3°20' से 16°40'

18. **ज्येष्ठा**: वृश्चिक राशि में 16°40' से 30°

19. **मूल**: धनु राशि में 0° से 13°20'

20. **पूर्वाषाढ़ा**: धनु राशि में 13°20' से 26°40'

21. **उत्तराषाढ़ा**: धनु राशि में 26°40' से 30° और मकर राशि में 0° से 10°

22. **श्रवण**: मकर राशि में 10° से 23°20'

23. **धनिष्ठा**: मकर राशि में 23°20' से 30° और कुंभ राशि में 0° से 6°40'

24. **शतभिषा**: कुंभ राशि में 6°40' से 20°

25. **पूर्वा भाद्रपद**: कुंभ राशि में 20° से 30° और मीन राशि में 0° से 3°20'

26. **उत्तरा भाद्रपद**: मीन राशि में 3°20' से 16°40'

27. **रेवती**: मीन राशि में 16°40' से 30°

नक्षत्र स्वामी

प्रत्येक नक्षत्र का एक स्वामी ग्रह होता है, जो निम्नलिखित है:

1. **केतु:** अश्विनी, मघा, मूल

2. **शुक्र:** भरणी, पूर्वा फाल्गुनी, पूर्वाषाढ़ा

3. **सूर्य:** कृत्तिका, उत्तरा फाल्गुनी, उत्तराषाढ़ा

4. **चंद्रमा:** रोहिणी, हस्त, श्रवण

5. **मंगल:** मृगशिरा, चित्रा, धनिष्ठा

6. **राहु:** आर्द्रा, स्वाति, शतभिषा

7. **बृहस्पति:** पुनर्वसु, विशाखा, पूर्वा भाद्रपद

8. **शनि:** पुष्य, अनुराधा, उत्तरा भाद्रपद

9. **बुध:** आश्लेषा, ज्येष्ठा, रेवती

नक्षत्र विश्लेषण की विधि

नक्षत्र का विश्लेषण निम्नलिखित चरणों में किया जाता है:

1. **जन्म नक्षत्र का निर्धारण:** सबसे पहले, व्यक्ति के जन्म के समय चंद्रमा के नक्षत्र का निर्धारण किया जाता है।

2. **नक्षत्र स्वामी का निर्धारण:** फिर, जन्म नक्षत्र के स्वामी ग्रह का निर्धारण किया जाता है।

3. **नक्षत्र चरण का निर्धारण:** फिर, जन्म नक्षत्र के चरण का निर्धारण किया जाता है। प्रत्येक नक्षत्र के 4 चरण होते हैं, जिन्हें पाद कहा जाता है।

4. **नक्षत्र गुणों का विश्लेषण:** फिर, जन्म नक्षत्र के गुणों का विश्लेषण किया जाता है।

5. **नक्षत्र फल का विश्लेषण**: अंत में, जन्म नक्षत्र के फल का विश्लेषण किया जाता है।

नक्षत्र विश्लेषण के लाभ

नक्षत्र विश्लेषण के निम्नलिखित लाभ हैं:

1. **व्यक्तित्व का ज्ञान**: नक्षत्र से व्यक्ति के व्यक्तित्व, स्वभाव, और प्रवृत्तियों के बारे में जानकारी मिलती है।

2. **करियर मार्गदर्शन**: नक्षत्र से व्यक्ति के लिए उपयुक्त करियर और व्यवसाय के बारे में जानकारी मिलती है।

3. **विवाह और संबंध**: नक्षत्र से व्यक्ति के विवाह और संबंधों के बारे में जानकारी मिलती है।

4. **स्वास्थ्य**: नक्षत्र से व्यक्ति के स्वास्थ्य और संभावित रोगों के बारे में जानकारी मिलती है।

5. **भविष्य की घटनाएँ**: नक्षत्र से व्यक्ति के जीवन में होने वाली भविष्य की घटनाओं के बारे में जानकारी मिलती है।

आधुनिक भविष्यवाणी तकनीकें

आधुनिक समय में, ज्योतिष में भविष्यवाणी की कई नई तकनीकें विकसित हुई हैं, जो पारंपरिक तकनीकों के साथ-साथ उपयोग की जाती हैं।

कंप्यूटर आधारित ज्योतिष

कंप्यूटर आधारित ज्योतिष में, कंप्यूटर प्रोग्राम का उपयोग करके जन्म कुंडली, दशा-अंतर्दशा, गोचर, और अन्य ज्योतिषीय गणनाएँ की जाती हैं। इससे गणनाओं में त्रुटियों की संभावना कम होती है और समय की बचत होती है।

ऑनलाइन ज्योतिष

ऑनलाइन ज्योतिष में, इंटरनेट पर उपलब्ध विभिन्न वेबसाइटों और एप्लिकेशनों का उपयोग करके ज्योतिषीय गणनाएँ और भविष्यवाणियाँ की जाती हैं। इससे ज्योतिष तक पहुँच आसान हो गई है और अधिक लोग इसका लाभ उठा सकते हैं।

वैज्ञानिक ज्योतिष

वैज्ञानिक ज्योतिष में, ज्योतिष के सिद्धांतों को वैज्ञानिक दृष्टिकोण से समझने और उनका उपयोग करने का प्रयास किया जाता है। इसमें ग्रहों के गुरुत्वाकर्षण, चुंबकीय, और विद्युत चुंबकीय प्रभावों का अध्ययन किया जाता है।

सांख्यिकीय ज्योतिष

सांख्यिकीय ज्योतिष में, बड़ी संख्या में जन्म कुंडलियों और उनसे संबंधित घटनाओं का सांख्यिकीय विश्लेषण किया जाता है। इससे ज्योतिषीय सिद्धांतों की सत्यता की

जाँच की जा सकती है और नए सिद्धांत विकसित किए जा सकते हैं।

मनोवैज्ञानिक ज्योतिष

मनोवैज्ञानिक ज्योतिष में, ज्योतिष के सिद्धांतों को मनोविज्ञान के दृष्टिकोण से समझने और उनका उपयोग करने का प्रयास किया जाता है। इसमें ग्रहों और राशियों के प्रतीकात्मक अर्थों का अध्ययन किया जाता है और उनका उपयोग व्यक्ति के मनोविज्ञान को समझने के लिए किया जाता है।

भविष्यवाणी की सीमाएँ और नैतिकता

ज्योतिष में भविष्यवाणी की कुछ सीमाएँ और नैतिक मुद्दे हैं, जिन्हें समझना महत्वपूर्ण है।

भविष्यवाणी की सीमाएँ

भविष्यवाणी की कुछ प्रमुख सीमाएँ निम्नलिखित हैं:

1. **अनिश्चितता:** भविष्य अनिश्चित है और कई कारकों से प्रभावित होता है। इसलिए, भविष्यवाणी 100% सटीक नहीं हो सकती है।

2. **मानवीय त्रुटि:** ज्योतिषी भी मनुष्य हैं और उनसे त्रुटियाँ हो सकती हैं। इसके अलावा, ज्योतिषीय गणनाओं में भी त्रुटियाँ हो सकती हैं।

3. **व्याख्या की भिन्नता:** विभिन्न ज्योतिषी एक ही कुंडली की अलग-अलग व्याख्या कर सकते हैं, जिससे भविष्यवाणियों में भिन्नता आ सकती है।

4. **स्वतंत्र इच्छा:** मनुष्य के पास स्वतंत्र इच्छा है और वह अपने निर्णयों और कर्मों से अपने भविष्य को बदल सकता है।

5. **उपाय:** ज्योतिषीय उपायों से ग्रहों के प्रतिकूल प्रभावों को कम किया जा सकता है और अनुकूल प्रभावों को बढ़ाया जा सकता है, जिससे भविष्यवाणी में परिवर्तन आ सकता है।

भविष्यवाणी की नैतिकता

भविष्यवाणी से संबंधित कुछ प्रमुख नैतिक मुद्दे निम्नलिखित हैं:

1. **सत्यता:** ज्योतिषी को सत्य बोलना चाहिए और अपनी भविष्यवाणियों में ईमानदार होना चाहिए।

2. **गोपनीयता:** ज्योतिषी को व्यक्ति की जानकारी को गोपनीय रखना चाहिए और उसे बिना अनुमति के किसी अन्य व्यक्ति के साथ साझा नहीं करना चाहिए।

3. **भय और चिंता:** ज्योतिषी को ऐसी भविष्यवाणियाँ नहीं करनी चाहिए, जो व्यक्ति में भय और चिंता पैदा करें।

4. **आशा और प्रेरणा**: ज्योतिषी को व्यक्ति को आशा और प्रेरणा देनी चाहिए और उसे अपने जीवन को बेहतर बनाने के लिए प्रोत्साहित करना चाहिए।

5. **स्वतंत्र इच्छा का सम्मान**: ज्योतिषी को व्यक्ति की स्वतंत्र इच्छा का सम्मान करना चाहिए और उसे अपने निर्णय लेने की स्वतंत्रता देनी चाहिए।

निष्कर्ष

ज्योतिष में भविष्यवाणी विभिन्न तकनीकों और पद्धतियों के माध्यम से की जाती है, जिनमें जन्म कुंडली विश्लेषण, दशा-अंतर्दशा विश्लेषण, गोचर विश्लेषण, प्रश्न कुंडली, वार्षिक कुंडली, और नक्षत्र विश्लेषण शामिल हैं। इन तकनीकों का उपयोग करके, हम अपने जीवन में आने वाली चुनौतियों और अवसरों के बारे में जान सकते हैं और उनके अनुसार अपनी योजनाएँ बना सकते हैं।

हालांकि, यह ध्यान रखना महत्वपूर्ण है कि भविष्यवाणी 100% सटीक नहीं हो सकती है और इसकी कुछ सीमाएँ और नैतिक मुद्दे हैं। इसलिए, हमें भविष्यवाणी को एक मार्गदर्शक के रूप में देखना चाहिए, न कि एक निश्चित भविष्य के रूप में।

अंत में, हमें यह समझना चाहिए कि हमारा भविष्य हमारे हाथों में है और हम अपने विचारों, शब्दों, और

कर्मों से अपने भविष्य को आकार दे सकते हैं। ज्योतिष हमें हमारे जीवन को बेहतर बनाने में मदद कर सकता है, लेकिन अंतिम निर्णय और कर्म हमारे होते हैं।

●

उपसंहार

ज्योतिष की यात्रा

इस पुस्तक में हमने ज्योतिष शास्त्र की एक व्यापक यात्रा की है। हमने ज्योतिष के मूल सिद्धांतों से लेकर विभिन्न राशियों, ग्रहों, दशाओं, योगों, उपायों और भविष्यवाणी तकनीकों तक का विस्तृत अध्ययन किया है। यह यात्रा हमें ज्योतिष के विशाल और गहन ज्ञान से परिचित कराती है, जो हजारों वर्षों से मानव जीवन को मार्गदर्शन प्रदान करता आ रहा है।

ज्योतिष शास्त्र भारतीय संस्कृति और परंपरा का एक अभिन्न अंग है। यह न केवल भविष्य की घटनाओं का पूर्वानुमान लगाने का एक साधन है, बल्कि जीवन के विभिन्न पहलुओं को समझने और उनका सामना करने का एक मार्गदर्शक भी है। ज्योतिष हमें अपने व्यक्तित्व, स्वभाव, प्रवृत्तियों, शक्तियों और कमजोरियों को समझने में मदद करता है और हमें अपने जीवन को बेहतर बनाने के लिए मार्गदर्शन प्रदान करता है।

पुस्तक का सारांश

इस पुस्तक में, हमने सबसे पहले ज्योतिष के मूल सिद्धांतों का अध्ययन किया, जिसमें ग्रह, राशियां, नक्षत्र,

भाव, और अन्य महत्वपूर्ण अवधारणाएं शामिल हैं। हमने यह भी समझा कि ज्योतिष कैसे काम करता है और इसका उपयोग कैसे किया जाता है।

फिर, हमने 12 राशियों का विस्तृत अध्ययन किया, जिसमें प्रत्येक राशि के व्यक्तित्व लक्षण, गुण और कमजोरियां, करियर मार्गदर्शन, प्रेम और संबंध, स्वास्थ्य और कल्याण, प्रसिद्ध व्यक्ति, और ज्योतिषीय उपाय शामिल हैं। यह अध्ययन हमें विभिन्न राशियों के लोगों को बेहतर ढंग से समझने और उनके साथ संवाद करने में मदद करता है।

इसके बाद, हमने ग्रहों का अध्ययन किया, जिसमें सूर्य, चंद्रमा, मंगल, बुध, बृहस्पति, शुक्र, शनि, राहु, और केतु शामिल हैं। हमने प्रत्येक ग्रह के गुण, प्रभाव, और महत्व को समझा और यह भी जाना कि ये ग्रह हमारे जीवन को कैसे प्रभावित करते हैं।

फिर, हमने दशाओं और योगों का अध्ययन किया, जो ज्योतिष में भविष्यवाणी के महत्वपूर्ण उपकरण हैं। हमने विभिन्न दशा प्रणालियों और योगों के बारे में जाना और यह भी समझा कि इनका उपयोग कैसे किया जाता है।

इसके बाद, हमने ज्योतिषीय उपायों का अध्ययन किया, जिसमें रत्न, मंत्र, दान, व्रत, पूजा-पाठ, यंत्र, और वास्तु उपाय शामिल हैं। हमने यह भी समझा कि इन उपायों का उपयोग कैसे किया जाता है और ये हमारे जीवन को कैसे बेहतर बना सकते हैं।

अंत में, हमने भविष्यवाणी तकनीकों का अध्ययन
किया, जिसमें जन्म कुंडली विश्लेषण, दशा-अंतर्दशा
विश्लेषण, गोचर विश्लेषण, प्रश्न कुंडली, वार्षिक कुंडली,
और नक्षत्र विश्लेषण शामिल हैं। हमने यह भी समझा कि
इन तकनीकों का उपयोग कैसे किया जाता है और ये
हमारे भविष्य के बारे में क्या बता सकती हैं।

ज्योतिष का महत्व

ज्योतिष का महत्व हमारे जीवन में अनेक प्रकार से
है। यह हमें अपने व्यक्तित्व, स्वभाव, और प्रवृत्तियों को
समझने में मदद करता है, जिससे हम अपनी शक्तियों
का लाभ उठा सकते हैं और अपनी कमजोरियों पर काम
कर सकते हैं।

ज्योतिष हमें अपने करियर और व्यवसाय के बारे में
मार्गदर्शन प्रदान करता है, जिससे हम अपनी प्राकृतिक
प्रतिभाओं और रुचियों के अनुरूप करियर चुन सकते हैं
और अपने व्यावसायिक जीवन में सफलता प्राप्त कर
सकते हैं।

ज्योतिष हमें अपने प्रेम और संबंधों के बारे में भी
मार्गदर्शन प्रदान करता है, जिससे हम अपने जीवनसाथी
और अन्य महत्वपूर्ण लोगों के साथ अपने संबंधों को
बेहतर बना सकते हैं और अपने वैवाहिक जीवन में सुख-
शांति प्राप्त कर सकते हैं।

ज्योतिष हमें अपने स्वास्थ्य और कल्याण के बारे में
भी मार्गदर्शन प्रदान करता है, जिससे हम अपने स्वास्थ्य

की देखभाल कर सकते हैं और अपने जीवन में स्वास्थ्य और कल्याण को बढ़ावा दे सकते हैं।

ज्योतिष हमें अपने भविष्य के बारे में भी मार्गदर्शन प्रदान करता है, जिससे हम आने वाली चुनौतियों और अवसरों के लिए तैयार हो सकते हैं और अपने जीवन की योजना बना सकते हैं।

ज्योतिष और आधुनिक विज्ञान

ज्योतिष और आधुनिक विज्ञान के बीच संबंध एक रोचक विषय है। कई लोग ज्योतिष को अंधविश्वास या काल्पनिक मानते हैं, जबकि कई लोग इसे एक वैज्ञानिक अध्ययन मानते हैं। वास्तव में, ज्योतिष और विज्ञान दोनों ही अपने-अपने तरीके से सत्य की खोज करते हैं।

विज्ञान भौतिक जगत के नियमों और सिद्धांतों का अध्ययन करता है और प्रयोगों और अवलोकनों के माध्यम से सत्य की खोज करता है। ज्योतिष, दूसरी ओर, ग्रहों और नक्षत्रों की स्थिति और उनके प्रभावों का अध्ययन करता है और अनुभव और अवलोकन के माध्यम से सत्य की खोज करता है।

हालांकि, आधुनिक विज्ञान ने ज्योतिष के कुछ सिद्धांतों को समझने और उनकी व्याख्या करने में मदद की है। उदाहरण के लिए, क्वांटम भौतिकी ने यह दिखाया है कि सब कुछ ऊर्जा से बना है और सब कुछ एक-दूसरे से

जुड़ा हुआ है, जो ज्योतिष के मूल सिद्धांत "जैसा ऊपर, वैसा नीचे" के अनुरूप है।

इसके अलावा, न्यूरोसाइंस और मनोविज्ञान ने यह दिखाया है कि हमारा मस्तिष्क और मन विभिन्न बाहरी प्रभावों से प्रभावित होते हैं, जिसमें चंद्रमा और अन्य ग्रहों के प्रभाव भी शामिल हो सकते हैं।

हालांकि, यह ध्यान रखना महत्वपूर्ण है कि ज्योतिष और विज्ञान दोनों ही अपनी-अपनी सीमाओं के साथ आते हैं और दोनों ही पूर्ण सत्य का दावा नहीं कर सकते हैं। इसलिए, हमें दोनों को एक-दूसरे के पूरक के रूप में देखना चाहिए, न कि विरोधी के रूप में।

ज्योतिष का भविष्य

ज्योतिष का भविष्य उज्ज्वल और आशाजनक है। आधुनिक तकनीक और डिजिटल माध्यमों के आगमन के साथ, ज्योतिष अब पहले से कहीं अधिक लोगों तक पहुंच रहा है। ऑनलाइन प्लेटफॉर्म, मोबाइल एप्लिकेशन, और सोशल मीडिया ने ज्योतिष को अधिक सुलभ और व्यापक बना दिया है।

इसके अलावा, कंप्यूटर और सॉफ्टवेयर तकनीक ने ज्योतिषीय गणनाओं और विश्लेषणों को अधिक सटीक और तेज बना दिया है। अब, जन्म कुंडली, दशा-अंतर्दशा, गोचर, और अन्य ज्योतिषीय गणनाएँ कुछ ही सेकंड में

की जा सकती हैं, जिससे ज्योतिषियों को अधिक समय और ऊर्जा व्याख्या और परामर्श पर केंद्रित करने की अनुमति मिलती है।

आने वाले वर्षों में, हम ज्योतिष और आधुनिक विज्ञान के बीच अधिक संवाद और सहयोग देख सकते हैं। ज्योतिष के सिद्धांतों को वैज्ञानिक दृष्टिकोण से समझने और उनकी व्याख्या करने के प्रयास बढ़ सकते हैं, जिससे ज्योतिष और अधिक वैज्ञानिक और तार्किक बन सकता है।

इसके अलावा, ज्योतिष का उपयोग व्यक्तिगत विकास, मानसिक स्वास्थ्य, और आध्यात्मिक विकास के क्षेत्र में भी बढ़ सकता है। ज्योतिष हमें अपने आप को बेहतर ढंग से समझने, अपनी चुनौतियों का सामना करने, और अपने जीवन को बेहतर बनाने में मदद कर सकता है।

व्यक्तिगत अनुभव और सीख

मेरे व्यक्तिगत अनुभव के अनुसार, ज्योतिष एक अद्भुत और रहस्यमय विज्ञान है, जो हमें अपने जीवन को बेहतर ढंग से समझने और जीने में मदद करता है। मैंने अपने जीवन में ज्योतिष के सिद्धांतों और उपायों का उपयोग करके कई चुनौतियों का सामना किया है और कई सफलताएँ प्राप्त की हैं।

ज्योतिष ने मुझे सिखाया है कि हमारा जीवन हमारे हाथों में है और हम अपने विचारों, शब्दों, और कर्मों से अपने भविष्य को आकार दे सकते हैं। ज्योतिष हमें हमारे

जीवन को बेहतर बनाने में मदद कर सकता है, लेकिन अंतिम निर्णय और कर्म हमारे होते हैं।

ज्योतिष ने मुझे यह भी सिखाया है कि हमें अपने जीवन में आने वाली चुनौतियों और समस्याओं को डर और चिंता के साथ नहीं, बल्कि साहस और आत्मविश्वास के साथ सामना करना चाहिए। ज्योतिष हमें बताता है कि हर समस्या का एक समाधान होता है और हर चुनौती एक अवसर होती है।

ज्योतिष ने मुझे यह भी सिखाया है कि हमें अपने जीवन में संतुलन बनाए रखना चाहिए और अपने शारीरिक, मानसिक, और आध्यात्मिक विकास पर ध्यान देना चाहिए। ज्योतिष हमें बताता है कि हमारा जीवन एक यात्रा है और हमें इस यात्रा का आनंद लेना चाहिए।

पाठकों के लिए संदेश

अंत में, मैं अपने पाठकों को यह संदेश देना चाहता हूँ कि ज्योतिष एक शक्तिशाली और उपयोगी उपकरण है, लेकिन यह हमारे जीवन का नियंत्रक नहीं है। हमारा भविष्य हमारे हाथों में है और हम अपने विचारों, शब्दों, और कर्मों से अपने भविष्य को आकार दे सकते हैं।

ज्योतिष का उपयोग अपने जीवन को बेहतर बनाने के लिए करें, न कि भय और चिंता पैदा करने के लिए। ज्योतिष आपको आपके जीवन में आने वाली चुनौतियों और अवसरों के बारे में बता सकता है, लेकिन इन

चुनौतियों का सामना करने और इन अवसरों का लाभ उठाने का निर्णय आपका है।

ज्योतिष का उपयोग अपने आप को बेहतर ढंग से समझने और अपने जीवन को बेहतर बनाने के लिए करें। अपने गुणों और प्रतिभाओं को पहचानें और उनका विकास करें। अपनी कमजोरियों को पहचानें और उन पर काम करें। अपने जीवन में संतुलन बनाए रखें और अपने शारीरिक, मानसिक, और आध्यात्मिक विकास पर ध्यान दें।

अंत में, मैं आपको यह याद दिलाना चाहता हूँ कि ज्योतिष एक विज्ञान है, लेकिन यह एक कला भी है। इसलिए, ज्योतिष का अध्ययन और उपयोग करते समय, अपनी अंतर्दृष्टि और अनुभव का भी उपयोग करें। ज्योतिष आपको मार्गदर्शन प्रदान कर सकता है, लेकिन अंतिम निर्णय आपका है।

मैं आशा करता हूँ कि यह पुस्तक आपके लिए उपयोगी और प्रेरणादायक रही होगी और आपको ज्योतिष के विशाल और गहन ज्ञान से परिचित कराने में मदद की होगी। ज्योतिष की यात्रा अनंत है और हर दिन कुछ नया सीखने को मिलता है। इसलिए, अपनी जिज्ञासा और सीखने की इच्छा को बनाए रखें और ज्योतिष की इस अद्भुत यात्रा का आनंद लें।

शुभकामनाओं के साथ, तरुण गौड़